Heiner Newe
Heiderose Thomsen-Newe

MIT DEM WOHNMOBIL IN DIE FRANZÖSISCHEN ALPEN

Die Anleitung für einen Erlebnisurlaub

WOMO
DER WOHNMOBIL-VERLAG
D-98634 Mittelsdorf/Rhön

Die Deutsche Bibliothek – CIP-Einheitsaufnahme

Bibliografische Information der Deutschen Bibliothek

Die Deutsche Bibliothek verzeichnet diese Publikation in der Deutschen Nationalbibliografie.
Detaillierte bibliografische Daten sind im Internet über <http://dnb.ddb.de> abrufbar.

Titelbild:
Blick auf den Mont Blanc vom Grand Platieres aus

Umschlaginnenfoto:
Blick auf die Felsrippen von Sisteron

1. Auflage 2018

Druck:
Gutenberg Beuys Feindruckerei, 30851 Langenhagen

Vertrieb:
GeoCenter, 70565 Stuttgart

Herausgeber:
WOMO-Verlag, 98634 Mittelsdorf/Rhön
GPS: N 50° 36' 38.2" E 10° 7' 55.6"

Fon: 0049 (0) 36946-20691
Fax: 0049 (0) 36946-20692
eMail: verlag@womo.de
Internet: www.womo.de

Autoren-eMail: Newe@womo.de

ISBN 978-3-86903-911-4

EINLADUNG

Vom Genfer See bis fast an das Mittelmeer durchstreifen wir mit diesem Buch raue Gipfellandschaften, schneebedeckte Berge, zerklüftete Felslandschaften, enge Schluchten, rauschende Wasserfälle, kalte Bergseen und fruchtbare Flusstäler. Wir besuchen einsame Bergdörfer, pulsierende Wirtschaftsmetropolen und große Touristenstädte.

Mit den französischen Alpen haben wir eine spannende, abwechslungsreiche Gebirgslandschaft vor uns, die atemlos werden lässt. Atemberaubend sind die Fernsichten, atemberaubend sind die schwindelerregenden Seilbahnen und atemberaubend sind auch die Anstrengungen auf langen Wanderungen in dieser fantastischen Gebirgswelt.

Fahren Sie mit uns über die schönsten und höchsten Pass-Straßen, entdecken Sie mit uns die verschwiegenen Bergseen und gehen Sie mit uns durch malerische Dörfer und Kleinstädte. Betrachten Sie mit uns die Geschichte dieser Region mit ihren vielen Festungen und Klöstern. Probieren Sie mit uns, welche köstlichen Gerichte in dieser Region angeboten werden.

Nach dem Buch über den französischen Jura, ist dieses Werk die südliche Fortsetzung. Dort, wo wir im Jura aufgehört haben, lassen wir dieses Buch beginnen.

Wir wünschen Ihnen viel Freude dabei und eine Gute Fahrt!

Sehr geehrte Leserinnen und Leser, liebe WOMO-Freunde!

Reiseführer sind für einen gelungenen Urlaub unverzichtbar – das beweisen Sie mit dem Kauf dieses Buches. Aber aktuelle Informationen altern schnell, und ein veralteter Reiseführer macht wenig Freude.
Sie können helfen, Aktualität und Qualität dieses Buches zu verbessern, indem Sie uns nach Ihrer Reise mitteilen, welchen unserer Empfehlungen Sie gefolgt sind (freie Stellplätze, Campingplätze, Wanderungen, Gaststätten usw.) und uns darüber berichten (auch wenn sich gegenüber unseren Beschreibungen nichts geändert hat).
Bitte füllen Sie dafür schon während Ihrer Reise das Info-Blatt am Buchende aus und senden Sie es uns sofort nach Ihrer Rückkehr zu (per Brief, Fax oder formlos als eMail).
Dafür gewähren wir Ihnen auch bei späteren Buch- und Kartenbestellungen direkt beim Verlag ein Info-Honorar von 10%.
Aktuelle Korrekturen finden Sie unter: forum.womoverlag.de

Um die freien Übernachtungs- und Campingplätze auf einen Blick erfassen zu können, haben wir diese im Text in einem Kasten nochmals farbig hervorgehoben und, wie auf den Karten, fortlaufend durchnummeriert. Wir nennen dabei wichtige Ausstattungsmerkmale und geben Ihnen eine kurze Zufahrtsbeschreibung. „Max. WOMOs" soll bei freien Plätzen andeuten, wie viele WOMOs dieser Platz maximal verträgt und nicht, wie viele auf ihn passen würden (schließlich gibt es auch Einwohner und andere Urlauber)!
Offizielle Stellplätze sind mit einem WOMO-Icon gekennzeichnet.
Übernachtungsplätze mit **B**ademöglichkeit sind mit hellblauer Farbe unterlegt. **W**anderparkplätze sind grün gekennzeichnet. **P**icknickplätze erkennen Sie an der violetten Farbe. Auf Schlafplätze, denen die gerade genannten Merkmale fehlen – also auf einfache **S**tellplätze – weist die Farbe Gelb hin.
Empfehlenswerte **C**ampingplätze haben olivgrüne Kästchen.
Wanderungen, die wir Ihnen besonders ans Herz legen möchten, haben wir hellgrün unterlegt.

Und hier kommt das Kleingedruckte:
Jede Tour und jeder Stellplatz sind von uns meist mehrfach überprüft worden, wir können jedoch inhaltliche Fehler nie ganz ausschließen. Bitte achten Sie selbst auf Hochwasser, Brandgefahr, Steinschlag und Erdrutsch!
Verlag und Autoren übernehmen keine Verantwortung für die Legalität der veröffentlichten Stellplätze und aller anderen Angaben. Unsere Haftung ist, soweit ein Schaden nicht an Leben, Körper oder Gesundheit eingetreten ist, ausgeschlossen, es sei denn, unsere Verantwortung beruht auf Vorsatz oder grober Fahrlässigkeit.

Inhaltsverzeichnis

Wichtige allgemeine Hinweise

Für die Kenner unseres Nachbarlandes mögen diese allgemeinen Hinweise vielleicht nichts Neues bereithalten. Aber wir richten unser Buch ja nicht nur an die "alten Hasen", sondern auch an diejenigen, die sich zum ersten Mal mit einem WOMO hierher begeben wollen. Die Hinweise betreffen hauptsächlich die Straßenverhältnisse, gesetzliche Bestimmungen, Öffnungszeiten sowie die Versorgung mit Lebensmitteln, Frischwasser etc. Damit wollen wir auch unnötige Wiederholungen bei den Routenbeschreibungen vermeiden.

Autobahnen

Auch wenn keine unserer **Routenbeschreibungen** über Autobahnen führt, so werden Sie in der An- und Abreise oder abweichend von unseren Routen wahrscheinlich Autobahnen nutzen. Hier gilt zu beachten: **Französische Autobahnen** sind in der Regel **mautpflichtig** und die Maut ist happig. Dagegen ist die **Vignette** oder **Schwerlastabgabe für Fahrzeuge über 3,5t** in der **Schweiz** ein echtes Schnäppchen. Die Umfahrungen der Großstädte sind gebührenfrei, das merkt man sofort am Verkehrsaufkommen. Doch sobald ein **"péage"** auf den großen blauen Entfernungstafeln den gebührenpflichtigen Abschnitt einer Autobahn ankündigt, nutzen viele Fahrzeuglenker die letztmögliche gebührenfreie Abfahrt und es wird deutlich ruhiger auf der Autobahn.

Vor den Mautstationen weitet sich die Autobahn, es gibt zahlreiche Durchgangsstationen, einige höhenbegrenzt nur für PKW, andere ohne Höhenbegrenzung. Eine dieser **Durchgangsstationen** muss angefahren werden. **Eng** sind sie und man muss schon ziemlich dicht an den Automaten heranfahren, um ohne auszusteigen oder die Tür zu öffnen an das Ticket heranzukommen, das der Automat blinkend entgegenstreckt. Macht er es nicht automatisch, so gibt es noch einen Knopf den man drücken muss, um an das Ticket zu kommen. Die Schranke öffnet sich und weiter geht es. Die Bedienmöglichkeit dieser Automaten ist nicht optimal für WOMO-Fahrer. Die Ausgabefunktionen sind in zwei Etagen angelegt, für PKW und für LKW. Die WOMO-Besatzung sitzt zwischendrin, man muss also den Arm lang machen, entweder nach unten oder nach oben, um an das Ticket zu kommen.

Bezahlt wird, wenn man entweder die Autobahn nach einer Abfahrt verlässt oder wenn der gebührenpflichtige

Abschnitt zu Ende ist. In beiden Fällen warten wiederum Automaten. Ticket rein, der Schlitz ist deutlich und eigentlich unverwechselbar beschriftet, die Gebühr wird angezeigt und dann wird der Automat entweder mit Scheinen und Münzen gefüttert oder man verwendet die **Mastercard** oder die **Visa-Karte** jeweils ohne PIN. Das geht am schnellsten und ist sehr bequem. Wer noch die Taste **"Reçu"** drückt erhält eine Quittung. Der Schreck bei der nächsten Kartenabrechnung ist vorprogrammiert, wenn man viele Kilometer auf den mautpflichtigen Autobahnen gefahren ist. Sie lassen sich im Übrigen angenehm und stressfrei fahren.

Sonstige Straßen/Pässe

Es gibt gute es gibt schlechte, schmale und breite. Der Ausbauzustand ist einem ständigen Wechsel unterworfen, wir standen einige Male vor eine **"Déviation"**, vor einer Umleitung. Gebaut wird viel, quantifizieren können wir das aber nicht. Neuasphaltierungen gehen gewöhnlich mit Vollsperrungen einher, das hat unsere Routenplanung manchmal durcheinander gebracht. Departementstraßen sind manchmal nur so breit wie ein gut ausgebauter Feldweg. Ausweichstellen sind in der Regel vorhanden, so dass auch breite Fahrzeuge gefahrlos aneinander vorbeifahren können. Man muss nur etwas vorausschauend und nicht zu schnell fahren, dann klappt das reibungslos. Bei unseren Routenbeschreibungen machen wir ausdrücklich darauf aufmerksam wenn es eng wird. Pass-Straßen sind hierbei besonders betroffen. Im Jura und noch mehr in den Alpen sind diese Pass-Straßen auch Ausflugsziele für Rad- und Motorradfahrer. Hier gilt es, besondere Vorsicht walten zu lassen. Im Land der **Tour de France** finden Sie an den Pass-Straßen fast immer die Hinweise für Radfahrer am Straßenrand, wie in dem Bild links zu sehen ist. Nur das Aussehen der Schilder variiert von Region zu Region. Die Infos sind aber immer die

gleichen. Sie zeigen die aktuelle Höhe an, die Kilometer bis zum Ziel und die Steigung in Prozent. Diese Schilder sind im Abstand von einem Kilometer aufgestellt und sind natürlich auch für uns Fahrzeuglenker interessant. Der Mindestabstand beim Überholen von Radfahrern sollte 1,5 Meter betragen. Sind viele Radler unterwegs und lässt der Gegenverkehr kein Überholen zu, kann eine Fahrt bergauf auch mal zu einer Zuckeltour werden. Nur Geduld, Sie haben ja Urlaub.

Geschwindigkeitsbegrenzungen

Die Geschwindigkeitsbegrenzungen sind abweichend von denen in Deutschland.

Autobahnen: Für Fahrzeuge bis 3,5 t: 130 km/h (Wer den Führerschein noch nicht länger als drei Jahre hat: 110 km/h) bei Nässe 110 km/h, für Fahrzeuge über 3,5 t: 100 km/h.

Schnellstraßen (4-spurig): Für Fahrzeuge bis 3,5 t: 110, für Fahrzeuge über 3,5 t: 100 km/h.

Andere Straßen außerorts: 90 km/h

Innerörtliche Straßen: 50 km/h, in verkehrsberuhigten Zonen und an **Gefahrstellen:** 30 km/h, diese werden in der Regel durch sogenannte **Ralentisseurs** begrenzt. Diese in deutscher Sprache **"Bremsschwellen"** genannten Erhöhungen der Fahrbahn dürfen Sie mit 30 km/h überfahren, machen das aber garantiert nur einmal. Die Reaktion aus Ihrem Wohnteil wird laut ausfallen, wenn der hintere Teil Ihres Fahrzeugs einen Hüpfer macht. Bestenfalls hören Sie nur ein lautes Geklapper in der Besteckschublade, es kann aber auch sein, dass Sie nach der Überquerung dieser Schwelle hinterher etwas aufräumen müssen, wenn Sie mit 30 km/h darüber gefahren sind. Die nächste Bremsschwelle nehmen Sie dann sicher

im Schritttempo. Diese Bremsschwellen sind nicht genormt, manche sind relativ steil, manche relativ flach. Manchmal ist die 30er Zone farblich abgesetzt, meistens jedoch nicht. Die weißen Dreiecke auf der Fahrbahn sind aber in der Regel immer zu sehen, nähert man sich diesen, heißt es das Bremspedal zu betätigen.

Verliebt haben wir uns nicht in die **Ralentisseurs**, wollen aber gern zugestehen, dass sie ganz sicher einen Beitrag zur Verkehrssicherheit an Schulen, Kindergärten, Krankenhäusern und anderen Übergängen leisten.

Umweltzonen

Anfang Juli 2016 wurde in Frankreich die Umwelt- oder Feinstaub-Plakette **Crit'Air** (oder auch Luftqualitätszertifikat) und die dazugehörigen Umweltzonen, zunächst in Paris und Grenoble, eingeführt. Das Ziel ist es, kurz- aber auch langfristig die Emissionen und die atmosphärischen Verschmutzungen, vor allem Stickoxide und Feinstaub in der Luft, zu reduzieren. Ein Teil der Maßnahme ist es, nur noch neueren und schadstoffärmeren Fahrzeugen die Zufahrt zu einzelnen Zonen, den so genannten Umweltzonen, zu gestatten. Diese Umweltzonen umfassen hauptsächlich Städte bzw. Ballungsgebiete mit erhöhten Feinstaubwerten. Hierfür werden die Fahrzeuge in Kategorien eingeteilt und erhalten eine entsprechende Feinstaubplakette. Nach und nach soll dann nur noch Fahrzeugen bestimmter Kategorien die Einfahrt in die Umweltzonen gestattet sein. Achtung: es gibt bisher nur Umweltzonen in Paris, Lyon, Grenoble und Strasbourg. Für alle anderen Städte, Straßen, etc. wird bisher KEINE Vignette benötigt.

Quelle: http://de.france.fr/de/info/umweltzonen-frankreich

Wann und wie sich das ändern wird, weiß niemand. Es ist sicher ratsam sich auf der angegeben website vor Antritt der Reise über den Stand der Dinge zu informieren.

Hier https://www.certificat-air.gouv.fr/de/ können Sie die Plakette bestellen. Es werden dabei Ihre Fahrzeugdaten, Ihre Adresse usf. abgefragt. Wenn Sie die ganze Prozedur abgeschlossen haben, wird die Plakette mit Ihrem Kennzeichen ausgestellt und zugeschickt. Gehen Sie davon aus, dass dieser Vorgang mindestens einen Monat Zeit in Anspruch nimmt

Geschwindigkeitskontrollen und Bußgelder

Wie in Deutschland auch, gibt es zahlreiche Radarstationen, feste und natürlich auch mobile. Geschwindigkeitsübertretungen werden mit höheren Bußgeldern als in Deutschland belegt. Nur eine kleine Auswahl: Falsch Parken, ab 15 €, rote Ampel missachtet ab 90 €, überhöhte Geschwindigkeit bis 20 km/h ab 70 €, ab/bis 50 km/h 1500 €, überholen im Überholverbot ab 90 €, Alkohol am Steuer ab 135 € und/oder Fahrverbot. Bußgelder werden auch in Deutschland eingetrieben, wenn es sich nicht gerade um einen Bagatellbetrag handelt.

Tanken

Die Versorgung mit Dieselkraftstoff ist natürlich kein Problem, die Bezahlung manchmal schon. Ein Tankstellennetz wie wir es in Deutschland gewohnt sind, existiert in Frankreich nicht. Hier finden Sie die **Tankstellen** sehr häufig **am Rande eines Supermarktes** auch mit 24h-Service und Kartenautomat. Der Vorteil, der Kraftstoff ist günstiger als an einer der wenigen Markentankstellen, die es natürlich auch gibt. Der Nachteil, an manchen dieser Tankstellen kann **nicht** mit der **EC-Karte** gezahlt werden, sondern nur mit einer Kundenkarte des Supermarktes. Um keine bösen Überraschungen zu erleben, haben wir uns angewöhnt immer rechtzeitig zu tanken, aber auch erst nachdem wir zweimal die Erfahrung gemacht haben, dass weder EC-Karte noch Visa-Karte zur Bezahlung akzeptiert wurden und wir in Gegenden waren, die keine hohe Orts- und damit auch keine hohe Tankstellendichte aufwiesen und der Zeiger der Tankuhr bedrohlich gegen Null zeigte und uns die Schweißperlen auf die Stirn trieb.

Stell- und Übernachtungsplätze, Versorgungseinrichtungen

Frankreich ist ein **wohnmobilfreundliches Land** und Sie dürfen überall im Fahrzeug übernachten, wo es nicht ausdrücklich verboten ist. Es gibt aber auch hier eine ganze Reihe von Plätzen, die eine Zufahrt durch Abgrenzungen in zwei Metern Höhe, teilweise noch niedriger, unmöglich machen. Und es gibt Plätze, wo ein großes Schild darauf hinweist, dass Parken für WOMOs am Tag zwar erlaubt, eine Übernachtung aber nicht

gestattet ist. Denn Sinn oder Unsinn dieser Regelungen wollen und können wir hier nicht diskutieren. Die Gemeinden, die dies so beschlossen haben, werden ihre Gründe haben. Wir haben es zu respektieren. Es gibt genug Ausweichmöglichkeiten, wir zeigen sie in diesem Buch.

Fast alle offiziellen Stellplätze in unserem Reisegebiet die eine Versorgungseinrichtung aufweisen, haben für die **Entsorgung des Grauwassers** eine große **Betonwanne** mit einer in der Mitte verlaufenden **Ablaufrinne.** Hier fährt man einfach drüber, öffnet das Ablaufventil, fertig. Unterschiedlicher ist da schon die Entsorgung der Chemietoilette, da gibt es alle möglichen Varianten. Sie sind nicht schwer zu verstehen oder zu bedienen, meistens geht dies kostenfrei. Die Frischwasserversorgung ist dagegen vielfach kostenpflichtig. Hier gilt zu beachten, dass oft **Jetons** erforderlich sind, die es bei der **Touristinformation (Office de Tourisme)** und/oder bei einem in der Nähe befindlichen Supermarkt oder Laden zu kaufen gibt. Mit Euromünzen können Sie diese Automaten nur selten bedienen. Bei den Stellplatzbeschreibungen haben wir aufgeführt, ob Sie Jetons benötigen oder mit Münzen zahlen können. Bei den neuen Versorgungsstationen vom Typ **"Flot Bleu"** (siehe Bild) funktioniert die Bezahlung mit der EC-Karte und PIN. Auch das geht relativ einfach. Die Menüführung erfolgt in deutscher Sprache, das Öffnen der Tür hinter der sich der Frischwasserhahn und der Ausguss der Toilette befinden, erfolgt nach Knopfdruck, springt aber nicht automatisch auf, man muss sie aufziehen. Der Ausguss für die Chemietoilette und die Aufhängung für die Frischwasserpistole sind relativ dicht beieinander, dass hat uns beim Betrieb dieser Anlage allerdings aus hygienischer Sicht etwas gestört. Uns sind die offenen Anlagen lieber.

Ein Stromanschluss ist vielfach nur direkt an der Versorgungsstation vorhanden, wenn überhaupt. Plätze mit vielen Steckdosen für die Stromversorgung sind die Ausnahme.

Versorgung mit Lebensmitteln und anderem

In den Randbezirken der größeren Orte finden sich immer ein oder mehrere Supermärkte der großen Ketten Carrefour, Leclerc, Super U, Intermarché oder andere. Die großen in Frankreich **"Hypermarchés"** genannten Märkte werden gefolgt von den kleineren **"Supermarchés"**. Hier findet sich im Prinzip je nach Größe des Marktes von einem sehr reichhaltigen Lebensmittelangebot mit Obst, Gemüse, Frischwarentheke, Getränken, Kleidung und Drogerieartikeln eigentlich alles, was man unterwegs benötigt. Vielfach finden sich auch Abteilungen mit regional erzeugten Bioprodukten, auf die wir immer wieder gerne zugreifen. Diese finden sich auch häufig in den **"Tante-Emma-Läden"** in den kleineren Orten, die doch manchmal eine erstaunliche Produktvielfalt anbieten. **Frisches Baguette** kauft man natürlich am besten morgens in einer **Boulangerie**, das schmeckt unserer Erfahrung nach einfach besser als das aus dem Supermarkt. Gern suchen wir auch die Wochenmärkte in den Orten auf, oder kaufen in den Sommermonaten Obst, Käse und Wurst auch mal am Straßenrand.

Wann ist die beste Reisezeit?

Diese Frage ist so individuell zu beantworten wie die Frage nach dem schönsten Reiseziel. Es kommt eben auf den ganz persönlichen Geschmack an. Betrachten wir es zunächst mal aus technischer Sicht. In den **Ferienmonaten Juli und August** (ganz Frankreich macht da Ferien) ist natürlich am meisten los. Die Stellplätze sind voll, die Touristenhochburgen quellen über. Der Vorteil in dieser Zeit ist, dass dann auch Seilbahnen die auf die Bergspitzen fahren, in Betrieb sind. Die für Besucher zugänglichen Höhlen sind in den Sommermonaten täglich geöffnet, außerhalb dieser Zeit oft nur an Sonn- und Feiertagen. Genaueres finden Sie bei den jeweiligen Beschreibungen der Höhlen. Ähnliches trifft auch für andere Sehenswürdigkeiten zu.

Außer in den **Sommermonaten** sind im **Mai/Juni und September/Oktober** die meisten **WOMO-Stellplätze in Betrieb**. In den anderen Monaten ist die Wasserversorgung auf diesen Plätzen nicht gewährleistet. Einige Stellplätze sind dagegen das ganze Jahr über geöffnet. Bei den **Stellplatzbeschreibungen** ist die **Betriebsdauer** immer angegeben. Dies ist insbesondere dann wichtig, wenn Sie vor Mai oder nach Oktober in den Alpen unterwegs sind.

In den Alpen herrschen andere klimatische Bedingungen, wie wir sie in den flacheren Regionen Deutschlands nicht gewohnt sind. Schnee und Eis behindern den Verkehr bis weit in das Frühjahr hinein und der Schneefall setzt im Herbst bereits früh ein. Viele Pässe der berühmten **Route des Grandes Alpes** sind ab September/Oktober bis zum Mai/Juni gesperrt.

Gesundheit

Das Hochgebirgsklima kann zu gesundheitlichen Problemen führen. Denken Sie daran, dass der Luftdruck mit zunehmender Höhe absinkt und die Sauerstoffversorgung des Organismus unter Umständen nicht mehr optimal funktioniert. Dies ist individuell sehr unterschiedlich und hängt von Ihrem allgemeinen Gesundheitszustand und Ihrer Fitness ab. Lesen Sie hierzu im Internet einmal unter dem Stichwort "Höhenkrankheit" die Problematik nach oder fragen Ihren Hausarzt. Wirklich problematisch wird es nur bei Aufenthalt und Wanderungen im Hochgebirge. Solange Sie sich in den Tälern und in den mittleren Bereichen bis 2000 oder 2500 Metern Höhe aufhalten, gibt es in der Regel kein Problem.

Soll man das Fahrrad mitnehmen?

Wenn Sie es gewohnt sind Rad zu fahren: **Unbedingt!** Wir haben einige Radtouren und **Radtourvorschläge** für die nicht notwendigerweise ein e-bike benötigt wird, aber angenehmer ist es schon. Natürlich gibt es auch eine Vielzahl von Mountainbike-Strecken oder Pass-Strecken die Sie als sehr sportlicher Leser mit einem MTB (VTT) oder Rennrad in Angriff nehmen können.

Angeln

Angeln ist beliebt in Frankreich. Es gibt kaum einen See, an dem nicht ein Angler steht oder sitzt. Wer diesem Hobby oder Sport nachgehen möchte kann dies nur mit einer **"carte de pêche"** tun, die man bei den „office de tourisme" erwerben kann. An den Fischgewässern stehen in der Regel große Tafeln, die auf örtliche Bedingungen hinweisen.

Hunde

Gefühlt krabbelt aus jedem zweiten WOMO nach Öffnung der Aufbautür auch ein vierbeiniger Begleiter. **Frankreich** ist durchaus ein **hundefreundliches Land**, doch **Nationalparke** und **besondere Naturschutzgebiete** sind für **Hunde tabu**, auch wenn sie angeleint und gut erzogen sind. Das muss man wissen, wenn man seinen treuen Begleiter dabei hat. Wo man mit den Hunden nicht hinein darf, führen wir explizit bei den Beschreibungen noch einmal auf.

Das Mitführen eines EU-Heimtierausweises ist Pflicht. Eine Tollwutimpfung muss mindestens 30 Tage vor Grenzübertritt erfolgt sein und darf nicht länger als 12 Monate her sein.

Notrufnummern

Man möchte nicht anrufen müssen. Doch wenn es notwendig sein sollte: Mit einem Handy rufen Sie bitte unter 0033 112 an. ADAC-Notruf bei Fahrzeugschäden: 0049 89 222 222, bei Erkrankung und Verletzung 0049 89 767 676.

Geht es auch ohne Französisch-Kenntnisse?

Unsere Sprachfertigkeiten sind weit entfernt davon perfekt zu sein. Doch mit Grundkenntnissen in der Sprache kommt man gut durch. In den Touristenhochburgen hilft englisch sehr gut weiter, vielfach sind wir auch mit deutschsprachigen Fremdenführern in Kontakt gekommen. Kurzum: Man muss nicht perfekt französisch sprechen, um dieses Land oder in unserem Falle diese Region bereisen zu können. Ein freundliches **"bonjour"** zu können, ist als Minimalanforderung allerdings notwendig, denn das hören Sie bei jeder Begegnung z.B. auf einer Wanderung immer in einem freundlichen Ton. Ein Sprachkurs an der VHS im Vorfeld der Reise ist natürlich auch nicht schlecht. Und dann gibt es natürlich auch noch die technischen Hilfsmittel, wie Wörterbücher oder Übersetzungstools als App fürs Smartphone.

GPS-Koordinaten und Adressen

Bei den Stellplatzbeschreibungen haben wir fast ausnahmslos neben den Koordinatenangaben auch eine Adresse aufgeführt. Da Parkplätze für gewöhnlich keine Postadresse haben, ist manchmal nur eine Adresse in unmittelbarer Nähe gewählt. Das kann auch mal Ihren Blick auf die falsche Straßenseite lenken. Wundern Sie sich also bitte nicht, wenn die Eingabe der Adresse Sie nur in die Nähe des Zieles führt. Die Koordinatenangaben sind genauer. Wenn Ihr Navi die entsprechenden Eingaben zulässt, verwenden Sie bitte diese.

Und nun:

Bon Voyage!

Anreise

Thionville
nach Luxemburg
nach Trier
SAARBRÜCKEN
Kaiserslautern
Châlons-en-Champagne
METZ
N
40 km
St-Dizier
NANCY
Grand Est
STRASBOURG
nach Paris
FRANKREICH
Band 6: Mit dem Wohnmobil ins Elsass
Colmar
Emmendingen
Breisach
FREIBURG
Festung
Neuf-Brisach
004
008
009
003
Rhein
MULHOUSE
Feldberg 1493
Cité de l'Automobile
005
Band 14: Mit dem Wohnmobil durch Burgund
BELFORT
Zitadelle
Saône
DIJON
Bourgogne
nach Paris
BASEL
Rheinfelden
006
BESANÇON
Zitadelle UNESCO-Welterbe
Saline UNESCO-Welterbe
Doubs
Arc-et-Senans
007
Band 90: Mit dem Wohnmobil durchs Franz. Jura
JURA
Aare
Franche-Comté
010
Laténium
Neuchâtel
Lac de Neuchâtel
BERN
014
Altstadt UNESCO-Welterbe
Champagnole
Fribourg
Band 50: Mit dem Wohnmobil in die Schweiz (W)
Lac de Vouglans
Les Rousses
Fort des Rousses (Jurakäse)
LAUSANNE
Genfer See
Thonon-les-Bains
Thollon-les-Mémises
Start Tour 1
Bourg-en-Bresse
GENÈVE
Rhône
Auvergne
ANNECY
Start der Touren 2 + 5
Chamonix-Mont-Blanc
LYON
Savoie
Aix-les-Bains
Albertville
Aosta
Rhône-Alpes
Chambéry
Bourg-St-Maurice
Valle d'Aosta
Chartreuse
Band 73: Mit dem Wohnmobil durchs Piemont und das Aosta-Tal
Massif de la Vanoise
GRENOBLE
L'Alpe-d'Huez
Piemonte
nach Valence
Vercors
TORINO
Briançon
nach Sisteron
nach Gap
nach Digne-les-Bains
nach Genua

nach Frankfurt
nach Würzburg
nach Würzburg/ Kassel
nach Würzburg/ Frankfurt
nach Berlin
Ludwigshafen
Mannheim
Heidelberg
Erlangen
NÜRNBERG
Band 13: Mit dem Wohnmobil durch die Pfalz
Band 31: Mit dem Wohnmobil n. Bayern, Nordosten
KARLSRUHE
Heilbronn
Absberg
Gunzenhausen
Weißenburg
Treuchtlingen
Altmühl
DEUTSCHLAND
Pforzheim
Ludwigsburg
STUTTGART
Baden-Baden
Schwarzwaldhochstraße
Sindelfingen
Ingolstadt
Donau
Donauwörth
Baden-Württemberg
Oberkirch
Freudenstadt
Tübingen
Reutlingen
Neckar
Band 18: Mit dem Wohnmobil n. Baden-Württemberg
Bayern
Ulm
Neu-Ulm
Augsburg
Band 16: Mit dem Wohnmobil in den Schwarzwald
Balingen
Rottweil
nach Deggendorf
Bad Dürheim
Solemar
Federsee
Bad Buchau
MÜNCHEN
Hüfingen
Memmingen
Band 84: Mit dem Wohnmobil n. Bayern, Südosten
Band 24: Mit dem Wohnmobil ins Allgäu
Schaffhausen
Thayngen
Rheinfall
Konstanz
Bodensee
Bregenz
Oberstdorf
Garmisch-Partenkirchen
ZÜRICH
St.Gallen
nach Kufstein
Feldkirch
Innsbruck
ÖSTERREICH
LIECHTENSTEIN
Landeck
Band 60: Mit dem Wohnmobil nach Österreich (W)
Band 51: Mit dem Wohnmobil in die Schweiz (O)
SCHWEIZ
Rhein
Band 30: Mit dem Wohnmobil nach Südtirol
Bolzano/ Bozen
Trentino-Alto Adige/Südtirol
Bellinzona
Lugano
Trento
Lombardia
Bergamo
Band 42: Mit dem Wohnmobil durchs Trentino
Gardasee
Brescia
Vicenza
Novara
MILANO
Verona
Padova
ITALIEN
nach Genua
Piacenza
nach Bologna
nach Bologna

Anreise

Über die A5 in Deutschland und A36 in Frankreich:

Karlsruhe – Sasbachwalden – Oberkirch – Kehl – Breisach – Belfort – Besançon – Arc-et-Senans – Annecy.

Über die A5 in Deutschland und A2 in der Schweiz:

Sasbachwalden – Oberkirch – Kehl – Emmendingen – Freiburg – Neuchâtel – Annecy.

Über die A81 in Deutschland und A1 in der Schweiz:

Bad Dürrheim – Hüfingen – Schaffhausen – Bern – Thollón-les-Mémises.

Über die A7 in Deutschland und A4/A1 in der Schweiz:

Ulm – Bad Buchau – Schaffhausen – Bern – Thollón-les-Mémises.

Über die A9 und B2/B16/ bis zur Schweizer Grenze:

Nürnberg – Fränkisches Seenland – Treuchtlingen – Ulm – Bad Buchau – Schaffhausen – Bern – Thollón-les-Mémises.

Über die A96 und B312/B313:

Memmingen – Bad Buchau – Schaffhausen – Bern – Thollón-les-Mémises.

Über die A12 in Österreich und der A3 in der Schweiz:

Innsbruck – Feldkirch – Zürich – Bern – Thollón-les-Mémises.

Wir wissen nicht, aus welcher Ecke Deutschlands, der Schweiz oder Österreichs Sie anreisen. Für einen Schweizer ist der Weg in den französischen Teil der Alpen kurz. Wenn Sie aus Deutschland oder Österreich kommen, haben Sie etliche Kilometer zurückzulegen, bevor Sie das in diesem Buch behandelte Gebiet erreicht haben. Es liegt also der Gedanke nahe, dass Sie nicht an einem Stück in unser Reisegebiet fahren werden und vorher einen oder vielleicht auch zwei Zwischenstopps einlegen müssen.

Für den Südwesten Deutschlands, den Jura und die Westschweiz, schlagen wir Ihnen deshalb einige aus unserer Sicht attraktive Zwischenziele vor, die sich für eine Übernachtung eignen und gleichzeitig Interessantes zu bieten haben. Wir machen das im Sauseschritt, denn für diese Regionen gibt es bereits WOMO-Bücher die Detailbeschreibungen und ausführliche Informationen liefern. Wenn Sie also bei der Anreise über eines dieser Gebiete mehr wissen möchten, so finden Sie die Hinweise zu den jeweiligen Titeln auf den vorangegangenen Kartenseiten in blauen Kästen genannt. Unsere Kurzbeschreibungen orientieren sich an den Verkehrswegen, die in einem blassen Rot in dieser Karte dargestellt sind. Sie enden in THOLLÓN-LES-MÉMISES, wo wir unsere Reise durch die französischen Alpen beginnen oder in ANNECY, dem Startpunkt der 2. und der 5. Tour dieses Buches.

Über die A5 in Deutschland und A36 in Frankreich:

KARLSRUHE ist eine attraktive und interessante Stadt. Sehenswert sind vor allem das **Schloss** mit dem großen Park, der **Botanische Garten** und der **Stadtgarten**, der eine Mischung aus Zoo und Parkanlage bietet. Mit einem attraktiven offiziellen Stellplatz kann die Stadt allerdings nicht aufwarten. Wenn Sie auf Strom- und Wasserversorgung für eine Nacht verzichten können, empfehlen wir Ihnen den großen und schattigen Parkplatz am **Rheinstrandbad Rappenwört**, am Ende der Hermann-Schneider-Allee [N48°59'54.9" E8°17'49.4"]. Mit der Stadtbahn kommen Sie bei Bedarf von diesem Platz bequem in die Innenstadt. Dieser Platz ist rund 10 Kilometer von der Autobahn entfernt und in der Nacht absolut ruhig.

Auf dem weiteren Weg über die A5 lohnt ein kleiner Schlenker über die **Schwarzwaldhochstraße**. Nahmen Sie dazu die Abfahrt BADEN-BADEN, passieren die Kur- und Bäderstadt durch den Tunnel und folgen Sie der Beschilderung zur **Schwarzwaldhochstraße**. Die Panoramastraße ist angenehm zu fahren. Die Serpentinen sind längst nicht so spektakulär wie die, die Sie noch fahren werden, wenn Sie

(001) Offizieller WOMO-Stellplatz: Sasbachwalden

GPS: N48°37′09.6" E8°07′16.8" ; Bachmatt 5, 77887 Sasbachwalden
max. Womos: >5, maximale Länge 9 m
Ausstattung: Befestigter Platz mit Wasserver- und Abwasserentsorgung (mit Bodeneinlass), Kassettenentleerung, Stromanschlüssen, Behälter für die Müllentsorgung, max. Aufenthaltsdauer: >48 h, geöffnet von Jan. – Dez.

Lage: Ortseingang hinter, der Alde Gott Winzergenossenschaft, nachts ruhig
Preise: 7,00 €, 1 € für ca. 100l Wasser, 1 € für 8 h Strom, Münzautomat.
Zufahrt: A5, Abfahrt Achern, 8 Kilometer bis Sasbachwalden.

(002) Offizieller WOMO-Stellplatz: Oberkirch

GPS: N48°31′43.9" E8°04′22.8"; Renchallee 7, 77704 Oberkirch
max. Womos: 40, maximale Länge 10 m
Ausstattung: Befestigter Platz. Wasserver- und Abwasserentsorgung (mit Bodeneinlass=Gulliabfluss) abseits des Platzes, max. Aufenthaltsdauer: 7 Tage, geöffnet von Jan. – Dez.

Lage: Ortsrand an der Rench neben einem Sportgelände, nachts ruhig
Preise: 7,00 €, für ein Fahrzeug mit 2 Personen, 1 € für ca. 50l Wasser, 0,5 € für 1Kw/h Strom über Münzautomat, 40 Stromanschlüsse
Zufahrt: A5, Abfahrt Appenweier, 12 Kilometer.

unseren Routenvorschlägen in den Alpen folgen, aber dennoch für eine erste Übung am Berg schon mal ganz gut. Beliebtes Ausflugsziel an dieser Straße ist der **Mummelsee** und die **Hornisgrinde**, der höchste Berg des Nordscharzwaldes, der sich im Gegensatz zu so manchem Berg in den Alpen mühelos erklimmen lässt.

Wenn Sie noch etwas weiterfahren bis zum **Ruhestein**, können Sie vielleicht schon das neue **Nationalparkzentrum** in Augenschein nehmen, dass 2019 eröffnet werden soll und sich eingehend mit dem **Nationalpark Schwarzwald** beschäftigen. Vom **Ruhestein** führt eine Straße hinunter zu den **Allerheiligenfällen** und von dort über OTTENHÖFEN und SEEBACH nach SASBACHWALDEN. Hier befindet sich der Stellplatz direkt hinter dem Gebäude der Winzergenossenschaft Alde Gott, 8 Kilometer von der A5 entfernt. Der Ort ist ein reizvolles Fachwerkstädtchen mit ausgezeichneter Gastronomie und für eine Übernachtung bestens geeignet.

Ein beliebter Etappenplatz findet sich auch in OBERKIRCH, 12 Kilometer von der Autobahn entfernt. Eine gute

Alternative, sollten Sie in SASBACHWALDEN keinen freien Platz mehr finden. Hier finden Sie sicher einen, denn selbst wenn die „offiziellen" Plätze belegt sein sollten, steht immer noch genügend Raum auf dem benachbarten Festplatz zur Verfügung. Die **schöne Altstadt** ist zu Fuß bequem vom Platz erreichbar und auch hier finden Sie eine ausgezeichnete Gastronomie.

In KEHL ist der Stellplatz 11 Kilometer von der A5 entfernt. Hier bietet sich ein Besuch von STRASSBURG an. Mit der neu eingerichteten **Tram**, lässt sich die Stadt vom Bahnhof Kehl (1,8 km vom Stellplatz entfernt) bequem erreichen. Als Lektüre empfehlen wir Ihnen den Band 6 „Mit dem Wohnmobil ins Elsass". Hier erfahren Sie alles Notwendige über die malerische und sehenswerte Stadt.

(003) Offizieller WOMO-Stellplatz: Kehl

GPS: N48°33′48.4" E7°48′50.0"; Schwimmbadstraße, 77694 Kehl
max. Womos: 35, maximale Länge 10 m
Ausstattung: Befestigter Platz mit Wasserver- und Abwasserentsorgung (mit Bodeneinlass), Kassettenentleerung, 35 Stromanschlüsse, Behälter für die Müllentsorgung, max. Aufenthaltsdauer: 48 h, geöffnet von Jan. – Dez.
Lage: Am Wasserturm neben einem Sportgelände, Schwimmbad in der Nähe, nachts ruhig
Preise: 8,00 €, für ein Fahrzeug mit 2 Personen, 1 € für ca. 50l Wasser, 1 € für 1Kw/h Strom über Münzautomat.
Zufahrt: A5, Abfahrt Appenweier, 11 Kilometer in Richtung Straßburg.

Die Fahrt zum Stellplatz BREISACH führt durch den schönen **Kaiserstuhl.** Um dorthin zu gelangen, nehmen Sie bitte die Abfahrt 59 Riegel. Von der Abfahrt bis zum Stellplatz sind es rund 24 Kilometer. In BREISACH lohnt es sich neben der Besichtigung des Städtchens auf die andere Rheinseite

(004) Offizieller WOMO-Stellplatz: Breisach

GPS: N48°01′46.6" E7°34′31.6"; Josef Bueb Strasse, 79206 Breisach
max. Womos: 80, maximale Länge 10 m
Ausstattung: Asphaltierter Platz mit Wasserver- und Abwasserentsorgung (mit Bodeneinlass), Kassettenentleerung, Behälter für die Müllentsorgung, max. Aufenthaltsdauer: 72 h, geöffnet von Jan. – Dez.
Lage: Am Rheinufer, zwischen Hafen und Parkanlage, 500 Meter bis zum Zentrum, mit einigen Restaurants und Weinlokalen.
Preise: 6,00 €, für ein Fahrzeug mit 2 Personen, 1,00 € für ca. 50l Wasser, 1,00 € für Abwasser.
Zufahrt: A5, Abfahrt Riegel, 24 Kilometer.

nach NEUF-BRISACH zu fahren und sich dort die **Vauban-Festung** anzuschauen. Sie ist eines der Meisterwerke des Festungsbaumeisters, dessen Werke uns im **Jura** und in den **Alpen** noch sehr oft begegnen werden, aber nicht in diesem absolut symmetrischen Grundriss, wie er sich nur hier in der Ebene verwirklichen ließ.

Von NEUF-BRISACH geht es weiter nach MULHOUSE. Autonarren werden nicht so einfach an dem Automobilmuseum **Cité de l'Automobile - Collection de voitures Schlumpf** vorbeifahren wollen. Adresse: 15 Rue de l'Épée, 68100 Mulhouse, die GPS-Koordinaten: N47°45'35.4" E7°19'52.2". Der Parkplatz ist groß und geräumig genug, um das WOMO abzustellen. Eine Übernachtung an diesem Ort ist nicht möglich, wäre auch nicht sonderlich reizvoll. Die Sammlung der Bugattis und anderer Oldtimer ist in Umfang und Qualität einfach überwältigend und einen Zwischenstopp wert. Ausführliche Informationen dazu und auch zu den nächsten Zwischenstopps finden Sie unserem Band 90 der WOMO-Reihe „Mit dem Wohnmobil durchs Französische Jura".

Die A36 führt uns weiter nach BELFORT, eine Stadt, die in der deutsch-französischen Geschichte eine besondere Bedeutung hat, die wir hier allerdings nicht darlegen können (Siehe Band90). Neben der Altstadt ist die **Zitadelle** mit dem **Löwen von Belfort** besonders sehenswert, die sich praktischweise in unmittelbarer Nähe des Stellplatzes befindet.

Diese schon sehr beeindruckende Zitadelle wird von der in BESANÇON allerdings noch übertroffen. Die Stadt **Victor Hugos** hat mit einem der Meisterwerke **Vaubans** ein inzwi-

(005) Offizieller WOMO-Stellplatz: Belfort
Aire de Camping-Car l'Epide

GPS: N47°38'31.1", E6°51'56.7", Avenue de la Miotte, 90020 Belfort
max. Womos: >10, maximale Länge 8 m, schmale Stellplätze
Ausstattung: Asphaltierter Nebenbereich eines gemischten Parkplatzes mit Wasserver- und Abwasserentsorgung (mit Bodeneinlass), Kassettenentleerung, 8 Stromanschlüssen, Behälter für die Müllentsorgung, max. Aufenthaltsdauer: 48 h, geöffnet von Jan. – Dez.

Lage: Im Stadtgebiet mit einer Mauer zur Straße abgegrenzt, deshalb auch relativ ruhig.
Preise: Gebührenfrei. Stromversorgung, Abwasserentsorgung und Frischwasser alles kostenlos.
Zufahrt: Über die D583, die in die D83 übergeht (Autobahnzubringer) am Ende der geteilten Fahrbahn rechts abbiegen.

schen von der **UNESCO** anerkanntes **Weltkulturerbe** aufzuweisen. Auch hier müssen wir für eine ausführliche Beschreibung auf Band 90 verweisen. Ein Besuch der Altstadt die im

Inneren einer omegaförmigen Schleife des Doubs liegt, sollte man nicht versäumen. Der offizielle Stellplatz befindet sich am oberen Ende der Flussschleife.

Auf unserem weiteren Weg nach Annecy haben wir noch ein UNESCO-Welterbe auf dem Programm, die **königlichen Salinen** von ARC-ET-SENANS. Hier steht nicht die ehemalige Saline als Herstellungsort von Tafelsalz im Vordergrund, sondern das ausgezeichnet restaurierte architektonische Ensemble als Idealstadt des Architekten **Claude-Nicolas Ledoux**, dem ein Museum mit zahlreichen Exponaten seiner Architekturideen an diesem Ort gewidmet ist. Der Stellplatz befindet sich praktischerweise direkt neben der Saline.

(006) Offizieller WOMO-Stellplatz: Besançon, Aire de Camping-Car

GPS: N47°14'14.3" E6°00'56.1", Rue d'Arènes, 25000 Besançon
max. Womos: 12, maximale Länge 8 m,
Ausstattung: Asphaltierter Platz mit Wasserver- und Abwasserentsorgung (mit Bodeneinlass), Kassettenentleerung, Behälter für die Müllentsorgung, max. Aufenthaltsdauer: 3 Tage, geöffnet von Jan. – Dez.
Lage: Direkt am Quai Veil Picard am Ufer des Doubs. Fußweg durch die Innenstadt über die Grande Rue zur Zitadelle ca. 2 km.
Preise: Gebühr 7,00 € pro Tag. Abwasserentsorgung und Frischwasser ist kostenlos.
Zufahrt: Nur über die Rue d'Arènes erreichbar.

Wer sehen möchte, wie die Salzgewinnung funktioniert hat, der sollte nach SALINS-LES-BAINS (**GPS:** N46°56'17.1" E5°52'38.1") fahren, das sind nur 16 Kilometer. Einen Stellplatz gibt es hier zwar auch, der ist aber sehr beengt und für eine Übernachtung kaum geeignet. Von ARC-ET-SENANS bis nach ANNECY sind es über die N5 und A41 noch 170

(007) Offizieller WOMO-Stellplatz: Arc-et-Senans

GPS: N47°01'59.6" E5°46'50.4", 29 Grande Rue, 25610 Arc-et-Senans
max. Womos: 10, maximale Länge 9 m
Ausstattung: Befestigter Platz mit Frischwasserversorgung. Abwasserentsorgung über Bodeneinlass, Kassettenentleerung, keine Stromversorgung. Geöffnet von Jan. – Dez.
Lage: In der Ortsmitte hinter der Mairie (Rathaus) in unmittelbarer Nachbarschaft der Saline. Nachts ruhig.
Preise: Kostenlos, Frischwasser 100 Liter 2,00 €.
Zufahrt: Von Grande Rue in die Einfahrt der Mairie abbiegen.

Kilometer. Wem das auf einen Rutsch zu weit ist, der kann in LES ROUSSES noch einen Zwischenstopp einlegen, das ist mit 85 Kilometern genau die Hälfte. Hier findet man einen Stellplatz (**GPS:** N46°29'16.1" E6°04'01.3") und in dem umgebauten Fort des Rousses (**GPS:** N46°28'44.9" E6°03'27.1") eine außergewöhnliche Schaukäserei. Genauere Beschreibungen finden Sie dazu im besagten Band 90.

In ANNECY angekommen steht man bei der Suche nach einem Stellplatz vor einer Herausforderung. Dazu mehr auf den Seiten 62-65.

Über die A5 in Deutschland und A2 in der Schweiz:

Wer über die A5 den direkteren Weg in die französischen Alpen sucht, findet in EMMENDINGEN einen guten und ausreichend großen Etappenplatz. Der 8 Kilometer von der Autobahn liegende Stellplatz ist kostenlos und wer nur eine Runde schlafen will, wird sich nicht daran stören, dass der Platz wenig attraktiv ist. Die Güterzüge der Rheintalstrecke sind hörbar, stören die Nachtruhe aber nicht wirklich.

Wer auf der Fahrt in die Alpen in FREIBURG vorbeischauen möchte, der sollte sich seinen Stellplatz in Zentrumsnähe vorher reservieren. Der Platz ist quasi immer ausgebucht. Die

(008) Offizieller WOMO-Stellplatz: Emmendingen

GPS: N48°07'06.2" E7°50'29.0" ; Am Sportfeld 25, 79312 Emmendingen
max. Womos: >5, maximale Länge 9 m
Ausstattung: Asphaltierter Platz mit Wasserver- und Abwasserentsorgung am Rande des Platzes, Kassettenentleerung, Behälter für die Müllentsorgung, max. Aufenthaltsdauer: 72 h, geöffnet von Jan. – Dez.

Lage: Ein Kilometer bis zum Zentrum, entfernt vorbeifahrende Güterzüge nachts hörbar
Preise: Gebührenfrei, 1 € für ca. 80l Wasser
Zufahrt: A5, Abfahrt 59 Riegel, 8 Kilometer Emmendingen.

Reservierung kann online erfolgen: www.stellplatz-freiburg.de/. Bis zum Münsterplatz sind es zu Fuß rund 15 Min. Ein Bummel durch die Altstadt sicher eine lohnenswerte Unterbrechung der Reise.

Weiter geht die Fahrt gen Süden. Um den dichten Verkehr mit Staus in BASEL zu umgehen empfehlen wir am AB-Dreieck Weil am Rhein auf die A98 zu fahren und bei RHEINFELDEN die Grenze zu passieren. Hier können Sie auch noch ggfs. eine **Vignette** für die Schweiz kaufen oder wenn Ihr Fahrzeug über 3,5t wiegt die Schwerlastabgabe entrichten (32,50 CHF für 10 Tage für ein Kalenderjahr). Dazu ist ein

(009) Offizieller WOMO-Stellplatz: Freiburg

GPS: N47°59′58.7" E7°49′31.6"; Bissierstraße 30, 79114 Freiburg i.Br.
max. Womos: 70, maximale Länge 9 m
Ausstattung: Befestigter Platz. Stellflächen mit Büschen voneinander getrennt. Wasserver- und Abwasserentsorgung (mit Bodeneinlass) max. Aufenthaltsdauer: 7 Tage, geöffnet von Jan. – Dez.
Lage: Zentrum, trotzdem ruhig.
Preise: Gestaffelt nach Fahrzeuggröße zwischen 9,00 (7m) und 11,00 € (9m), für ein Fahrzeug mit 2 Personen + 1,00 € Nebenkosten, Wasser, Abwasser, Toilettenentsorgung gratis, 1 € für 1,5 Kw/h Strom.
Zufahrt: A5, Abfahrt Freiburg-Mitte, 5 Kilometer.

Formular mit den persönlichen Angaben auszufüllen und es ist für jeden Tag den man in der Schweiz unterwegs ist, in dem Durchschlag dieses Formulars der Aufenthalt zu dokumentieren. In RHEINFELDEN kann man sicher sein, das die Grenzstelle an der Autobahn besetzt ist. An kleineren Grenzübergängen können Sie diese Formalitäten nicht erledigen. Fahren ohne Schwerlastabgabe oder Vignette kann ein Bußgeld von mindestens 100 CHF bedeuten.

Von RHEINFELDEN bis nach ANNECY sind es noch 285 Kilometer bis THOLLÓN-LES-MÉMISES ca. 200. Da diese Strecken fast nur über Autobahnen zu bewältigen sind, kann man das am Stück durchfahren. Um BERN muss man allerdings mit Staus rechnen. Wir haben es noch nicht erlebt, BERN ohne Wartezeiten zu passieren. Da bietet es sich doch an, eine Pause einzulegen. Auf dieser Strecke haben wir das **Laténium** in NEUCHÂTEL für Sie ausgesucht, das Sie über die A5 erreichen. Hier steht ein großer Parkplatz [**010:** N47°00'32.3" E6°58'20.0"] zur Verfügung auf dem man auch übernachten darf, für große Fahrzeuge (über 7 Meter Länge) scheint uns dieser Platz allerdings nicht besonders gut geeignet.

Das **Laténium** ist das größte Archäolgiemuseum der Schweiz und zeigt mit Exponaten vom Neandertaler bis zum Mittelalter 50000 Jahre Kulturgeschichte dieser Region. Einen Schwerpunkt bilden die Pfahlbauten des Neolithikums. Zusammen mit anderen 110 Fundstellen in der Schweiz, in Frankreich, Deutschland, Ös-

Laténium Museum und Außenanlagen.

terreich, Slowenien und Italien wurden diese prähistorischen Siedlungen unter dem Label **"Prähistorische Pfahlbauten um die Alpen"** 2011 von der UNESCO zum universellen Erbe der Menschheit erklärt. In Frankreich finden sich Reste dieser Siedlungen im **Lac de Chalain**, im **Lac du Bourget**, im **Lac Aiguebelette** und im **Lac d'Annecy**. Die drei letztgenannten werden wir in diesem Buche noch behandeln. Nur sieht man dort von den Pfahlbauten nichts, denn ein Besuch dieser Anlagen bleibt den Unterwasserarchäologen vorbehalten. Wenn es interessiert wie unsere Vorfahren an den Seen gelebt haben findet hier im Museum die beste Gelegenheit dazu.

Über die A81 in Deutschland und A1 in der Schweiz:

Wenn Sie über die A81 anreisen finden Sie in BAD DÜRRHEIM einen überdimensional großen Stellplatz der offensichtlich gern von WOMO-Fahrern und Fahrerinnen mit einem Besuch der Therme verknüpft wird.

Wenn Ihnen dieser „Mammutplatz" nicht zusagt, der Stellplatz in Hüfingen ist wesentlich beschaulicher. Er liegt 13 Kilometer weiter südlich und kann als Startpunkt für einen Besuch der Wutachschlucht, der Sauschwänzlebahn oder des Schwarzwaldparks in Löffingen genutzt werden (alles im Um-

(011) Offizieller WOMO-Badeplatz: Bad Dürrheim Reisemobilhafen

GPS: N48°00'43.1" E8°32'03.9" ; Huberstraße, 78073 Bad Dürrheim.
max. Womos: >100, maximale Länge 12 m.

Ausstattung: Befestigte Plätze mit Wasserver- und Abwasserentsorgung am Rande des Platzes, Kassettenentleerung, Behälter für die Müllentsorgung, WiFi, Gasflaschenservice, Brötchendienst, e-bike-Verleih, geöffnet von Jan. – Dez.
Lage: Am Rande des Kurparks von Bad Dürrheim, Therme Solemar in 500 Metern Entfernung.
Preise: Stellplatz 8,50 € pro Fahrzeug, 2,50 € Kurtaxe p.P., Strom 2,50 pro Nacht, Wasserver- und Abwasserentsorgung sowie Kassettenentleerung kostenlos.
Zufahrt: A81, Abfahrt AD Bad Dürrheim, A864 bis zum Ende durchfahren, dann B27 Richtung Bad Dürrheim, nächste Abfahrt rechts, insgesamt 8 Kilometer.

kreis von 10-12 km). Den Ort selbst hat man schnell erkundet, er ist nicht groß.

Von HÜFINGEN führt die B27 auf direktem Weg nach SCHAFFHAUSEN. Dieser Straße können Sie folgen, wenn Sie bereits ein **Vignette** oder die **Schwerlastabgabe** haben. Wenn nicht, dann müssen Sie zurück auf die A81 und den Grenzübergang THAYNGEN nutzen. Hier können Sie eine

(012) Offizieller WOMO-Stellplatz: Hüfingen

GPS: N47°55'22.9" E8°29'11.7"; Bräunlinger Str., 78183 Hüfingen.
max. Womos: 22, maximale Länge 12 m
Ausstattung: Befestigter Platz. Stellflächen mit Bäumen und Holzeingrenzungen voneinander getrennt. Wasserver- und Abwasserentsorgung (mit Bodeneinlass), geöffnet von Jan. – Dez.

Lage: Am Ortsrand von Hüfingen an der Breg.
Preise: 8,00 € für ein Fahrzeug mit 2 Personen, Abwasser, Toilettenentsorgung gratis, 1,20 € für Strom, 1,20 € für Frischwasser. Zahlbar am Kiosk, der von 8.30 - 9.30 Uhr und von 17.00 - 17.30 Uhr geöffnet hat.
Zufahrt: A81, Abfahrt AD Bad Dürrheim, A864 bis zum Ende durchfahren, dann B27 Richtung Donaueschingen, an Donaueschingen vorbei bis zur Abfahrt auf die B31 in Richtung Freiburg. Diese Abfahrt nehmen und bei der nächsten Abfahrt nach Hüfingen fahren, dort der Beschilderung folgen. Vom AD-Dreieck bis zum Stellplatz sind es 18 Kilometer.

Vignette erwerben oder die **Schwerlastabgabe** entrichten. Am Grenzübergang an der B27 steht nur noch ein verwaistes, nicht besetztes Grenzkontrollhäuschen.

SCHAFFHAUSEN mit der **Festung Munot** ist ein schönes Städtchen, Besuchermagnet ist jedoch der **Rheinfall** in dessen Nähe sich ein leicht anzufahrender großer Stellplatz befindet.

Vom Stellplatz zum **Rheinfall** führt ein ca. 1 km langer Fußweg, der Schiffsanleger für eine kleine Bootstour zum Rheinfall befindet sich auf halber Strecke.

Weiter geht es über die A4 und A1 an ZÜRICH vorbei nach BERN. An dieser Stadt einfach nur vorbeizufahren

(013) WOMO-Stellplatz: Schaffhausen

GPS: N47°40'25.8" E8°36'31.2"; Nohlstrasse, 8212 Neuhausen am Rheinfall
max. Womos: 50, maximale Länge 10 m
Ausstattung: Befestigter Platz mit Wasserver- und Abwasserentsorgung (mit Bodeneinlass), Kassettenentleerung, Behälter für die Müllentsorgung, max. Aufenthaltsdauer: 24 h, geöffnet von Apr. – Okt.

Lage: parkähnliches Gelände oberhalb des Rheins, nachts ruhig. Kurzer Fußweg hangabwärts zum Rheinfall.
Preise: 5,00 €, für ein Fahrzeug mit 2 Personen für die erste Stunde, jede weitere 2, 00 €, Ver- und Abwasserentsorgung kostenlos.
Zufahrt: in Neuhausen über die Nohlstrasse.

wäre Schade. Die Altstadt mit dem **Zytglogge** (Zeitglockenturm), **Bundeshaus** und **BärenPark** sind einfach sehenswert. Mit etwas Glück finden Sie am Abend am Tierparkweg direkt an der Aare [**014:** N46°56'05.0" E7°26'46.3"] einen Parkplatz. Bis zur Altstadt, die zum UNESCO-Welterbe gehört, sind es zu Fuß entlang der Aare nur 1,5 Kilometer. Für große Fahrzeuge ist dieser Platz allerdings nicht geeignet.

Von BERN nach THOLLÓN-LES-MÉMISES sind es noch ca. 130 Kilometer, von SCHAFFHAUSEN sind etwa 300 Kilometer bis zu unserem ersten Tourstandort zurückzulegen.

Über die A7 in Deutschland und A4/A1 in der Schweiz

Wenn Sie über die A7 anreisen, lohnt sich ab Ulm eine Fahrt nach BAD BUCHAU zum **Federsee**. Hier finden Sie einen ruhigen Übernachtungsplatz direkt am **Seemuseum** mit reizvollen Spazierwegen durch das Vogelschutzgebiet.

(015) Offizieller WOMO-Stellplatz: Bad Buchau – Federseemuseum

GPS: N48°04'13.3" E9°36'34.1"; Federseeweg, 88422 Bad Buchau.
max. Womos: 12, maximale Länge 7 m.
Ausstattung: Asphaltierter Platz, Behälter für die Müllentsorgung, geöffnet von Jan. – Dez.

Lage: 700 Meter bis zum Zentrum, 50 Meter bis zum Beginn des Federseestegs.
Preise: 9,00 € pro Tag und Fahrzeug.
Zufahrt: Von der B311 nach Bad Buchau fahren und im Ort der Beschilderung zum Federseemuseum folgen.
Wasserver- und Abwasserentsorgung:
An einem der weiteren Stellplätze der Stadt. Am Kurpark, Seegasse 1, 88422 Bad Buchau, N48°04'07.2" E9°36'23.7, Frischwasser 1,00 Euro / 80 l, Strom 0,50 Euro / kWh.

Von BAD BUCHAU geht die Fahrt weiter nach SCHAFFHAUSEN und über BERN nach THOLLÓN-LES-MÉMISES, insgesamt sind dies noch rund 400 Kilometer.

Über die A9 und B2/B16/ bis zur Schweizer Grenze:

Wenn Sie über die A9 kommen, haben wir neben den bereits genannten Zwischenzielen zwei weitere anzubieten. Einmal wären dies im **Fränkischen Seenland** der große Stellplatz bei ABSBERG und zum anderen der Stellplatz an der Therme in TREUCHTLINGEN an der **Altmühl**. Sie erreichen beide, wenn Sie ab dem Autobahnkreuz Nürnberg-Ost die A6 in Richtung Heilbronn fahren und wenig später die Abfahrt Roth nehmen und in Richtung WEISSENBURG fahren. Es gibt noch einige Stellplätze mehr in dieser Region, die sich ebenso gut anfahren ließen. Wir kennen sie, schließlich haben wir den Band 31 in der WOMO-Reihe, der den Nordosten Bayerns behandelt selbst geschrieben.

(016) Offizieller WOMO-Badeplatz: Absberg – Badehalbinsel

GPS: N49°08'17.8" E10°52'14.2"; Badehalbinsel 10, 91720 Absberg
max. WOMOs: >150.

Ausstattung: Befestigter Platz mit Wasserver- und Abwasserentsorgung (mit Bodeneinlass), Kassettenentleerung, Behälter für die Müllentsorgung, Stromanschlüsse für alle Plätze, WC, Duschen, Brötchenservice, Biergarten, Bootsverleih, Badestrand. Geöffnet von Mrz. – Nov.
Lage: Am Nordufer des Kleinen Brombachsees.
Preise: 16,50 €, für ein Fahrzeug mit 2 Personen, Abwasserentsorgung kostenlos, Frischwasser 0,50 €, Strom 0,50 € pro kWh.
Zufahrt: Zwischen Absberg und Langlau auf der linken Seite.

(017) Offizieller WOMO-Badeplatz: Treuchtlingen- Altmühltherme

GPS: N48°57'37.5" E10°55'04.3"; Kästleinsmühlenstraße, 91757 Treuchtlingen
max. WOMOs: 56.

Ausstattung: Befestigter Platz mit Wasserver- und Abwasserentsorgung (mit Bodeneinlass), Kassettenentleerung, Behälter für die Müllentsorgung, Stromanschlüsse an allen Plätzen, WC, Duschen, Waschmaschine. Ganzjährig geöffnet außer 10.01. - 28.02.
Lage: Am Kurpark in unmittelbarer Nähe der Altmühltherme.
Preise: 11,00 €, für ein Fahrzeug mit 2 Personen, Abwasserentsorgung kostenlos, Frischwasser 1,00 €, Strom 0,50 € pro kWh (Münzautomat für jeden Platz). Anmeldung an der Shell-Tankstelle Hauselt 200 Meter vor dem Platz erforderlich.
Zufahrt: Von der B2 nach ca. 2 Kilometern rechts abbiegen.

Von TREUCHTLINGEN nach THOLLÓN-LES-MÉMISES sind es noch rund 600 Kilometer. Die vielleicht schnellere Routenführung über die A96 und eine östliche Umfahrung des Bodensees bei BREGENZ haben wir bewusst vermieden, um nicht für Österreich noch ein **Pickerl** kaufen zu müssen.

Wer über die A96 aus dem Raum München anreist findet die Zwischenziele bereits bei den bislang genannten Routenführungen. Dies trifft für eine Anreise aus Österreich ebenso zu. Ein Blick auf die Karte auf den Seiten 16-17 hilft hierbei sicherlich.

Route des Grandes Alpes

Die Route des Grandes Alpes

Bei unserer Reise durch die französischen Alpen haben wir eine konsequente Fahrt vom Genfer See bis zum Mittelmeer auf der **Route des Grandes Alpes** nicht durchgeführt. Wir haben uns bei unserer Tourenplanung darum bemüht kleinere Regionen aneinander zu hängen und eine großes Oval entworfen, das am Genfer See beginnt, durch die Voralpen in den Süden geht und durch das Hochgebirge entlang der Landesgrenze zu Italien und der Schweiz fast zum Ausgangspunkt zurückführt. Dabei sind wir immer wieder auf dieser großen Alpenstraße gefahren und es gibt nur ganz wenige Kilometer dieser langen Strecke, die wir nicht kennengelernt haben. Auf den Karten, mit der jede Tourbeschreibung beginnt, ist die **Route des Grandes Alpes** mit einer gepunkteten Linie verzeichnet. Dies ist besonders deutlich bei den Touren 1, 8, 9 und 10. Die Streckenabschnitte sehen Sie in der nebenstehenden Karte markiert. Auf den Tourenkarten zu Beginn der jeweiligen Kapitel laufen die gepunkteten Linien der Alpenstraße und die roten Linien unserer Touren zusammen.

Die Route des Grandes Alpes in der Nähe des Col du Lautaret.

Da wir wissen, dass es WOMO-Fahrer gibt, die darauf brennen, die Tour vom **Genfer See** ans **Mittelmeer** in einer mehrtägigen Fahrt zu absolvieren, schreiben wir hier die wichtigsten Stationen von Nord nach Süd zusammen ohne alles zu wiederholen, was bei den jeweiligen Touren beschrieben ist. Wir werden auf die jeweilige Seite verweisen, auf der Sie dann die Details nachlesen können.

Bevor wir beginnen: Was muss man generell wissen über diese Straße?

Sie ist nur in den Sommermonaten durchgängig befahrbar. Die Wintersperren der höchsten Pässe reichen teilweise bis in den Juni hinein. Sie ist also nur in den Monaten von Juli bis September offen. Die Straße führt über 17 Pässe. Der höchste ist mit 2770 Metern der **Col de l'Iseran**. Sie ist fast 700 Kilometer lang, beginnt in THONON-LES-BAINS und endet in MENTON. Sie führt nicht an CHAMONIX und dem **Mont Blanc** vorbei. Die Straße ist gleichermaßen beliebt bei Motorrad-, Rennrad-, Tourenrad-, Cabrio-, und WOMO-fahrern. Da alle mit sehr unterschiedlichen Geschwindigkeiten unterwegs sind, ist eine vorsichtige Fahrweise auf dieser Strecke mit dem WOMO besonders angebracht.

Der Cormet de Roselend.

Starten wir in THONON-LES-BAINS. Eine kleine, im Pflaster vor dem Rathaus eingelassene Windrose markiert den Beginn dieser großen Alpenstraße.

Erstes Highlight auf dem Weg nach Süden ist die **Gorges du Pont du Diable** (S.45). Wenige Kilometer hinter Les Gets empfehlen wir einen Abstecher über SAMOËNS zu den **Cascades du Cirque du Fer-à-Cheval** zu machen (S.52). Dort gibt es auch eine gute Möglichkeit zu übernachten, oder zurück an der Alpenstraße in LE REPOSOIR (S.58). Im weiteren Verlauf erscheint uns ein Zwischenstopp am **Signal de Bisanne** reizvoll (S.324) und etwas weiter am **Lac de Roselend** (S.318). Im weiteren Verlauf der bislang einfach

Vor dem Col du Galibier..

In Briançon.

zu fahrenden Straße, wird es auf der Strecke vor BOURG-SAINT-MAURICE erstmals etwas enger. Die weitere Strecke nach VAL D'ISÈRE lässt sich problemlos fahren. Der renommierte Skiort ist ein Zwischenstopp wert (S.309). Danach geht es hoch auf den **Col de l'Iseran** (S.307). Sehenswert sind die Festungsanlagen rund um AUSSOIS im **Haute Maurienne** (S.300). Hinter SAINT-MICHEL-DE-MAURIENNE beginnt eine der schönsten Strecken der **Route des Grandes Alpes**. Mit dem **Col du Galibier** (S.294) und dem **Col du Lautaret** (S.293) überquert man berühmte Pässe der **Tour de France**. Die Aussicht vom **Galibier** ist fantastisch. Der **Lautaret** eignet sich sehr gut zum übernachten. BRIANÇON (S.278) ist besonders sehenswert und einen Tagesaufenthalt wert. Mehr als beeindruckend ist der **Col d'Izoard** (S.272) mit der **Casse Déserte**. Auf dem Pass lässt es sich ebenfalls sehr gut übernachten. Wenn man das **Queyrastal** (Combe du Queyras) durchfahren hat und in GUILLESTRE angekommen ist, lohnt ein Abstecher nach MONT-DAUPHIN (S.222). Wenn Sie hier angekommen sind, ist es eine Überlegung wert, von der Route des Grandes Alpes abzuweichen und entlang des **Lac du Serre Ponçon** (S.219) weiter nach BARCELONNETTE zu fahren. Die Strecke über den **Col de Vars** (S.267) ist so beeindruckend nicht.

Auf dem Col d'Izoard.

Abfahrt vom Col de la Bonette.

Ab BARCELONNETTE (S.230) wird es mit der Befahrbarkeit der großen Alpenstraße etwas kompliziert (S.240). Wir empfehlen hier auf die Strecke über den **Col de la Bonette** (S.262) auszuweichen. Sie ist nicht nur besser befahrbar, sie ist auch um ein vielfaches spektakulärer als die offizielle Wegführung über den **Col de la Cayolle** (S.242). Wenn Sie in SAINT-MARTIN-VÉSUBIE angekommen sind, ist die weitere Fahrt nach MENTON kein Problem mehr.

Wir starten nun nach dieser knappen Vorstellung dieser großen Alpenstraße die ausführlichen Tourbeschreibungen.

Tour 1

Lac Léman (Genfer See)
Rhône
St-Gingolph
018 WC
Thollon-les-Mémises (1017 m)
Lugrin
Pic des Mémises 1675 m
Les Cornettes de Bise 2432 m
Évian-les-Bains
Bernex
L. de Fontaine (1340 m)
020
Refuge de Bise (1506 m)
10 km
Route des Grandes Alpes
019
Geopark
Pas de Morgins 1369 m
Château de Ripaille
Vacheresse (831 m)
021
Abbaye
Abondance (920 m)
Dranse A.
Thonon-les-Bains
C. de Corbier 1230 m
023
022
Lac des Plagnes
SCHWEIZ
Les Gorges du Pont du Diable
Roc de Tavaneuse 2156 m
Lac de Montriond
Les Lindarets (1467 m)
Chablais
024
Abbaye d'Aulps
Avoriaz (1820 m)
Pas de Chavanette 2151 m
Aquariaz
St-Jean-d'Aulps (800 m)
Dranse M.
025 WC
Montriond
Morzine
Cascades du Cirque du Fer-à-Cheval
Les Gets (1163 m)
026
W
C. de Joux Plane 1700 m
Samoëns
Sixt-Fer-à-Cheval
Boëge
027
Samoëns 1600
Tête du Pré des Saix 2118 m
028
Thyez
Cluses
030 WC
Peillonnex Prieuré
Marignier
Les Grandes Platières 2480 m
029
Les Carroz
Flaine
Bonneville
Château
WC 190
Le Reposoir
Chartreuse du Reposoir
Plaine Joux
La Roche-sur-Foron
031 WC
Passy
Band 90: Mit dem Wohnmobil durch d. Franz. Jura
Col de la Colombière 1618 m
Sallanches
St-Gervais-les-Bains
Le Petit-Bornand
Combloux
Thorens-Glières (650 m)
Cascade du Pas du Roc (70 m hoch)
Monument National de la Résistance
188
Chaîne des Aravis
Megève
St-Jean-de-Sixt
Château de Thorens
10%
Plateau des Glières (1440 m)
Le Jaillet 1580 m
Col des Aravis 1487 m
Rochebrune 1754 m
La Clusaz
187
Tour 10
Seite 65
Thônes (627 m)
Nécropole nationale des Glières
032
Flumet
Col des Saisies 1633 m
Le Fier
ANNECY (445 m)
186
Mont Chavin 2409 m
Les Saisies
Veyrier-du-Lac
185
Signal de Bisanne
Beaufort
Menthon-St-Bernard
Lac d'Annecy
la Tournette 2351 m
Sévrier
Ugine
Beaufortain
184
Saint-Jorioz
033 bis 044
D1005 D24 D52 D32 D22 D902 D32 D26 D903 D12 D228 D338 D354 D20 D26 D902 D907 D20 D12 D907 D4 D254 D106 A40 D1205 D903 A40 D4 A410 D2 D55 D1212 D909 D1212 D309A D5 D909 D909 D218B D12 D1212 D925 9 21

TOUR 1 (ca. 290 km)

Thollón-les-Mémises – Reguge de Bise – Abondance – St-Jean-d'Aulps – Avoriaz – Samoëns – Sixt-Fer-à-Cheval – Cluses – Flaine – Le Reposoir – Thônes – Annecy

Freie Übernachtung:	Thollon-les-Mémises, Lac de Fontaine, Refuge de Bise, Abondance, St-Jean-d'Aulps, Avoriaz, Col de Joux Plane, Samoëns, Annecy.
Offizielle Stellplätze:	Abondance, Sixt-Fer-à-Cheval, Cluses, Flaine, Le Reposoir, Thônes, Annecy.
Campingplätze:	Annecy.
Ver-/Entsorgung:	Abondance, Sixt-Fer-à-Cheval, Cluses, Le Reposoir, Thônes, Annecy.
Besichtigungen:	Abondance (Kloster), Les Gorges du Pont du Diable, St-Jean-d'Aulps (Klosterruine), Le Reposoir (Kloster), Thônes (Nécropole nationale des Glières), Annecy (Altstadt)
Wandern/Radtour:	Thollon-les-Mémises (Pic des Mémises), Refuge de Bise (Les Cornettes de Bise), Abondance (Rund um den Lac des Plagnes, Sixt-Fer-à-Cheval (zu den Cascades du Cirque du Fer-à-Cheval), Annecy (mit dem Fahrrad rund um de Lac d'Annecy).
Baden/Wellness:	Lac d'Annecy.

Wer unser Buch in der WOMO-Reihe vom **Jura** hat, dem wird unser Startort für die französischen Alpen schon bekannt vorkommen. In dem Jura-Buch war es der letzte Ort, hier ist es der erste, von hier aus starten wir eine erlebnisreiche Reise.

(018) WOMO-Stellplatz: Thollón-les-Mémises
GPS: N46°23'25.5" E6°42'49.5"; D24 74500 Thollón-les-Mémises
max. Womos: >8, maximale Länge >10 m
Ausstattung: Großer asphaltierter Platz vor einem kleinen Supermarkt, unweit der Seilbahnstation, geöffnet von Jan. – Dez.

Lage: Im Ortszentrum von Thollón-les-Mémises, nachts ruhig.
Preise: Gebührenfrei.
Zufahrt: 11 Kilometer hinter St-Gingolph (Schweizer Grenze) in Lugrin nach Thollon abbiegen und der Beschilderung folgen. Es geht stets bergauf. 650 Meter Höhenunterschied zum See.

Panoramablick vom Pic des Mémises auf den Genfer See.

THOLLÓN-LES-MÉMISES ist ein Ort, der sich in den letzten Jahrzehnten von einem Bergbauerndorf zu einem Wintersportort entwickelt hat. Der Stellplatz erfüllt keine besonderen Ansprüche, es ist ein einfacher Asphaltplatz in der Nähe der Seilbahnstation, der in den Wintermonaten den Skitouristen als Parkplatz dient. In den Sommermonaten ist er recht leer. Für die Wohnmobiltouristen ist er für eine Wanderung auf den **Pic des Mémises** ein idealer Ausgangsort. Der Ort hat ansonsten nur wenig Interessantes zu bieten.

Am Rande des Stellplatzes bietet der Sherpa-Markt auf relativ kleiner Fläche gute Einkaufsmöglichkeiten für das, was man unterwegs so benötigt. Eine Art „Tante-Emma-Laden", wie wir ihn in den kleineren Orten im Jura öfter angetroffen haben und auch hier in den Alpen antreffen werden.

Wanderung zum Pic des Mémises

Der Wanderweg führt an der Talstation der Seilbahn vorbei und ist zugleich ein Zufahrtsweg für die Bergstation der Seilbahn. Für den öffentlichen Verkehr ist dieser Weg natürlich gesperrt. Für den Wanderer heißt das, der Weg ist gut und gefahrlos zu gehen, wenn auch in einigen Teilen mit einer recht ordentlichen Steigung. Vom Parkplatz bis zur Bergspitze sind immerhin 685 Meter Höhenunterschied zu bewältigen, das treibt schon die eine oder andere Schweißperle auf die Stirn. Oben angekommen bietet ein Restaurant neben kühlen Getränken einige kleine Gerichte zur Stärkung an. Neben der Bergstation befindet sich ein Startplatz für Gleitschirmflieger, von hier hat man schon einen sehr schönen Blick über den Genfer See. Noch besser ist der Blick allerdings vom **Pic des Mémises**. Um den zu erreichen, geht es von der Bergstation über einen klassischen Bergwanderpfad in Kammlage noch

rund 900 Meter weiter. Zwischen den Sträuchern und Bäumen befinden sich Almwiesen, die im Sommer als Viehweiden genutzt werden. Ein kräftiges Kuhglockengeläut empfängt uns kurz hinter der Bergstation. Angst braucht man keine zu haben, denn die Almweide ist mit einem Elektrozaun vom Wanderweg getrennt. Neugierig kommen die Rinder uns Wanderern entgegen, bis der Zaun sie stoppt. Das Gipfelkreuz ist eine einfache 5,5 Meter hohe Holzkonstruktion aus dem Jahre 2013 wie eine Tafel am Kreuz informiert. Phantastisch ist der Blick über den Genfer See. Man sieht Lausanne mit den Höhenzügen des **Jura** im Hintergrund und östlich von Lausanne die Weinberge des **Lavaux** die seit 2007 zum Welterbe der UNESCO zählen. Einen Blick auf den Mont Blanc hat man von dieser Stelle nicht, einige Berge die höher sind als der **Pic des Mémises** versperren die Sicht. Für die Wanderung sollte man mit einer Rast 4-5 Stunden einplanen. Einfacher ist es mit der Bergbahn hochzufahren und nur von der Bergstation zum Gipfel zu laufen. Die Bergbahn ist allerdings nur in den Monaten Juli und August in Betrieb. Außerhalb der Ferienzeit ist sie in den Monaten Mai, Juni und September mittwochs sowie samstags und sonntags in Betrieb.

Von THOLLÓN geht die Fahrt weiter über BERNEX und VACHERESSE zum nächsten Ziel, eine Alm am Ende des Tals der **Bise**. Es geht dabei teilweise über schmale Straßen. Richtig schmal wird es aber erst ab VACHERESSE. Von der Ortsmitte bis zu der Alm **Refuge de Bise** sind es noch rund

7 Kilometer. Die Hinweisschilder **„Site de Bise“** weisen den Weg. Die Straße wurde in 2016 frisch asphaltiert, sie ist gut befahrbar, aber wie bereits erwähnt sehr schmal. Ein WOMO und ein PKW können schon langsam aneinander vorbeifahren, wenn jedoch zwei breite Fahrzeuge aneinander vorbei wollen, wird eines von beiden die nächstliegende Ausweichmöglichkeit suchen müssen. Schnell lässt sich diese Straße also nicht fahren, zudem ist sie kurvenreich und es geht stets bergan. 675 Höhenmeter erfahren wir uns auf diesen 7 Kilometern, bis wir auf 1506 Metern Höhe die große Alm erreichen.

Auf dem Weg dorthin passieren wir den **Lac de Fontaine** [**019**: N46°19'23.6" E6°44'32.1"], ein Bergsee auf 1340 Metern Höhe, der geradezu zu einem Picknick einlädt. Hier wird man in der Nacht garantiert nicht gestört.

Seeidylle am Lac de Fontaine.

Kurz vor der Almwiese passieren wir ein in die Straße verbautes Viehgitter. Ab hier muss man mit Rindern rechnen die den Weg kreuzen. Die Aufmerksamkeit wird also noch einmal um eine Stufe hochgefahren und hinter der nächsten Kurve treffen wir auch schon auf einige Rinder, die es sich auf den von der Sonne erwärmten Asphalt bequem gemacht haben und uns recht verständnislos anschauen. Nur sehr langsam erheben sie sich und behäbig trotten sie von der Straße und geben den Weg frei. Angriffslustig sind sie nicht, wir haben keinen Moment die Angst verspürt, sie könnten uns auf „die Hörner nehmen“. Nur ein wenig Geduld ist gefragt, dann klappt die Durchfahrt. Als nächste Hürde erwartet uns ein Elektrozaun. Zwei mit Rückzugsfedern gesicherte Arme werden einfach mit dem Fahrzeug in Schrittgeschwindigkeit durchfahren. Das geht ganz einfach und dann ist die große Alm auch schon erreicht. Wozu der Elektrozaun benötigt wird entdecken wir gleich. Kaum haben wir den Motor abgestellt umringt uns ein vielbeiniges Begrüßungskomitee mit großem

Begrüßungskomitee auf der Alm Refuge de Bise.

Gemecker und scheint Gastgeschenke zu erwarten. Die Ziegen schmeißen sich so richtig ran, reiben ihre Köpfe an unsere Beine und lassen sich auch vom Gebell unserer Hunde keineswegs beeindrucken. Schnell erkennen wir, was sie suchen: Schatten! Auf der offenen Alm stehen kein Baum und kein Strauch und einen schattenspendenden Unterstand gibt es nicht. Dort wo die Bäume im Hintergrund des WOMOs zu sehen sind, können sie wegen eines Zaunes nicht hin. Kaum eine Wolke ist am Himmel zu sehen und unser Thermometer steht kurz vor 30°C. Da kann man sich doch über so eine große Kiste freuen, die viel Schatten spendet. Sogleich machen es sich die Ziegen bequem, nicht ohne vorher an den Türfeststellern

(020) WOMO-Wanderparkplatz: Refuge de Bise

GPS: N46°19'48.7" E6°45'54.2";
Chemin Rural dit de Bise, 74360 La Chapelle-d'Abondance
max. Womos: >5, maximale Länge >8 m
Ausstattung: mehrere befestigte Plätze, geöffnet von Jan. – Dez.
Lage: Am Talschluss, nachts absolut ruhig.
Preise: Gebührenfrei.
Zufahrt: Ab Vacheresse zunächst der D222A folgen, dann der Beschilderung "Site de Bise".

geknabbert zu haben, was ihnen aber offensichtlich nicht zu munden scheint.

Auf der Alm gibt es ein Bergrestaurant, das allerdings bei unserem Besuch unter der Woche geschlossen war. Auf dem Bauerhof nebenan gab es Kaffee und selbstgemachten Kuchen.

Die Refuge de Bise unten auf der Alm.

Auf dem Weg zum Cornettes des Bise hat man einen prächtigen Blick auf das

Die Alm ist ein schöner Ausgangspunkt für Wanderungen. Vier Rundwanderwege sind hier markiert die über verschiedene Pässe und durch benachbarte Täler führen. Hinzu führt ein Weg auf den **Cornettes des Bise** auf 2432 Metern Höhe. Es sind klassische, steinige, zum Teil ausgewaschene Bergwanderwege, keine Klettersteige. Außer gutem Schuhwerk, eine gute Kondition, Trittsicherheit, ausreichendem Trinkvorrat und Vesper benötigt man nur noch einen Sonnenhut. Ganz gleich welchen Weg man nimmt, Tagestouren sind es allemal, wenn man nicht zu den ganz durchtrainierten sportlichen Menschen gehört. Vom **Cornettes des Bise** hat man einen schönen Blick auf den **Mont Blanc**, der sich auch schon zeigt,

Die Refuge de Bise von oben.

Bergziege auf dem Weg zum Cornettes.

Mont Blanc-Massiv mit dem 4810 m hohen Mont Blanc als höchsten Punkt.

wenn man den **Pas de la Bosse** auf 1819 Metern erreicht hat und den Weg zum **Cornettes des Bise** folgt, ohne den Gipfel erklimmen zu wollen.

Auf allen Wegen wird man begleitet vom Rauschen der Bergbäche, die man zwar teilweise nur in großer Entfernung sieht aber dennoch ebenso wahrnimmt wie das Geläut der Kuhglocken. Der Schall kriecht einfach die Hänge hinauf und wird nur manchmal übertönt von dem Geschrei der Murmeltiere, die sich, wenn man weiter oben angekommen ist, vor den Wanderern gegenseitig warnen und schnell verstecken. Gezeigt hat sich keines, die Zahl der Bauten an denen wir vorbeigekommen sind, war aber hoch. Bei den Bergziegen war das anders, die haben wir zwar auch aufgeschreckt aber freundlicherweise stellte sich dann auch eine gleich ganz fotogen in die Sonne.

Zum Übernachten ist die Alm ideal. Wenn auch das letzte Rind sich schlafen gelegt hat und damit das Geläut der Kuhglocken verstummt, kehrt Ruhe ein auf der Alm, absolute Ruhe! Am frühen Morgen geht es dann mit dem Geläut aber auch gleich wieder los. Zeit aufzubrechen.

Unser nächstes Ziel ist ABONDANCE. Ein charmantes kleines Städtchen, mit einigen Restaurants, Cafes, Patisserien und Boulangerien. Ein guter Ort, um in allen Belangen die Vorräte aufzufüllen. Der Stellplatz am Ortseingang ist bequem erreichbar.

(021) Offizieller WOMO-Stellplatz: Abondance

GPS: N46°16'47.7" E6°42'56.5"; D22, 74360 Abondance
max. Womos: >10, maximale Länge >10 m
Ausstattung: sehr großer befestigter Platz mit Wasserver- und Abwasserentsorgung (mit Bodeneinlass), Kassettenentleerung, Behälter für die Müllentsorgung, geöffnet von Jan. – Dez.

Lage: Hinter Tennisplätzen, zentrumsnah, nachts ruhig.
Preise: 3,50 € pro Fahrzeug mit 2 Personen, Frischwasser 2,50 €, max. Aufenthaltsdauer 24 h. Bezahlung mit EC-Karte.
Zufahrt: Über die (D22) am Ortseingang hinter der Tennisplätzen rechts abbiegen.

Das der Bau von Klöstern die Besiedlung in ehemals unwegsamen Bergregionen begünstigt und vorangetrieben hat, lässt sich auch in Abondance erkennen. Das hiesige Kloster und die Kirche wurden im 12. und 13. Jahrhundert errichtet, der Kreuzgang des Klosters im 14. Jahrhundert. Das Kloster beherbergt heute ein kleines Museum zur Religions- und Glau-

Kloster und Kirche von Abondance

Abondance entsteht durch die Niederlassung von Ordensleuten im 11. Jahrhundert. Die Abtei wird 1139 gegründet und erlebt bis in die Mitte des 15. Jahrhunderts unter der Führung von Augustiner-Mönchen seine Blütezeit. Die heute noch bestehenden Klostergebäude wurden in dieser Epoche errichtet, nur die Kirche ist jüngeren Datums. Nachdem über eine kleinere Periode Zisterzienser die Führung übernahmen, wurde das Kloster 1761 geschlossen. Es wurde verkauft und privat genutzt.

Kreuzgang im Kloster von Abondance.

Erst ist jüngster Zeit, nachdem das Kloster zu verfallen drohte, besann sich die Gemeinde, kaufte die Anlage und richtete nach Restaurationsarbeiten ein Museum ein. Zu sehen sind insgesamt 1500 Exponate. Die liturgischen Gegenstände, Gewänder und Statuen stammen alle aus der aktiven Klosterzeit. Im Kreuzgang sind Wandmalereien aus dem 15. Jh. zu sehen.

Maria mit dem Christuskind.

Die Kirche wurde 1633 durch ein Feuer zerstört. Der Neubau des Kirchturms ließ längere Zeit auf sich warten, er wurde erst Ende des 19. Jh. fertig gestellt. Die Innenausstattung wurde von Casimir Vicario in den Jahren 1845-1846 vorgenommen, ein Künstler aus dem nahen Piemont, der auch schon die Malereien in der Kathedrale von Chambéry ausgeführt hatte.

bensgeschichte des Ortes mit seiner Umgebung.

Abondance ist nicht nur ein malerisches Klosterstädtchen. Die hiesige Bergwelt bietet für den Wanderer einige Attraktionen. Mit dem WOMO sind zwei Wanderparkplätze sehr gut zu erreichen, die stellen wir jetzt kurz vor:

Der erste ist der Wanderparkplatz **Prétairié** am Ende des Chemin Vicinal N°4 [**022:** N46°14'54.6" E6°43'20.0"] auf 1130 Metern Höhe. Von diesem Parkplatz führen mehrere Rundwege durch die Bergwelt, einer davon bis auf den 2156 Meter hohen **Roc de Tavaneuse**. Alle Rundwege sind mehr oder minder Tagestouren, für die die gleichen Bedingungen gelten, wie für die Wanderungen von der **Refuge de Bise**.

Abondance, pittoreskes Bergstädtchen.

Abondance, Wanderparkplatz Prétairié.

Beim zweiten Wanderparkplatz in ABONDANCE muss man mit deutlich mehr Besuchern rechnen als beim ersten. Hierher am **Lac de Plagnes** kommen in den Sommermonaten sehr viele Tagesausflügler. Zahlreiche Angler schlagen

(023) WOMO-Wanderparkplatz: Lac de Plagnes

GPS: N46°14'53.4" E6°45'17.3";
Chemin Rural des Plagnes à Lens, 74360 Abondance
max. Womos: >5, maximale Länge >8 m
Ausstattung: großer befestigter Platz mit Behältern für die Müllentsorgung, Tischen und Bänken, geöffnet von Jan. – Dez.
Lage: Zwischen Wald und See, nachts sehr ruhig.
Preise: kostenlos
Zufahrt: Vom Ortszentrum die Voie Communale N°3 fahren und der Straße bis zum Ende (5km) folgen.

Lac de Plagnes, malerischer und fischreicher Bergsee in Abondance.

am Ufer Klapptische und Stühle auf und freuen sich, wenn ein guter Fang gelingt. Das können Sie auch machen, wenn Sie über die notwendigen Kenntnisse sowie das entsprechende Equipment verfügen und sich eine Angelerlaubnis beim Office de Tourisme geholt haben (Preis in 2017 für einen Tag 16,00€).

Forellen im Lac de Plagnes.

Dass der See mit Fischen reich besetzt ist, ist für jeden vom Ufer aus erkennbar. Es spricht also nichts dagegen, hier in alter Pfadfinder-Manier selbst Fische zu fangen und natürlich auch selbst für eine Mahlzeit zuzubereiten. Wer es gern bequemer hat, der geht in eines der beiden Restaurants, die in unmittelbarer Nähe des Sees ihre Fischgerichte anbieten. Geöffnet haben die Restaurants von Mai bis Oktober. Angeln darf man auch nur in diesem Zeitraum.

Der Wanderparkplatz am Karsee **Lac des Plagnes** liegt auf 1181 Metern Höhe. Mehrere Rundwege führen in die Bergwelt. Einer führt an mehreren Kapellen und Wegkreuzen vorbei und spiegelt so ein wenig die Religiosität der Bergbauern wieder. Er ist gleichzeitig der kürzeste, für den man aber immer noch mindestens 3 Stunden braucht, wenn man von einer einfachen Umrundung des Sees einmal absieht. Aber selbst hier ist gutes Schuhwerk dringend geboten, denn was zu Beginn wie ein bequemer und schöner Spazierweg aussieht, den man auch mit den Sonntagsschuhen gehen kann, entpuppt sich im hinteren Teil, dort wo die Kaskaden in den See münden, als ein glitschiger Weg, der über Stock und Stein führt und teilweise richtig unwegsam wird. Reizvoll ist er aber allemal.

Bleibt noch zu erwähnen, das dieser durch Gletscherkraft entstandene Karsee schon vor langer Zeit von Menschenhand durch einen Damm gesichert wurde, sonst hätte die ganz natürliche Erosionskraft des Wassers schön längst dafür gesorgt, dass dieser See sich entleert hätte. Was die Erosionskraft des Wassers anstellen kann, sehen wir mehr als eindrücklich bei unserem nächsten Etappenziel.

Gorges du Pont du Diable, nennt der Volksmund eine besonders enge und in besonderer Weise geformte Schlucht an der **Dranse de Morzine,** die wir in der Karte einfach als **Dranse M.** abgekürzt haben, um sie von der **Dranse d'Abbondance** zu unterscheiden, die in der Karte als **Dranse A.** dargestellt ist. In der deutschen Sprache würde man die **Gorges du Pont du Diable** die **Schlucht mit der Teufelsbrücke** nennen.

Wir erreichen diese besondere Schlucht (**GPS:** 46°18'18.4" E6°36'54.9"), indem wir von ABONDANCE die **Dranse A.** über die D22 flussabwärts fahren, ca. 5 km nach ABONDANCE abbiegen und auf der D32 der Wegweisung nach MORZINE par **Col de Corbier** folgen. Nach der Überquerung des 1230 Meter hohen Passes mit seinen Hotelanlagen, geht es rasch hinunter in das Tal der **Dranse M.** und nun ist unser Etappenziel auch schon ausgeschildert.

Les Gorges du Pont du Diable und die alpidische Gebirgsbildung
Die Schlucht kann nur im Rahmen einer Führung besucht werden. Diese dauert ca. 40 Minuten und erfolgt auf französisch oder auch zweisprachig französisch/englisch, das richtet sich nach den Sprachfertigkeiten der Besucher. Der Eintritt lag in 2017 bei 6,10 € p.P. Wartezeiten kann man mit einem Kaffee überbrücken, den man in dem relativ großen Kiosk am Eingang erstehen kann. Hier befinden sich auch einige Tafeln, die die Geologie und die Geschichte der Erschließung dieser Schlucht illustrieren.

Während der Führung sind die Erläuterungen manchmal schwer zu verstehen, das liegt weniger an der Sprache, als an der Lautstärke des rauschenden Wassers, das sich reißend durch die enge Schlucht seinen Weg bahnt.

Der Besuch dieser Schlucht erinnert mich doch sehr an Exkursionen während meiner Studienzeit in Frankfurt, als meinen Kommilitonen und mir die Formungsvorgänge erstmals erklärt wurden. Das veranlasst mich doch hier einmal einen kleinen Ausflug in die Geologie und Geomorphologie zu machen. Dann wird manche Landschaftsform die es in den Alpen zu bewundern gilt vielleicht verständlicher. Ich fasse mich kurz, es wird kein geologisch-geomorphologisches Seminar. Versprochen!

Wer sich einmal mit der Entstehungsgeschichte der Alpen beschäftigt hat, der weiß, dass hier während der Trias und des Jura (150 Mio. – 250 Mio. Jahren vor unserer Zeitrechnung ein Meer, der Penninische Ozean bestanden hat. In ihm lagerten sich kalkhaltige Sedimente von großer Mächtigkeit ab. Diese wurden einige Mio. Jahre später durch die Verschiebung der afrikanischen Platte nach Norden überlagert und teilweise gefaltet. Etwa vor

50 Mio. Jahren begann durch die Kollision der afrikanischen und der eurasischen Kontinentalplatten die Auffaltung der Alpen. Wie können wir uns das bildlich vorstellen? Legen Sie doch einmal ihre Hände in einem halben Meter Abstand auf ein Tischtuch und schieben sie die Hände dann zueinander. Das Tischtuch wird Falten aufwerfen. Wenn Sie den Versuch jetzt noch mit mehreren Tischtüchern die übereinanderliegen wiederholen, bekommen Sie ein Ergebnis das der alpidischen Gebirgsfaltung entspricht. Das ist zugegebener Maßen sehr simpel erklärt, aber in der Vereinfachung werden die Formungsprozesse verständlicher. Was wir mit dem Tischtuch in Bruchteilen von Sekunden mit geringem Krafteinsatz geschafft haben, passiert in der Gebirgsbildung auf der Erde in Millionen von Jahren und mit derart elementaren Kräften, die wir mit unserer Vorstellungskraft nicht ermessen können. Dies geschieht übrigens auch heute noch, die Erde ist nicht fertig. Die Formungsprozesse und das driften der Kontinentalplatten halten an, auch wenn wir das im täglichen Leben nicht so richtig mitbekommen. Ein Menschenleben ist für diese Beobachtung einfach viel zu kurz. Nur gelegentlich, wenn mal wieder irgendwo auf der Welt an den Plattenrändern ein gewaltiges Erdbeben die Nachrichten für ein paar Tage bestimmt, werden wir daran erinnert.

Was wir praktisch an jedem Steilhang in den Alpen sehen, sind schief stehende und/oder verbogene Schichten im Gestein so wie auf dem nebenstehenden kleinen Foto. Die Schichten sind mal dicker, mal dünner, mal härter, mal weicher. Das hängt ganz davon ab, welches Ausgangsmaterial zur Ablagerung kam und wie stark es im Laufe der Erdgeschichte gepresst wurde, bevor die Auffaltung begann.

Nun wird die Erdoberfläche nicht nur durch die Kräfte aus dem Erdinneren geformt, die Geomorphologen nennen das "endogene Kräfte", sondern die Erdoberfläche ist Witterungseinflüssen ausgesetzt, die eine ganze eigene Morphodynamik entfalten und zu einer Tal- und Flächenbildung führen. Das nennen die Geomorphologen "exogene Kräfte". Wasser ist dabei der Formbildner Nr.1, sei es in eisiger Form als Gletscher oder in flüssiger Form. Wasser findet immer seinen Weg, wer einmal einen Wasserohrbruch im Haus hatte weiß das. Man ist überrascht wo das überall rauskommt. Jeder Spalt, jede Kluft, jede Hohlform wird genutzt. In der Natur nimmt das Wasser auch allerlei Dinge mit, die es auf seinem Weg vorfindet. Das können Bäume sein oder auch Steine, die am Boden eines Flusses solange durchgerollt werden, bis sie zu runden Kieselsteinen geworden sind. Wenn wir Menschen durch unsere Bautätigkeit den Flüssen nicht genug Raum lassen, nimmt das Wasser nach sehr starken Niederschlagsereignissen auch mal Autos oder gar ganze Häuser mit. Weiches Material wird schnell verspült und führt zu breiten Talböden. Um harte Riegel zu durchdringen braucht es etwas mehr Zeit. Wo das nicht so richtig gelingt, gibt es einen Überlauf der zu einem Wasserfall führt. Der **Sault du Doubs** im **Jura** ist dafür ein gutes Beispiel. Im Oberlauf haben wir einen mäandrierenden Fluss in einem breiten Tal sowie einen natürlichen Stausee, dessen "Staumauer" aus hartem Gestein besteht und damit eine Barriere bildet. Das Wasser fließt darüber hinweg, stürzt zu Tal und liefert uns damit ein spektakuläres Naturschauspiel.

Hier am **Gorges du Pont du Diable** hat das Wasser irgendwann einen ersten Weg durch die harte Gesteinsschicht gefunden und sich dann kontinuierlich tiefer eingegraben. Geholfen haben dabei die mitgeführten Steine und Kiesel (Erosionswaffen wie ein Geomorphologie-Professor sie einmal genannt hat), die immer wieder aus dem festen Gestein Brocken herausklopfen

und in Strudeln durch schnelle Drehung nahezu kreisrunde Löcher in das Gestein fräsen. An den steilen Wänden finden sich zahlreiche Belege dafür, man sieht es auch auf dem großen Foto auf der vorangegangenen Seite.

Der große Brocken der in 30 Metern Höhe über der Talsohle zu sehen ist und eine Brücke bildet, ist ein Relikt der letzten Eiszeit. Von einem Gletscher mitgeführt, blieb er hier nach dem Abtauen der Eismassen hängen. Das konnten die Bergbauern, die in diesem ehemals unwegsamen Tal ein hartes Leben in Armut, Entbehrung und Aberglauben führten noch nicht wissen. Für sie hatte der Teufel hier seine Hand im Spiel, so kam die Schlucht zu ihrem Namen.

Der Einstieg in die Schlucht.

Von der **Gorges du Pont du Diable** geht es weiter auf der **Route des Grandes Alpes** nach SAINT-JEAN-D'AULPS. Die kleine Gemeinde mit etwas mehr als 1000 Einwohnern hat sich zu einem Winter- und Wandersportort entwickelt. Im Sommer bringt eine Kabinenbahn Wanderer auf 1500 Meter Höhe.

Klosterruine Saint-Jean-d'Aulps.

Der Parkplatz der Klosterruine.

Sehenswert ist die **Klosterruine,** die von Juni bis September täglich zwischen 10.00 Uhr und 19.00 Uhr besichtigt werden kann. In den anderen Monaten ist ein Besuch nur nachmittags möglich. In dem Ausstellungsgebäude vor dem Kloster wird die Geschichte dieses ehemaligen Zisterzienserklosters ausführlich dargestellt. Der Parkplatz [**024:** N46°14'35.6" E6°38'54.3"] ist ein guter Ort für ein Picknick und auch sehr gut für eine Übernachtung geeignet.

Weiter geht es in die Berge. Über MONTRIOND fahren wir in Richtung AVORIAZ, einem Ort den es vor 1966 noch gar nicht gab. Rund 3 Kilometer hinter MONTRIOND erreichen wir den nach der Stadt benannten See. Er liegt sehr reizvoll in dem engen Tal der **Dranse de Montriond** und bietet allerlei Wassersportmöglichkeiten, dazu Restaurants und ein kleines Hotel, nur keinen Parkplatz auf dem man ein normales WOMO abstellen könnte. Der vorhandene größere Parkplatz ist in der Durchfahrtshöhe auf 2,10 Meter begrenzt. Die anderen kleineren Parkplätze sind so eng, dass an ein Abstellen eines „normalen" WOMOs gar nicht zu denken ist. Wer mit einem Kastenwagen unterwegs ist, wird hier aber unter Umständen ein Plätzchen finden.

Lac de Montriond.

Der nächste Ort ist LES LINDARETS. Ein YVOIRE in den Bergen, nur nicht mittelalterlich. Der Ort besteht vielleicht aus 20 Häusern, alle aus Holz und alle beherbergen entweder ein Restaurant oder einen Souvenirladen. Der Clou in diesem Ort sind die freilaufenden Ziegen, die sich gern streicheln und füttern lassen. Dieser Ort ist ein echter Touristenmagnet, eine Durchfahrt nur in Schrittgeschwindigkeit möglich. Das WOMO kann man gut 400 Meter außerhalb des Ortes an der Seilbahnstation abstellen. Die Bergwelt lädt natürlich auch hier zum Wandern ein, nur muss man hier aufpassen keinem Mountainbiker in die Quere zu kommen. Hier ist ein großes Trainingsgebiet für diesen Outdoor-Sport.

Seilbahnstation in Les Lindarets.

Ein großes Wandergebiet lässt sich auch von AVORIAZ, der nächsten Station auf dieser Reise erkunden. Hatten wir sonst manchmal ein Problem einen Platz zu finden, um das WOMO parken zu können, haben wir hier die freie Wahl. Hier könnten auch noch 100 weitere WOMOs stehen, es wäre trotzdem nicht eng. Reizvoll ist der Platz allerdings nicht. Im Winter dient er als Abstellfläche für die fahrbaren Untersätze der Skitouristen. Jetzt im Sommer ist er leer. Genauso leer sind auch die Hotelanlagen mit ihrer eigentümlichen Architek-

(025) WOMO-Wanderparkplatz: Avoriaz

GPS: N46°11'49.9" E6°46'05.3", 45 Route de l'Accueil, 74110 Morzine

max. Womos: >10, maximale Länge >10 m
Ausstattung: Sehr großer asphaltierter Platz, geöffnet von Jan. – Dez.
Lage: Am Ortseingang von Avoriaz, nachts absolut ruhig.
Preise: Gebührenfrei.
Zufahrt: Von Montriond der D228 bis zum Ende folgen.

tur. Nur Handwerker und Techniker sind unterwegs, um die Häuser zu reparieren oder zu renovieren. Wären sie nicht da und würden für ein wenig Leben in der autofreien Hotelstadt sorgen, wäre AVORIAZ in der Zwischensaison eine reine Geisterstadt. In den Ferienmonaten Juli und August ist ein wenig mehr los, dann hat auch das **Aquariaz**, ein hypermodernes Freizeitbad geöffnet, das ansonsten nur während der Skisaison in Betrieb ist. Wem die insgesamt 39 Skilifte nicht stören, der kann auf gut begehbaren und nicht sehr steilen Wegen bis zum **Pas de Chavanette** auf 2151 Metern Höhe wandern. Der Weg ist 6,5 Kilometer lang und man hat auf dieser Strecke einen Höhenunterschied von nur 330 Metern zu bewältigen. Oben angekommen steht man am Osthang vor der **„Schweizer Mauer“** einer Buckelpiste für die erfahrenen Skifahrer mit bis zu 76 Grad Gefälle.

Blick auf den Pas de Chavanette.

Uns zieht es weiter über den Wintersportort MORZINE zu den **Kaskaden von Fer-à-Cheval**. Die ganz sicher bequemere Route führt zurück auf die **Route des Grandes Alpes,** über LES GETS (beliebter Wintersportort und gleichzeitig 1163 Meter hoher Pass), bis zur Kreuzung mit der D907 und von dort über SAMOËNS und SIXT-FER-À-CHEVAL zu den Kaskaden. Wir wählen jedoch die etwas engere, anspruchs-

Morzine, Ortszentrum.

vollere, aber auch sehr viel reizvollere Route mit schmalen Straßen über den 1700 Meter hohen **Col de Joux Plane**.

Es braucht eine Weile bis wir uns auf der schmalen und wenig befahrenen Straße nach oben geschraubt haben. Einmal oben angekommen werden wir mit einem phantastischen Blick auf das Mont Blanc-Massiv belohnt, der sich aber wie so oft, umwölkt zeigt. Der Pass ist eine große Almwiese, ein scharfer Scheitelpunkt ist nicht zu erkennen. Auf der Ebene befindet sich ein kleiner Bergsee, **[026: N46°07'47.0" E6°42'38.4"]** der die Attraktivität dieses Ortes erheblich erhöht und natürlich zu einem Picknick und einer kleinen Wanderung einlädt. Übernachten kann man hier in aller Ruhe, im wahrsten Sinne des Wortes.

Bergsee am Col de Joux Plane.

Vom Pass geht die Fahrt hinunter nach SAMOËNS und von dort gleich weiter nach SIXT-FER-À-CHEVAL. Auch wenn dieses Dorf zu den „Plus beaux villages de France“ gehört, fahren wir doch ohne zu halten durch, denn noch schöner als das Dorf ist der **hufeisenförmige** (Fer-à-Cheval = Hufeisen) **Talkessel** der sich rund 6 Kilometer hinter dem Dorf befindet. Er ist geradezu spektakulär. Doch bevor wir näher darauf eingehen erläutern wir erst einmal die Möglichkeiten das WOMO abzustellen. Hier haben wir einmal den offiziellen und kostenlosen Stellplatz, der sich nur

Parkplatz vorm Cirque du Fer-à-Cheval.

Der Cirque du Fer-à-Cheval mit seinen Wasserfällen.

wenige Meter hinter dem Ort in Richtung Talkessel befindet. Bis zu den Wasserfällen sind es dann noch 6 Kilometer. Dann gibt es den kostenpflichtigen Parkplatz (**GPS:** N46°04'37.8" E6°50'13.8") im Talkessel ganz am Ende der Straße. Hier gibt es allerdings keinerlei Versorgungseinrichtungen außer einem WC und ein Restaurant in 200 Metern Entfernung, das allerdings um 18.00 Uhr schließt.

(027) Offizieller WOMO-Stellplatz: Sixt-Fer-à-Cheval

GPS: N46°03'24.8" E6°46'49.6", D970, 74740 Sixt-Fer-à-Cheval
max. Womos: >10, maximale Länge 10 m
Ausstattung: Befestigter Platz mit Wasserver- und Abwasserentsorgung (mit Bodeneinlass), Kassettenentleerung, Behälter für die Müllentsorgung, geöffnet von Jan. – Dez.

Lage: Am Ufer der Giffre, Ortsrand, ruhig.
Preise: Gebührenfrei, Abwasserentsorgung und Frischwasser kostenlos, Strom 4,00 €, max. Aufenthaltsdauer 3 Tage. Bezahlung mit EC-Karte + PIN.
Zufahrt: Der SP liegt an der D907 und ist nicht zu verfehlen.

Cirque du Fer-à-Cheval

Eine Wanderung in dieses Tal sollte man nicht versäumen. Wer unten bleibt und nicht der Versuchung unterliegt, auf einen der zahlreichen Pässe hochzukraxeln unternimmt eine anstrengungsfreie aber visuell erlebnisreiche Wanderung. Wermutstropfen für all diejenigen, die einen Hund dabei

haben: Sie dürfen nicht in dieses seit 1977 unter strengen Naturschutz stehende 9200 ha große Areal, auch dann nicht, wenn sie an der Leine geführt werden.

Beeindruckend sind die Steilwände. Der Talboden liegt auf 700 Metern Höhe, die höchsten Erhebungen reichen hinauf auf 3100 Meter und bilden auch gleich die Grenze zur Schweiz. Über 650 Pflanzenarten sind hier anzutreffen. Salamander, Molche, Gämsen, Steinböcke, Hirsche und auch der Steinadler sollen hier heimisch sein. Gesehen haben wir allerdings keines dieser Tiere, dafür aber Wasserfälle, sehr viele Wasserfälle, 35 sollen es sein, nachgezählt haben wir nicht. Auf dem drei bis vier Kilometer langen Weg an das Talende weisen zahlreiche Schautafeln auf die Besonderheiten der Gebirgsbildung hin und erläutern die vom Talboden bis zu den Firnfeldern anzutreffende Flora und Fauna. Ein sehr beeindruckender Naturlehrpfad.

Wanderweg im Cirque du Fer-à-Cheval

Auch wenn die Fotos für Sie als Leser vielleicht schon ganz beeindruckend erscheinen, die Wahrnehmung vor Ort ist um ein vielfaches imposanter. Dieses Erlebnis auf einer der nächsten Wanderungen noch zu Toppen wird schwer. Das nächste Ziel fällt da schon fast durch, obwohl man von hier auf 1600 Metern Höhe naturgemäß eine ganz andere Weitsicht hat, wie unten im Tal. 22 Kilometer haben wir von SIXT-FER-À-CHEVAL bis zu diesem Platz zu fahren, zu Anfang in der Ebene bis nach SAMOËNS auf ca. 700 Metern Höhe, was keine fahrerische Herausforderung darstellt. Dann geht es eine Serpentinenstrecke hoch auf 1600 Metern Höhe. Diese 900 Meter Höhenunterschied sind auf einer Strecke von

(028) WOMO-Wanderparkplatz: Samoëns 1600

GPS: N46°02'57.0" E6°41'44.5"; D254 74340 Samoëns.
max. Womos: 8, maximale Länge >10 m.
Ausstattung: Asphaltierter Platz, Behälter für die Müllentsorgung, geöffnet von Jan. – Dez.
Lage: Im Skigebiet auf dem Plateaux des Saix, nachts ruhig.
Preise: Gebührenfrei.
Zufahrt: Die D254 bis zum Ende hinauffahren, dem braunen Hinweisschild "L'Aero 1600" folgen.

10 Kilometern zu bewältigen, auch das geht sehr gut, denn die Straße führt zu dem Skigebiet SAMOËNS 1600 und hier muss man ja auch im Winter hochkommen. Oben angelangt empfängt uns ein fast leerer großer asphaltierter Parkplatz. Nur wenige Besucher haben wir hier angetroffen die auf den 2118 Meter hohen **Tête du Pre des Saix** wandern wollen, von dem man einen schönen Blick auf den **Mont Blanc** hat. Es sind nur 3,5 Kilometer, also mit ein wenig Kondition gut

Blick auf den Cirque du Fer-à-Cheval von Samoëns 1600.

machbar. Natürlich fällt auch ein Blick zurück auf den **Cirque du Fer-à-Cheval**, den man von hier auch gut sehen kann.

Nach diesem Ausblick und einer kleinen Wanderung geht es wieder hinunter und wir fahren über die D4 in Richtung **Route des Grandes Alpes** und nachdem wir sie erreicht haben nach CLUSES. Wer den Hinweisschildern zur A40 folgt kommt ganz sicher zu unserem nächsten Zwischenziel, das wir nicht ausgesucht haben weil der Ort so spannend ist (er ist es nicht), aber in diesem Orten finden sich zahlreiche Geschäfte und er verfügt in zentrumsnähe über eine gut anfahrbare Versorgungsstation.

(029) Offizieller WOMO-Stellplatz: Cluses

GPS: N46°04'08.4" E6°33'35.2"; 2 Rue Joseph Depoisier, 74300 Cluses
max. Womos: 5, maximale Länge 8 m
Ausstattung: Asphaltier Platz mit Wasserver- und Abwasserentsorgung (mit Bodeneinlass), Kassettenentleerung, Behälter für die Müllentsorgung, geöffnet von Jan. – Dez. Als Stellplatz nicht unbedingt empfehlenswert, für die Ver- und Abwasserentsorgung aber gut zu erreichen.

Lage: Am Ufer der Arve, zentrumsnah, keineswegs leise.
Preise: Gebührenfrei, Abwasserentsorgung kostenlos, Frischwasser 2,00 €, Strom 2,00 €, max. Aufenthaltsdauer 2 Tage. Bezahlung mit EC-Karte + PIN.
Zufahrt: Über die Rue Pierre Trappie vor der Brücke über die Arve rechts abbiegen.

Die Möglichkeit Vorräte und Frischwasser aufzufüllen gibt es bei der nächsten Station in 30 Kilometern Entfernung nicht. Von CLUSES geht es zunächst parallel zur A40 in Richtung CHAMONIX, dann ca. 5 Kilometer nachdem wir den Ort verlassen haben in der Nähe eines Super U über einen Kreisverkehr nach ARRACHES. Auf die Skigebiete LES CARROZ und FLAINE wird an diesem Kreisverkehr schon hingewiesen.

Nun liegen noch 25 kurvenreiche Kilometer vor uns, die sich aber auf den gut ausgebauten Straßen prima fahren lassen. Hier ist es nirgendwo zu eng, trotzdem braucht es ein wenig Zeit hierher zu kommen, schließlich sind 1100 Höhenmeter zu bewältigen.

Wenn Sie diese Reise außerhalb der Ferienzeit Juli/August unternehmen, werden Sie den Skiort FLAINE in 1600 Metern Höhe trostlos und verlassen vorfinden. Die Bettenburgen sind verwaist, auf dem Parkplatz herrscht gähnende Leere und die Kabinenbahn auf den 2480 Meter hohen **Grandes Platières** steht still. Auf dem Stellplatzfoto auf der folgenden Seite bekommen Sie einen kleinen Eindruck davon. In den beiden Ferienmonaten Juli/August ist es hier dagegen durch-

Blick vom 2480 Meter hohen Grandes Platières auf den Mont Blanc.

(030) Offizieller WOMO-Stellplatz: Flaine

GPS: N46°00'15.6" E6°41'26.8";
Chemin Rural de la Plaine du Lac au Crêt, 74300 Magland

max. Womos: >10, maximale Länge 10 m
Ausstattung: Asphaltierte Stellfläche mit WC, geöffnet von Jan. – Dez.
Lage: Am Ortsrand an der Skiliftstation, nachts ruhig.
Preise: 5,00 € pro Fahrzeug mit 2 Personen, während der Feriensaison, sonst gebührenfrei.
Zufahrt: Von Les Carroz der D106 bis zum Ende folgen.

aus lebhaft. Es gibt ein breites Freizeitangebot für Kinder und Erwachsene, Hotels und Restaurants haben geöffnet, der Stellplatz füllt sich mit WOMOs und ganz wichtig: Die Kabinenbahn ist in Betrieb. Die größte Attraktion an diesem Ort ist nun mal die Aussicht auf den **Mont Blanc**. Die wenigsten nehmen die Mühe auf sich, diesen Berg auf Schusters Rappen zu erklimmen, was natürlich in einer mehrstündigen Wanderung schweißtreibend geht. Für all diejenigen, die es machen möchten: Es sind rund 10 Kilometer rauf und runter und 860 Meter Höhenunterschied. Karten und Wanderbeschreibungen (auch zu vielen anderen Wandermöglichkeiten in dieser Region) gibt es in einem Kiosk am Eingang zur Seil-

bahnstation. Wer es bequem mag, der lässt sich für 14,50 € mit der Kabinenbahn hochfahren schaut sich oben auf dem Berg den geologischen Lehrpfad an oder genießt schlicht und ergreifend von der Aussichtsterrasse der Seilbahnstation den **Panoramablick** auf das **Mont Blanc-Massiv** bei einem Kaffee. Wer auf dem Plateau ein wenig umherstreift, sollte sehr auf seine Schritte achten, in dem total zerklüfteten Gestein gibt es sehr viele Stolperfallen.

Seilbahnsation mit Restaurant/Café auf dem Grandes Platières.

Die Chartreuse du Reposoir am Fuße der Aravis-Bergkette.

Auch wenn es schwerfällt, sich von diesem erhebenden Anblick zu trennen, die Reise geht weiter. Wir fahren den ganzen Weg nach CLUSES zurück und von dort auf die **Route des Grandes Alpes** nach LE REPOSOIR. Beschaulich liegt die **Chartreuse du Reposoir** unterhalb des nördlichen Ausläufers der Aravis-Bergkette am Rande dieses Dorfes mit rund 500 Einwohnern. Der Stellplatz ist ca. 1 Kilometer vom Kloster entfernt.

Im 12. Jahrhundert gründeten Kartäuser-Mönche das Kloster und trugen damit erheblich dazu bei, dass die umliegenden Täler besiedelt und urbar gemacht wurden. Heute lebt eine Karmeliterinnengemeinschaft in diesem Kloster und ist ein Ort der Ruhe. Eine Ruhe, die man auch auf den zahlreichen Wanderwegen rund um das Kloster erleben kann.

Auf der **Route des Grandes Alpes** setzen wir die Reise fort, nächstes Ziel ist THÔNES. Es geht zunächst stets bergauf, bis wir nach ca. 6 Kilometern mit dem **Col de la Co-**

(031) Offizieller WOMO-Stellplatz: Le Reposoir

GPS: N46°00'36.0" E6°32'10.3",
Route Départementale N°204, 74950 Le Reposoir
max. Womos: 10, maximale Länge 8 m
Ausstattung: Befestigter Platz mit Wasserver- und Abwasserentsorgung (mit Bodeneinlass), Kassettenentleerung, modernes selbstreinigendes WC, Behälter für die Müllentsorgung, Tischen und Bänken, geöffnet von Mitte März bis Ende Oktober.

Lage: Am Ortsrand auf dem Weg zum Kloster, sehr ruhig.
Preise: Gebührenfrei, Ent- und Versorgung kostenlos.
Zufahrt: Von der D4 der Beschilderung zum Kloster folgen..

lombière den ersten wirklich nennenswerten Pass der **Route des Grandes Alpes** erreicht haben. Er liegt auf einer Höhe von 1618 Metern und ist ein beliebter Ausgangsort für Wanderungen in die umliegende Berglandschaft. Das Parkplatzangebot ist allerdings sehr beschränkt, da muss man schon sehr viel Glück haben, wenn man hier an sonnigen Tagen sein Fahrzeug abstellen kann. Wir fahren weiter, verlassen in ST-JEAN-DE-SIXT die **Route des Grandes Alpes** und erreichen nach 23 Kilometern den Stellplatz in THÔNES.

Der Col de la Colombière.

(032) Offizieller WOMO-Stellplatz: Thônes

GPS: N45°52'51.8" E6°19'16.4", 1 Route de Paradis, 74230 Thônes
max. Womos: 8, maximale Länge 10 m.
Ausstattung: Befestigte halbschattige Plätze, max. Aufenthaltsdauer: 48 h, geöffnet von Jan. – Dez.
Lage: Am Fluss Le Fier in Ortsrandlage, nachts ruhig.
Preise: Gebührenfrei.
Zufahrt: Von der D909 nach dem Ortseingang im ersten Kreisverkehr Richtung Thônes-Centre fahren, nach einer Brücke und einem Park gleich rechts abbiegen, geradeaus bis zur Brücke über den Fier fahren und diese überqueren.

Wasserver- und Abwasserentsorgung: Eine Versorgungsstation mit dem System "Flot Bleu" befindet sich etwas abseits ca. 500 Meter entfernt in der Rue Saint-Blaise. (GPS: N45°53'04.1" E6°19'03.4"). Hier können Sie für 2,00 € Wasser tanken und den Behälter Ihrer Toilette entleeren und das Grauwasser über einen Bodeneinlass ablaufen lassen.

Das ca. 6000 Einwohner zählende Städtchen ist von einer Reihe von Berggipfeln umgeben, die über 2000 Meter Höhe reichen oder diese Marke nur knapp verfehlen. Vom Stellplatz lassen sich je nach Kondition, Zeit und Interesse diverse Wanderungen unternehmen. Man kann bis zum Tournette auf 2351 Meter wandern (anstrengende 2-Tagestour) oder einfach nur eine kürzere Strecke entlang des **Fier** gehen. Es gibt zahlreiche sehr gut

Wanderweg am Oberlauf des Fier.

ausgeschilderte und leicht zu gehende Wanderwege, da ist sicher für jeden Geschmack etwas dabei.

Église Saint-Maurice in der historischen Ortsmitte von Thônes.

Beschaulich geht es in THÔNES zu. Zwar lebhafter als noch vor kurzem im **Kloster Reposoir,** aber kein Vergleich mit dem Trubel in ANNECY oder den stark von Touristen frequentierten Orten am Westufer des **Lac d'Annecy** wie wir noch sehen werden. Hier kann man in aller Ruhe in einem der Straßencafes vor den Arkaden im historisch geprägten Zentrum des Ortes seinen café au lait schlürfen. Eine Fußgängerzone hat der Ort zwar nicht, aber die wenigen Autos, die hier durchfahren stören kaum. Als historisches Baudenkmal ist die Kirche sehenswert, die ursprünglich im 17. Jh. im Barockstil erbaut wurde, dann aber im Laufe der Jahrhunderte mehrfach aus unterschiedlichen Gründen Umgestaltungen und bauliche Ver-

Hochaltar in Saint-Maurice.

änderungen erfahren hat, die dann nicht mehr im Stile des Barock vorgenommen wurden. Besonders sehenswert ist der mit vielen Skulpturen versehene Hochaltar.

Unter den Arkaden finden sich auch einige kleine Läden, in denen man nicht nur ein Baguette erstehen kann, sondern auch verschiedene **„Specialités de Montagne“** mit denen diverse Wurst- und Käsevariationen gemeint sind, die man auch beim besten Willen gar nicht alle probieren kann. Eindecken kann man sich mit leckeren Vorräten aber schon und portioniert eingepackt, lässt sich eine Wanderung in die Bergwelt auch gleich mit kulinarischen Genüssen verbinden.

Ehrenfriedhof am Musée de la Résistance et de la Déportation in Morette.

Wir fahren nunmehr weiter in das 20 Kilometer entfernte ANNECY. Auf dem Weg dorthin befindet sich auf der linken Seite die **Site de Morette**. Was im Vorbeifahren nur so aussieht wie ein besonders gut gepflegter Soldatenfriedhof, entpuppt sich bei näherer Betrachtung als eine außergewöhnliche Gedenkstätte. Einen Parkplatz in unmittelbarer Nähe finden Sie hier (**GPS:** N45°53'55.6" E6°17'20.3") Die Gedenkstätte steht in engem Zusammenhang mit der Geschichte der **Résistance**. Hier haben die Widerstandskämpfer ihre letzte ehrenvolle Ruhestätte gefunden, die auf dem **Plateau des Glières** gegen die Deutsche Wehrmacht gekämpft und dabei ihr Leben verloren haben. Im **Musée départemental de la Résistance et de la Déportation**, das sich direkt neben der Gedenkstätte befindet, finden Sie weitere Informationen. In unserem Buch über den Jura haben wir das näher ausgeführt, hier werden wir das nicht wiederholen und auch nicht auf das Plateau fahren, wo eine weitere Gedenkstätte zu sehen ist.

Begeben wir uns nun zum letzen Ziel dieser Tour, nach ANNECY. Weit ist es ja nicht mehr. Rund 17 Kilometer sind es bis zu dem ersten Stellplatz den wir hier auflisten. Ob Sie da einen Platz bekommen ist unter anderem eine Frage der Jahreszeit. In den Sommermonaten ist in ANNECY nämlich die Hölle los, um mal wieder salopp zu formulieren. Wir waren schon öfter in der Nebensaison hier, haben uns aber um dieses Buch schreiben zu können auch einmal in der Hauptsaison herbemüht, um einen Eindruck davon zu gewinnen, wie es hier in den Monaten Juli und August zugeht, wenn ganz Frankreich Urlaub macht.

Es ist voll hier, sehr voll und auf den Stellplätzen ist **Kuschelcampen** angesagt. Da stehen die Fahrzeuge in Aufbautürbreite nebeneinander. Damit Sie einen Platz finden, haben wir eine Reihe von Alternativen für Sie ausgesucht und dazu auch extra eine Karte angefertigt, die Ihnen die Orientierung erleichtern soll.

Bevor wir damit beginnen, möchten wir noch darauf hinweisen, dass es in der **Rue Centrale 50, 74940 Annecy-le-Vieux (N45° 54'25.9" E6° 09' 08.3")** eine reine Ver- und Entsorgungsstation gibt, die bei Bedarf sehr nützlich sein kann.

Und nun gutes Gelingen bei der Platzsuche!

(033) Offizieller WOMO-Stellplatz: Annecy

GPS: N45°53'26.8" E6°08'20.5"; Chemin de Colmyr, 74000 Annecy.
max. Womos: 10, maximale Länge 8 m.
Ausstattung: Asphaltierter Platz mit Wasserver- und Abwasserentsorgung (mit Bodeneinlass), Kassettenentleerung, Behälter für die Müllentsorgung, max. Aufenthaltsdauer: 1 Tag, geöffnet von Jan. – Dez.

Lage: Ortsrand, 100 Meter bis zum See, 1,5 km bis zur Altstadt
Preise: Gebührenfrei, Frischwasser und Abwasserentsorgung frei.
Zufahrt: Über die Seeuferstraße Rue des Marquisats (D1508).

(034) Offizieller WOMO-Stellplatz: Sévrier

GPS: N45°51'33.7" E6°08'33.5"; Route du Port, 74320 Sevrier.
max. Womos: 7, maximale Länge 8 m.

Ausstattung: Asphaltierter Platz ohne Versorgungseinrichtungen, Behälter für die Müllentsorgung, max. Aufenthaltsdauer: 1 Tag, geöffnet von Jan. – Dez.
Lage: Am Hafen.
Preise: Gebührenfrei
Zufahrt: Über die Seeuferstraße Route d'Albertville (D1508) in der Mitte des Ortes.

(035) WOMO-Campingplatz-Tipp: Au Cœur du Lac

GPS: N45°51'16.8" E6°08'41.8"; 3233 Route d'Albertville, 74320 Sevrier
max. Womos: >5, maximale Länge 8 m
Ausstattung: Schattige Plätze mit Wasserver- und Abwasserentsorgung (mit Bodeneinlass), Kassettenentleerung, Stromanschlüssen, WiFi.
Lage: Direkt am See, nachts ruhig.
Preise: Gebühren gestaffelt nach Saison.
Weitere Auskunft: Tél.: 04 50 52 46 45, www.campingaucoeurdulac.com.
Zufahrt: Über die Seeuferstraße Route d'Albertville (D1508).

(036) WOMO-Campingplatz-Tipp: Les Rives du Lac

GPS: N45°50'55.6" E6°09'03.4" ; 331 Chemin des Communaux, 74320 Sevrier.
max. Womos: >5, maximale Länge 8 m.
Ausstattung: Schattige Plätze mit Wasserver- und Abwasserentsorgung (mit Bodeneinlass), Kassettenentleerung, Stromanschlüssen, WiFi.
Lage: Direkt am See, nachts ruhig.
Preise: Gebühren gestaffelt nach Saison.
Weitere Auskunft: Tél.: 04 50 52 40 14, www.lesrivesdulac-annecy.com.
Zufahrt: Über die Seeuferstraße Route d'Albertville (D1508).

(037) WOMO-Campingplatz-Tipp: Europa

GPS: N45°49'48" E6°10'55", 1444; Route d'Albertville 74410 Saint-Jorioz.
max. Womos: >5, maximale Länge 8 m
Ausstattung: Schattige Plätze mit Wasserver- und Abwasserentsorgung (mit Bodeneinlass), Kassettenentleerung, Stromanschlüssen, WiFi.
Lage: Abseits vom See, nachts ruhig.
Preise: Gebühren gestaffelt nach Saison.
Weitere Auskunft: Tél.: 04 50 68 51 01, www.camping-europa.com.
Zufahrt: Über die Seeuferstraße Route d'Albertville (D1508).

(038) WOMO-Campingplatz-Tipp: Les champs Fleuris

GPS: N45°49'36.0" E6°11'19.6", 631, Voie romaine, 74410 Duingt.
max. Womos: >5, maximale Länge 8 m.
Ausstattung: Halbschattige Plätze, Wasserver- und Abwasserentsorgung am Eingang, Stromanschlüsse am Platz.

Lage: Abseits vom See, sehr ruhig.
Preise: Gebühren gestaffelt.
Weitere Auskunft: Tél.: 0450 68 57 31, www.camping-duingt.com.
Zufahrt: Über die Seeuferstraße Route d'Albertville (D1508).

(039) Offizieller WOMO-Stellplatz: Jardins du Taillefer

GPS: N45°47'41.2" E6°12'28.6", 190 Route de la Porte, 74210 Lathuile
max. Womos: 20, maximale Länge 9 m.
Ausstattung: Befestigter Platz mit Wasserver- und Abwasserentsorgung, Kassettenentleerung, Müllentsorgung, max. Aufenthaltsdauer: 2 Tage, Bio-Hofladen, geöffnet von Apr.– Sept.

Lage: Ortsrand, 700 Meter bis zum See.
Preise: 8,00 € incl. Frischwasser und Entsorgung, Strom 2,00 €.
Zufahrt: Über die Seeuferstraße Route d'Annecy (D1508).

(040) WOMO-Picknickplatz: Doussard

GPS: N45°46'58.9" E6°13'27.2", Route du Pont Monnet, 74210 Doussard
max. Womos: 5, maximale Länge 7 m.

Ausstattung: Parkstreifen an einem Wäldchen mit Tischen und Bänken. Max. Aufenthaltsdauer: 24 h, geöffnet von Jan. – Dez.
Lage: An der Straße zum Gleitschirmlandeplatz.
Preise: Gebührenfrei.
Zufahrt: Über die Seeuferstraße Route d'Annecy (D1508).

(041) WOMO-Campingplatz-Tipp: La ferme de la Serraz

GPS: N45°46'29.5" E6°13'29.3", Rue de la Poste, 74210 Doussard.
max. Womos: >5, maximale Länge 8 m.
Ausstattung: Schattige Plätze mit Wasserver- und Abwasserentsorgung (mit Bodeneinlass), Kassettenentleerung, Stromanschlüssen, WiFi.
Lage: Abseits vom See, nachts ruhig.
Preise: Gebühren gestaffelt nach Saison.
Weitere Auskunft: Tél.: 04 50 44 30 68, www.campinglaserraz.com.
Zufahrt: Über die Seeuferstraße Route d'Annecy (D1508) und Route de la Gare in die Rue de la Poste.

(042) WOMO-Wanderparkplatz: Semnoz, Skilift-Nord

GPS: N45°48'27.7" E6°06'06.2", D41 74540 Viuz-la-Chiésaz.
max. Womos: > 10, maximale Länge >10 m.
Ausstattung: Keine.
Lage: Auf dem Semnoz-Plateau (ca.1500 m Höhe ohne Alpenpanorama)
Preise: Gebührenfrei.
Zufahrt: Über die D41/D110, 16 km von Annecy, 26 km von St-Jorioz (über D912).

(043) WOMO-Wanderparkplatz: Semnoz-Kamm

GPS: N45°47'33.5" E6°06'06.4", D110 74320 Leschaux.

max. Womos: 5, maximale Länge 9 m.
Ausstattung: Keine.
Lage: Auf dem Semnoz-Plateau (ca.1640 m Höhe mit großartigem Alpenpanorama).
Preise: Gebührenfrei.
Zufahrt: Über die D41/D110, 20 km von Annecy, 23 km von St-Jorioz (über D912).

(044) WOMO-Wanderparkplatz: Semnoz, Skilift-Süd

GPS: N45°46'52.5" E6°06'29.1", D110 74320 Leschaux.
max. Womos: > 10, maximale Länge 9 m.
Ausstattung: Keine.
Lage: Auf dem Semnoz-Plateau.
Preise: Gebührenfrei.
Zufahrt: Über die D41/D110, 20 km von Annecy, 23 km von St-Jorioz (über D912).

Lac d'Annecy

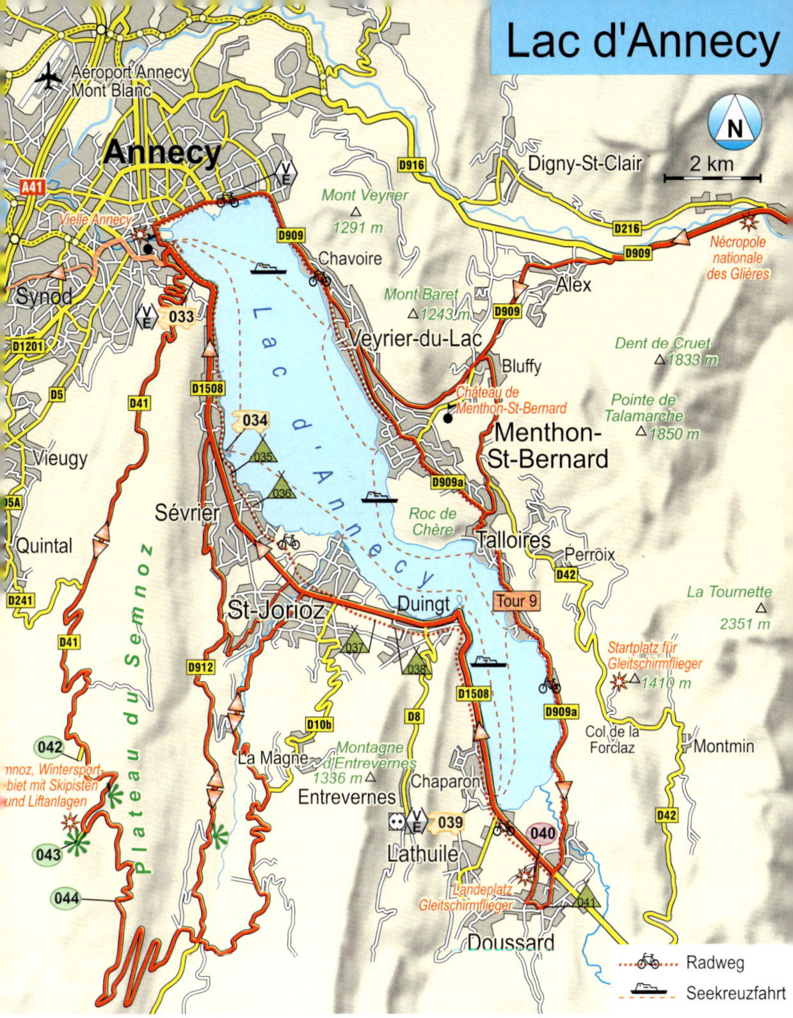

Der **Lac d'Annecy** ist der zweitgrößte durch einen eiszeitlichen Gletscher entstandene See in Frankreich. In Größe und Ausdehnung wird er nur vom **Lac du Bourget**, dem wir uns später noch widmen werden, übertroffen. Er gilt als eines der saubersten Gewässer Europas und wird oft als Juwel der Alpen angepriesen. Der See hat Trinkwasserqualität und einen extrem niedrigen Nitratgehalt, niedriger als im handelsüblichen Mineralwasser. Das Wasser ist klar, seine Sichttiefe beträgt 14 Meter. Der See ist so sauber, das ein Rückgang des Zooplanktons zu verzeichnen ist, was wiederum dazu führt, das die Saiblinge und andere Fische nicht mehr genug Nahrung finden und die Population zurückgeht, bzw. die Fische kleiner werden. Sieben Flüsse und Bäche sowie eine Unterwasserquelle speisen den See. Der **Thiou**, der durch ANNECY fließt und in den **Fier** mündet, ist der natürliche Abfluss des Sees.

Blick von der D912 auf den Lac d'Annecy.

Auf dem Radweg am Lac d'Annecy.

Der See hat eine Länge von rund 15 Kilometern und misst an der breitesten Stelle etwa 3,4 Kilometer. An seiner schmalsten Stelle zwischen DUINGT und TALLOIRES sind es rund 800 Meter. Hier befand sich in historischer Zeit eine Landbrücke und trennte den See in zwei Teile. Pfahlbauten standen hier, von denen in Ufernähe (für Besucher nicht sichtbar) noch Reste erhalten sind. Heute ist die Landbrücke von Wasser bedeckt.

Der See präsentiert sich mit dem Gipfel der **Tournette** (2351m) im Südosten und dem **Semnoz-Plateau** (1600 m) im Westen malerisch, wenn nicht gar atemberaubend, wenn man das mal pathetisch ausdrücken darf. Einen schönen Blick über den See gewinnt man, wenn man den Hang zum **Semnoz-Plateau** erklimmt.

Aufgrund seiner schönen Lage in der Bergkulisse, seinem angenehmen Klima und seiner ausgezeichneten Wasserqualität hat sich der See zu einem Badeparadies und zu einem Zentrum für Wassersportler entwickelt. Kein Wunder also, wenn hier im Sommer die „Hölle los ist".

Für eine erste Erkundung bietet sich das Fahrrad an. Ein Radweg führt rund um den See. Besonders der Weg am Westufer, der auf dem Damm einer stillgelegten Eisenbahnlinie verläuft, ist besonders reizvoll. Von DOUSSARD nach ANNECY sind es 19 Kilometer. Wenn Sie im südlichen Bereich des Sees für Ihr WOMO einen Platz gefunden haben, dann ist die Fahrt mit dem Rad nach ANNECY für einen Bummel in der Altstadt eine gute Option. Der Radweg ist in den Sommermo-

Der See als Badeparadies.

naten sehr stark frequentiert. Wenn Sie kein Fahrrad dabei haben, so können Sie sich vor Ort eines leihen. Klassische Fahrräder oder e-bikes bekommen Sie hier: www.velonecy.com. Der Verleih erfolgt am Omnibusbahnhof in ANNECY (Arrêt OUIBUS Gare routière Annecy). Wer gern sportlich mit dem **MTB** unterwegs ist, kann sich in den Sommermonaten von eben diesem Bahnhof mit dem Pendelbus samt Fahrrad auf das **Semnoz-Plateau** bringen lassen und dann auf ausgewiesenen Strecken mit dem Rad wieder hinunterfahren.

Für **Gleitschirmflieger** ist der **Lac d'Annecy** ein beliebtes Ziel, bietet der See mit den umliegenden Bergen doch optimale Voraussetzungen für eine gute Thermik und damit für lange Flüge. Im Süden des Sees werden Sie bei gutem Wetter viele Flieger kreisen sehen. Wenn Sie selbst fliegen oder einen Tandemflug buchen möchten: hier erfahren Sie mehr www.annecy-parapente.fr.

Für eine Wanderung bietet sich das **Semnoz-Plateau** an. Wenn Sie ohnehin schon hier stehen (Stellplatz 043), dann erst recht. Auf dem fast kahlen Kamm benötigen Sie nicht einmal eine Wanderkarte, die Wege sind gut ausgeschildert und es gibt nichts, was die Orientierung erschwert. Die Fernsicht auf die **Alpen** und in den **Jura** ist einfach umwerfend. Dieses Foto ist bei unserer kleinen Wanderung auf dem Plateau entstanden. Für weitere Strecken in den Bergen rund um den See

Wandern auf dem Plateau du Semnoz mit Blick auf den Mont Blanc.

Ausflugsschiffe im Hafen von Annecy.

empfehlen wir Ihnen die IGN-Top-Karte 3431 OT im Maßstab 1:25.000.

Eine sehr geruhsame und bequeme Methode den See zu erkunden besteht darin mit einem der Ausflugsschiffe in Etappen die einzelnen Häfen anzufahren. Hierzu gibt es unterschiedliche Routen, Fahrzeiten und Preise, die Sie hier nachschauen können www.annecy-croisieres.com/.

Im **Office de Tourisme** in der Rue Jean Jaurès wird man Ihnen noch sehr viel mehr Tipps geben können. Wir haben hier nur auf klassische Freizeitaktivitäten hingewiesen.

Quai de l'Évêché in Vieille Ville Annecy (Altstadt).

Ein Besuch des malerischen Viertel VIEILLE VILLE ANNECY an einem Tag in den Sommermonaten hat seine eigene Faszination. Dicht gedrängt gehen die Besucher der Stadt durch die Gassen entlang der Kaimauern und den anderen Straßen abseits des **Thiou**. Babylonisches Sprachgewirr dringt ans Ohr, neben französisch hört man viel italienisch, breites Schwyzerdütsch, englisch natürlich und erstaunlich viel chinesisch. In den vielen Restaurants sind alle Plätze besetzt,

Blick in die Rue Saint-Claire.

kaum wird ein Tisch frei, ist er auch schon wieder belegt. Man setzt sich und bestellt ein Fondue Savoyardes (Käsefondue), ein Raclette oder ganz profan eine Pizza. Die Speisekarten die wir studiert haben, lassen in der Auswahl eigentlich keine Wünsche offen. Es gibt klassische französische Restaurants, es gibt den Italiener, vietnamesische Restaurants, klassisch türkischen kebab im Straßenverkauf und vieles andere mehr. Die genaue Zahl der Restaurants haben wir nicht ermittelt, es dürften so 40 bis 50 sein, die hier dichtgedrängt um die Kundschaft buhlen. Zwischen den Lokalen befinden sich noch Souvenirläden und Boutiquen.

Für Gaukler ist dieses Gedränge eine wunderbare Gelegenheit ihre Künste zu präsentieren. Der hier ließ nicht locker und wollte unbedingt abgelichtet werden, um danach ganz dezent die Hand aufzuhalten.

Gaukler in Annecy.

Palais d'Isle.

Der Spaziergang durch die Stadt steht im krassen Gegensatz zu einer Wanderung auf dem **Semnoz-Plateau** und in einem krassen Gegensatz zu den anderen ruhigen Zielen, die wir in diesem Buch schon beschrieben haben. Es soll halt für jeden etwas dabei sein.

Die Altstadt hat aber durchaus mehr zu bieten als nur die Fülle der Restaurants. Machen wir einen kleinen Bummel.

Zum Beispiel lohnt es sich ein Blick auf das **Palais d'Isle** zu werfen, dem Wahrzeichen der Stadt, das wie ein Schiffsbug auf der Insel im **Thiou** wirkt. Es wurde im 12. Jahrhundert errichtet, als ANNECY noch ein unbedeutender Ort war. Später diente es als Münzwerkstätte, dann als Justizpalast und später einige Zeit als Gefängnis.

In der Cathédrale St-Pierre.

In dem hohen gotischen Innenraum der **Cathédrale St-Pierre** hielt einst **Franz von Sales** seine Predigten und **Jean-Jacques Rousseau** spielte hier während seines Aufenthaltes, als er vor den Calvinisten aus der Schweiz geflohen war, auf der Flöte.

Die **Église St-François** aus dem 17. Jahrhundert steht am rechten Ufer des **Thiou**. Sie gehörte zum ersten Kloster der Salesianerinnen. Die Barockfassade wurde teilweise während der Revolution zerstört, als sie zu einer Fabrik umfunktioniert wurde. Heute dient sie der italienischen Gemeinde der Stadt als Gotteshaus.

Die **Église St-Maurice** im Hintergrund des rechten Bildes wurde im 15. Jahrhundert errichtet. Hier ist das breite gotische Kirchenschiff bemerkenswert.

Besonders sehenswert ist das **Schloss**, das über einen steilen Anstieg und Treppen von der Rue Ste-Claire zu erreichen ist.

Église St-François am Ufer des Thiou, im Hintergrund die Église St-Maurice.

Die ehemalige Residenz der Grafen von Genf ist eine einzigartige Mischung aus mittelalterlicher Verteidigungsarchitektur und der Eleganz der französischen Renaissance. Heute ist hier das **Musée-Château** eingerichtet. Es verfügt über umfangreiche Kunstsammlungen. Der Eintrittspreis von 5,50 € beinhaltet den Besuch des **Regionalen Seen-Observatoriums (ORLA)**, dass sich den alpinen Seen widmet und mit Exponaten den wissenschaftlichen Stand der Forschung im Bereich der Biologie, Ökologie, Ethnologie, Archäologie und Limnologie präsentiert.

Damit beenden wir unseren Besuch in ANNECY und schließen damit auch gleichzeitig diese Tour ab.

Château Annecy.

Tour 2

10 km
N
Band 90: Mit dem Wohnmobil durch d. Franz. Jura
D991
D1508
D910
Chanay
Château
Clermont
La Balme-de-Sillingy
A41
ANNECY (445 m)
049
Seyssel
Seyssel
050
048
Vaulx
D14
Jardins Secrets (Geheime Gärten)
Château Montrottier
045
Lovagny
Le Fier
Les Gorges du Fier
046
047
B u g e y
Cascade de Cerveyrieu (70 m hoch)
Vieu
Château de Machuraz
051
Serrieres-en-Chautagne
Rhône
Rumilly
Sévrier
Artemare
Cascade de Clairfontaine
D904
Virieu-le-Grand
Ceyzérieu
Res. Nat. du Marais de Lavours
A41
D41
D912
WC 052
D1504
Chanaz
St-Félix
Alby-s-Chéran
1699 m
055
Albens
Gruffy
D921
Lac du Bourget
Pont de l'Abime
Geopark
54
Belley
Cusy
D911
Tour 5
Abbaye de Hautecombe
053 WC
Pont du Diable
Lescheraines
56 WC
092
Yenne
AIX-les-Bains
Le Châtelard
D1504
Rhône
Parc Nat. Reg.
57
du Massif des Bauges
D1504
A41
Le Bourget-du-Lac
D1516
Aillon-le-Jeune
D916
A43
CHAMBÉRY
A43
59
95
Saint-Alban-de-Montbel
Lac d'Aiguebelette
Aiguebelette-le-Port
058
062
C
D1006
D921
Myans
A43
Massif de la Chartreuse
La Rochette
D82
D1006
060
061 WC
Entre-deux-Guiers
Grotte de Saint-Christophe
C
D45C
W WC
Saint-Pierre-d'Entremont
D520
D512
A41
Grand Cascade du Cirque de Saint Même
Parc Naturel Régional de Chartreuse
La Tour Percée (Felsentor) 1790 m
La Grande Chartreuse (Große Kartause)
063
D520
W
Saint-Pierre-de-Chartreuse (900 m)
D57B
Saint-Hugues-les-Egaux
Saint-Hilaire-du-Touvet
A48
D512
064

TOUR 2 (ca. 280 km)

Lovagny – Vaulx – Seyssel (Haute Savoie) – Seyssel (Ain) – Serries-en-Chautagne – Ceyzérieu – Belley – Chanaz – Aix-les-Bains – Le Bourget-du-Lac – Saint-Alban-de-Montbel – Saint-Christophe-la-Grotte – Chambéry – Saint-Pierre-de-d'Entremont – Saint-Pierre-de-Chartreuse – Saint-Hughes-les-Egaux

Freie Übernachtung:	Lovagny, Les Gorges du Fier, Vaulx, Ceyzérieu, Saint-Alban-de-Montbel, Grotte de Saint Christophe, Saint-Hughes-les-Egaux.
Offizielle Stellplätze:	Seyssel (Ain), Serries-en-Chautagne, Belley, Chanaz, Aix-les-Bains, Le Bourget-du-Lac, Grotte de Saint Christophe, Chambéry, Saint-Pierre-de-Chartreuse.
Campingplätze:	Saint-Alban-de-Montbel.
Ver-/Entsorgung:	Seyssel (Ain), Serries-en-Chautagne, Belley, Aix-les-Bains, Le Bourget-du-Lac, Chambéry, Saint-Pierre-de-Chartreuse.
Besichtigungen:	Château Montrottier, Jardins Secrets, Seyssel (Haute Savoie), Seyssel (Ain), Abbaye de Hautecombe, Aix-les-Bains, Grotte de Saint Christophe, Chambéry.
Wandern:	Les Gorges du Fier, Reserve Naturel du Marais de Lavours, Grotte de Saint Christophe, Grand Cascade du Cirque de Saint Même, La Tour Percée.
Baden/Wellness:	Seyssel (Ain), Serries-en-Chautagne, Saint-Alban-de-Montbel (Lac d'Aiguebelette).

Nach all dem Trubel in und um ANNECY wenden wir uns nun ruhigeren Zielen zu. Als ersten Ort steuern wir LOVAGNY an, das 11 Kilometer von ANNECY entfernt liegt. Als nächste Sehenswürdigkeit haben wir das **Château Montrottier** auf dem Programm.

Der Parkplatz ist noch recht neu, das Schloss in Sichtweite, der Weg dorthin einfach zu finden. Das **mittelalterliche Schloss** ist in seiner Architektur ein typisches Beispiel für eine Wehrbauanlage in **Savoyen**. Bei dieser Burganlage hatte **Vauban**, der große Festungsbaumeister Frankreichs seine Finger nicht im Spiel. Als er für **Ludwig XIV.** die Grenzsicherungsmaßnahmen durchführte, war **Savoyen** noch ein selbständiges Herzogtum und gehörte nicht zum französischen

Rund und 33 Meter hoch, der Bergfried vom Château de Montrottier.

Einflussbereich. Deshalb gibt es in den beiden Departements **Savoie** und **Haute-Savoie**, die praktisch das Gebiet des ehemaligen Herzogtums in Frankreich darstellen, keine einzige Vauban-Festung. Erst seit 1860 gehört dieses Gebiet zu Frankreich.

(045) WOMO-Picknickplatz: Château de Montrottier

GPS: N45°53'53.3" E6°02'29.6"; 1214 Route des Gorges, 74330 Lovagny.

max. Womos: 3, maximale Länge 7 m.
Ausstattung: asphaltierter Platz, Restaurant in der Nähe, max. Aufenthaltsdauer: 24 h, geöffnet von Jan. – Dez.
Lage: Am Rande einer Wiese/ Gehöft, ruhig.
Preise: kostenlos.
Zufahrt: Über die Einmündung der D116 in die D64.

Zurück zu dem Château, das eher dem Bild einer klassischen Ritterburg entspricht und mit einer Festungsanlage wenig gemein hat. Markant ist der Bergfried mit 33 Metern Höhe und 3 Meter dicken Mauern, die sich nach oben auf 1,5 Meter verjüngen. Er ist durch eine kernlose Wendeltreppe nach oben begehbar. In den Räumlichkeiten des Schlosses sind im Waffensaal Uniformen und Waffen aus verschiedenen Epochen zu sehen. In einem weiteren Raum sind Waffen und Kunstgegenstände aus Asien, Afrika und Ozeanien ausgestellt. Der größte Raum ist der Rittersaal, in dem die Festlichkeiten der Schlossherren stattfanden. Möbel und weitere Waffen sind hier zu sehen. Dass die Mode für die Damen des Mittelalters Bedeutung hatte, jedenfalls für die adeligen, sieht man an den verschiedenen Spitzen, die in einem weiteren Raum präsentiert werden und unter anderem aus Belgien und England kamen. Das Château kann von April bis September besichtigt werden. In den beiden Sommermonaten Juli und August ist es täglich geöffnet, in den anderen Monaten ist es montags und dienstags geschlossen. Der Eintritt kostet 8,00 € pro Person.

Der Beginn der begehbaren Strecke.

Zu unserem nächsten Ziel, die Schlucht **Gorges du Fier**, könnten wir eigentlich auch laufen. Die beiden Plätze, die wir dafür für Sie ausgesucht haben, sind jeweils nur 600 Meter entfernt. Aber wir wollen ja die Plätze auch sehen, beschreiben und bebildern. Markanter Unterschied zwischen diesen beiden Plätzen ist die Lautstärke. Beim ersten Platz pfeifen Schnellzüge direkt am WOMO vorbei, beim zweiten hört man die Eisenbahngeräusche wegen eines Tunnels nicht. Letzterer scheint also für eine Übernachtung besser geeignet.

(046) WOMO-Wanderparkplatz: Gorges du Fier-Ost

GPS: N45°53'47.6" E6°02'38.6"; 435 Route de la Gare, 74330 Lovagny.

max. Womos: 5, maximale Länge 8 m.
Ausstattung: befestigter Platz ohne Einrichtungen, geöffnet von Jan. – Dez.
Lage: Am Eingang der Schlucht neben der Eisenbahnlinie, laut.
Preise: kostenlos
Zufahrt: Direkt an der D64, Route de la Gare.

(047) WOMO-Wanderparkplatz: Gorges du Fier-West

GPS: N45°53'44.5" E6°02'12.1"; 550 Route de Chavanod, 74330 Lovagny.

max. Womos: 2, maximale Länge 7 m
Ausstattung: enger, befestigter Platz ohne Einrichtungen, geöffnet von Jan. – Dez.
Lage: Am Rande der Schlucht, ruhig
Preise: kostenlos.
Zufahrt: Über die D116 neben der Brücke über den Fier.

Wenn die Parkplätze auch das ganze Jahr über anzufahren sind, so ist die Schlucht nur von Mitte März bis Mitte Oktober begehbar. Die Wege von den Plätzen zum Eingang sind markiert und leicht zu finden. Der Eintritt kostet 5,70 € pro Person.

Die Entstehungsgeschichte und die Formungsvorgänge in dieser Schlucht sind die gleichen, wie wir sie bereits bei der **Gorges du Pont du Diable** beschrieben haben, das müssen wir hier nicht wiederholen. Der **Fier** hat auf seinem Weg vom **Lac d'Annecy** zu seiner Mündung in die **Rhône** bei SEYSSEL eine gewaltige Schlucht gegraben. Den spektakulärsten Teil dieser Schlucht begann man bereits 1868 für Besucher begehbar zu machen. Der Weg ist mit 250 Metern nicht lang, dafür sehr eindrücklich. Auf die Entstehungsgeschichte der Schlucht wird mit Schautafeln am Anfang und am Ende des Steges hingewiesen (französisch und englisch). An der Kasse ist auch eine deutschsprachige Beschreibung erhältlich, fragen Sie danach, wenn Sie nicht sowieso freundlicherweise nach Ihrer Nationalität gefragt werden und es angeboten bekommen.

Jardins Secrets heißt das nächste Ziel. Auf schmalen Straßen geht es dorthin. Bei der verwinkelten Straßenführung ist es viel zu kompliziert eine Routenbeschreibung abzugeben, hier müssen Sie sich einfach auf Ihr Navi verlassen. Die Adresse und die Koordinaten entnehmen Sie bitte der Stellplatzbeschreibung.

Ist VAULX mit weniger als 1000 Einwohnern schon eine kleine Gemeinde, so ist der Teilort LAGNAT wo wir unser

Le jardin du curé aus einem anderen Blickwinkel

Les galeries.

Etappenziel finden, eigentlich nur ein großes Gehöft.

Der Parkplatz liegt direkt neben dem von außen eigentlich nur als Gebäude erkennbaren Gärten. Durch eine Fassade aus bunten Ziegeln, die in allerlei Stilrichtungen gefertigt sind, betreten wir das Gebäude, entrichten unseren Eintrittspreis von 8,50 € pro Person und sind erstmal **baff**. Überrascht und erstaunt kann man auch sagen, sehr überrascht sogar.

Für den Besuch dieses außergewöhnlichen Gartens sollte man sich ein wenig Zeit nehmen. Die Gartengestaltung ist detailverliebt mit kleinen Gebäuden, Brunnen, Beeten, Ornamenten und Figuren ausgestattet. Eine einheitliche Stilrichtung gibt es nicht und die Materialauswahl könnte vielfältiger kaum sein. Mit diesem Garten haben **Nicole** und **Alain Moumen** ein bezauberndes Werk geschaffen. Reiseerinnerungen sind hier auf sehr kreative Weise in die Gartengestaltung eingegangen. Hier glaubt man etwas Orientalisches, dort etwas Asiatisches an anderer Stelle wiederum etwas Alpenländisches oder Provenzalisches zu sehen. Doch nichts davon ist originalgetreu. Jede Ecke des Gartens hat seine eigene individuelle Gestaltung, die Architekturelemente anderer Kulturen aufnimmt und durch kreative Arbeit künstlerisch in Szene setzt. Die verwendeten Materialien Holz, Kupfer, Kalkmörtel, Kalkstein, Ton oder Kieselsteine sind dabei unter-

(048) WOMO-Stellplatz: Jardins Secrets

GPS: N45°55'05.0" E5°59'09.9", 1561 Route de Lagnat, 74150 Vaulx

max. Womos: 2, maximale Länge 8 m
Ausstattung: befestigter Platz ohne Versorgungseinrichtungen, max. Aufenthaltsdauer: 24 h, geöffnet von April – Sept.
Lage: Am Rande des Gartens, nachts absolut ruhig
Preise: kostenlos.
Zufahrt: Über Voie Communale N°2 de Lagnat à Hauteville.

schiedlich be- und verarbeitet, bemalt, lackiert oder einfach naturbelassen. Die Arrangements wirken verspielt und haben eine Unmenge an Details, die man nur sieht, wenn man sich Zeit lässt und in aller Ruhe durch den Garten geht. Es gibt eben sehr viel zu entdecken auf diesen 7000 Quadratmetern.

Wasser ist ein weiteres wesentliches Element in diesem Garten. Brunnen, Teiche, kleine Kanäle überall plätschert und murmelt das Wasser, das von überschwänglichem Grün umrahmt ist und je nach Jahreszeit eine andersfarbige Blütenpracht entfaltet, dem Garten in der Tat etwas geheimnisvolles gibt. Insgesamt ist der Garten in 13 Teile gegliedert. Nacheinander betritt man den 1. Garten der Wonnen, 2. den Hof mit großem Kastanienbaum, 3. ein Bauernhaus, 4. einen andalusischen Garten, 5. einen Apothekergarten, 6. einen Hof mit Kieselsteinmosaik, 7. den Hof wo der Wahnsinn wohnt, 8. vier Salons, 9. den Garten der Leiern, 10. die Galerien, 11. den Salon der Schlappen, 12. den Priestergarten und 13. die Inseln des Glücks.

Allein die Aufzählung macht schon neugierig und zu jedem dieser Gärten oder Gebäude wären eine Fülle von Details aufzuzeigen, was den Rahmen dieses Buches allerdings deutlich sprengen würde. Wenn Sie nicht nur mit dem Wohnmobil unterwegs sind und daheim vielleicht einen Garten haben, können Sie sich hier die vielfältigsten Anregungen für die Gestaltung Ihres Anwesens holen.

Am Ende des Rundgangs wartet ein salon de thé, in dem man gemütlich bei einer Tasse Kaffee die Eindrücke des Gartens verarbeiten kann. In einer Boutique gibt es diverse Andenken zu kaufen und dann beenden wir auch schon den Besuch in diesem sehr außergewöhnlichen geheimen Garten.

Der nächste Ort den wir anfahren werden ist SEYSSEL, 20 Kilometer entfernt. Nur welches SEYSSEL? Den Ortsnamen

(049) Offizieller WOMO-Stellplatz: Seyssel (Ain)

GPS: N45°57'41.7" E5°49'56.5", 4 Quai Edouard Serullaz, 01420 Seyssel.
max. Womos: >10, maximale Länge >10 m.
Ausstattung: Befestigter sonniger Platz ohne Versorgungseinrichtungen, geöffnet von Jan. – Dez.
Lage: Am Ortseingang mit freiem Blick auf die Rhône und Seyssel (Haute Savoie), nachts etwas Lärm durch die direkt vorbeiführende D991.
Preise: kostenlos.
Zufahrt: Nach der Überquerung der Rhône rechts abfahren und der Hauptstraße durch Seyssel bis zu den Grünanlagen hinter der alten Rhônebrücke fahren (ca. 1 km).

Blick von Seyssel (Ain) auf Seyssel (Haute-Savoie).

gibt es gleich zweimal und bei flüchtiger Betrachtung könnte man meinen, es handle sich um eine Stadt die links und rechts der **Rhône** liegt. Dem ist aber nicht so. SEYSSEL rechts der **Rhône** gehört zum **Département Ain**, SEYSSEL links der **Rhône** gehört zum **Département Haute-Savoie**. Die **Rhône** über die eine wunderschöne alte Brücke führt bildet die Grenze zwischen den Départements. In SEYSSEL (AIN) befinden sich zwei Stellplätze in SEYSSEL (HAUTE-SAVOIE) gibt es keinen. Der erste den wir anfahren ist eher als Ausweichplatz

(050) Offizieller WOMO-Badeplatz: Seyssel (Ain)

GPS: N45°56'58.4" E5°50'03.2", Quai du Rhône, 01420 Seyssel.
max. Womos: >10, maximale Länge 8 m.
Ausstattung: Befestigter halbschattiger Platz, mit Wasserver- und Abwasserentsorgungsmöglichkeit, die im vorderen Teil des Stellplatzes etwas versteckt liegt und mit großen Fahrzeugen nur schwer anzufahren ist.

Geöffnet von Jan. – Mai und von Mitte Sept. bis Dez.
Lage: Im Süden von Seyssel. Freibad und Badesee in unmittelbarer Nähe, eine Reihe mit freiem Blick auf die Rhône, nachts sehr ruhig.
Preise: kostenlos
Zufahrt: Nach der Überquerung der Rhône rechts abfahren, dann die nächste Straße gleich wieder rechts, dann nochmal rechts und unter die Brücke hindurch zum Stellplatz.

für die Sommersaison anzusehen, wenn der zweite, sehr viel reizvollere Platz fast komplett für WOMOs gesperrt ist. Da haben dann die Badegäste, die mit dem Auto zum nahen Badesee und Freibad fahren wollen, Vorrang.

Der Stellplatz im Süden der Gemeinde ist sehr beliebt. Wir waren hier schon öfter, auch schon zu einer Zeit, als wir noch gar nicht daran dachten, ein Buch über diese Region zu schreiben. Wir haben den Platz immer gut gefüllt vorgefunden. Etwa ein Kilometer ist die alte Brücke entfernt, über die man in das gegenüberliegende SEYSSEL (HAUTE-SAVOIE) kommt. Man geht dazu über die zum Teil frisch renovierten Kais, die Mitte des 19. Jahrhunderts erbaut

Altstadt von Seyssel (Haute-Savoie).

wurden. Die Hängebrücke wurde zwischen 1838-1840 erbaut und ersetzte eine Holzbrücke, die 1835 ein Hochwasser nicht überstand. Oben auf der Brücke steht eine Statue der Jungfrau Maria. Die schwarze Madonna aus dem 12. Jahrhundert, die sich vorher auf der Flussinsel befand, steht heute in der Kirche von SEYSSEL (AIN). Sehenswert ist auch die **Église Saint-Blaise** in SEYSSEL (HAUTE-SAVOIE). In unmittelbarer Nähe befindet sich im Hotel Beau Sejour das Restaurant „Au fil de l'Eau" mit einer schönen Aussichtsterrasse über der Rhône. SEYSSEL (HAUTE-SAVOIE) bietet mehr Altstadtflair als sein Pendant gegenüber. Dafür ist der Blick von SEYSSEL (AIN) von einem Straßencafé auf die gegenüberliegende Seite reizvoll. Aber sehen Sie selbst!

Von SEYSSEL lassen sich schöne Rad- und Wandertouren in ein weiter südlich gelegenes Vogelschutzgebiet an der **Rhône** unternehmen. Wenn Sie kein Fahrrad dabei haben, so können Sie sich ein modernes e-bike am Freibad für einige Stunden oder einen ganzen Tag zum einem Preis zwischen 18,00 und 23,00 € leihen. Der Radweg, der durch SEYSSEL führt ist Teil der **Via Rhona**, einem 815 Kilometer langen Radwanderweg, der vom Genfer See bis ans Mittelmeer führt.

Dieser Radweg führt auch direkt an dem Badesee vorbei, den wir als nächstes ansteuern. SERRIERES-EN-CHAUTAGNE heißt der Ort und liegt 10 Kilometer südlich von SEYSSEL. Der hiesige Stellplatz liegt direkt neben dem an seiner tiefsten Stelle nur 2 Meter tiefen Badesee. Ein idealer Platz wenn man kleine Kinder dabei hat, die hier nach Herzenslust gefahrlos plantschen können. Für Hunde sind der See

Le plan d'eau in Serrieres-en-Chautagne.

(051) Offizieller WOMO-Badeplatz: Serrieres-en-Chautagne

GPS: N45°52'46.4" E5°50'32.4"; D991, 73310 Serrieres-en-Chautagne.
max. Womos: 17, maximale Länge 10 m.
Ausstattung: Befestigter Platz mit Wasserver- und Abwasserentsorgung (mit Bodeneinlass), Kassettenentleerung, Behälter für die Müllentsorgung, max. Aufenthaltsdauer: 72 h, geöffnet von April – Okt.

Lage: Ortsrand, direkt neben einem kleinen Badesee, sehr ruhig.
Preise: gebührenfrei, 1,00 € für ca. 100l Wasser.
Zufahrt: Über die D991 in der Ortsmitte der Beschilderung zum WOMO-Stellplatz folgen.

und das Seeufer übrigens tabu. Die Wasserqualität ist gleichbleibend gut, auch wenn die Wassertemperatur die 20-Grad-Marke schon mal übersteigen kann. Ein kontinuierlicher Durchfluss frischen Wassers sorgt dafür, dass dieser See nicht kippt. Um SERRIERES-EN-CHAUTAGNE gibt es einige Châteaus, die aber alle nicht besichtigt werden können, da sie sich im Privatbesitz befinden. Sollte dieser Stellplatz komplett belegt sein, so finden Sie wenige Meter südlich einen Ausweichplatz. Der ist zwar in erster Linie für PKW angelegt, aber doch groß genug, um ein WOMO bequem abstellen zu können.

Wer mit einem Hund unterwegs ist, wird auch mit dem nächsten Ziel nicht wirklich glücklich sein, denn auch hier müssen die Vierbeiner im WOMO bleiben. In dem Naturschutzgebiet **Réserve Naturelle du Marais de Lavours** herrscht ein strenges Hundeverbot. Wir erreichen diesen Ort nach 12 Kilometern. Die Zufahrt auf den letzten Metern in CEYZÉRIEU ist ein wenig eng, ansonsten lässt sich die Strecke bequem fahren. Adresse oder Koordinaten entnehmen

(052) WOMO-Wanderparkplatz: Réserve Naturelle du Marais de Lavours

GPS: N45°50'02.8" E5°44'30.5"; Rue Trichon, 01350 Ceyzérieu.
max. Womos: 3, maximale Länge 8 m.
Ausstattung: einfacher Wanderparkplatz, ganzjährig geöffnet.

Lage: Ortsrand, 500 Meter bis zum Eingang zum Naturreservat Réserve Naturelle du Marais de Lavours.
Preise: gebührenfrei.
Zufahrt: In der Ortsmitte von Ceyzérieu der Beschilderung nach Aignoz und dem Maison de Marais folgen.

See im Naturschutzgebiet Marais de Lavours.

Sie bitte der Stellplatzbeschreibung.

Das Naturschutzgebiet umfasst 480 ha amphibische Landschaft bestehend aus Seen und Sumpfgebieten sowie einigen Auenwäldern. Wer genug Zeit mitbringt, kann hier zu verschiedenen Tages- und auch Jahreszeiten ca. 200 Vogelarten beobachten oder im Frühjahr auch mal einem ordentlichen Froschkonzert lauschen. Die insgesamt 2,4 Kilometer langen Holzstege sind zu jeder Zeit frei zugänglich. Einlasskontrollen gibt es nicht und ein Eintritt muss auch nicht gezahlt werden. Nur ein Ranger schaut gelegentlich nach dem Rechten. Es gibt einige überdachte Aussichtsplätze von denen man die Tierwelt in diesem Schutzgebiet ungestört beobachten kann. Einen großen Besucherandrang haben wir nicht erlebt. Bei unseren Aufenthalten waren wir fast immer allein.

Den nächsten Ort haben wir eigentlich nur wegen seiner Versorgungsanlagen für Wohnmobile aufgesucht. Das es in BELLEY auch eine schöne Kathedrale gibt und der Ort als Hauptstadt des **Bugey**, des südlichsten Zipfel des Jura gilt, sei

(053) Offizieller WOMO-Stellplatz: Belley, Aire Municipale

GPS: N45°45'19.5" E5°40'39.2"; Route de Saint-Germain, 01300 Belley.

max. Womos: 20, maximale Länge 12 m.

Ausstattung: asphaltierter ebener Platz, mit Wasserver- und Abwasserentsorgung (mit Bodeneinlass), Kassettenentleerung, Behälter für die Müllentsorgung, ein Stromanschluss an der Versorgungssäule, ganzjährig geöffnet.

Lage: Ortsrand, neben Sportanlagen.

Preise: gebührenfrei, Wasser und Strom 2,00 €.

Zufahrt: In Belley der Beschilderung in Richtung "St Germain-les-P." folgen.

nur am Rande vermerkt. Aber deshalb muss man hier nicht hin.

Wesentlich attraktiver erscheinen da schon die Angebote zur Freizeitgestaltung die mit Wassersport und Badeangeboten zu tun haben. Die finden Sie auf dem Campingplatz **Lac du Lit du Roi** mit Freibad und Kanuverleih [**054:** N45°46'07.3" E5°46'10.9"] Route de Montaplan, 01300 MASSIGNIEU-DE-RIVES oder in CHANAZ, wo Sie neben einem großen Wohnmobilstellplatz auch noch einen Campingplatz vorfinden.

In CHANAZ finden Sie darüber hinaus eine pittoreske Uferpromenade mit Restaurants am **Canal de Savières**. Vom Stellplatz sind das zu Fuß nur etwas mehr als 500 Meter. Dieser Kanal verbindet die **Rhône** mit dem **Lac du Bourget** den

Ausflugsschiffe und Motorjachten bei Chanaz.

(055) Offizieller WOMO-Stellplatz: Chanaz, Base de Loisirs

GPS: N45°48'47.2" E5°47'13.5"; Route de l'Ecluse, 73310 Chanaz.
max. Womos: 20, maximale Länge 8 m.
Ausstattung: gut befestigter ebener Platz, ganzjährig geöffnet. Wasserver- und Abwasserentsorgung (mit Bodeneinlass), Kassettenentleerung, Behälter für die Müllentsorgung, vor der Campingplatzeinfahrt frei zugänglich. Bezug von Frischwasser nur über den Erwerb von Jetons möglich, die an der Rezeption des Campingplatzes zu erhalten sind.
Lage: Ortsrand, direkt an der Rhône.
Preise: 3,00 € Tagespauschale, die in den Sommermonaten am Ortseingang kassiert wird. Ab 19.00 h für eine Übernachtung kostenlos.
Zufahrt: In Chanaz der Beschilderung "Port Ecluse" folgen, dort angekommen bis zum Kreisverkehr fahren und dort die erste Ausfahrt nehmen.

Die Abbaye de Hautecombe am Westufer des Lac du Bourget.

wir nun als nächstes Ziel auf dem Programm haben.

Bis zur **Abbaye de Hautecombe** am Westufer des **Lac du Bourget** haben wir rund 10 Kilometer zurückzulegen. Der Weg dorthin ist vielfach ausgeschildert und einfach zu finden. Der Parkplatz (GPS: N45°45'10.2" E5°50'14.4") ist nicht sehr groß. Nur im vorderen Bereich können Sie das WOMO abstellen, die Plätze direkt vor dem Kloster sind PKWs vorbehalten. Eine Übernachtung ist hier nicht gestattet. Mit einem audioguide auch in deutscher Sprache, erfährt man bedeutsames über die Architektur und die Geschichte des Klosters. Den Rundgang kann man in 30 Minuten absolvieren. Nicht alle Bereiche des Klosters sind für die Besucher zugänglich. Der Eintritt kostet 3,50 € p.P., die Öffnungszeiten sind begrenzt: Vormittags steht das Kloster Besucher von 10.00 Uhr bis 11.15 offen, nachmittags von 14.00 Uhr bis 17.00 Uhr. Auf der website des Klosters https://www.chemin-neuf.fr/fr/pres-de-chez-toi/abbayes/abbaye-d-hautecombe können Sie nachschauen, ob diese Öffnungszeiten noch gelten und Sie

Abbaye de Hautecombe

Das Kloster wurde im 12. Jh. mit Unterstützung von **Bernard de Clairvaux** von Zisterziensermönchen gegründet. Nach einer Blütezeit bis ins 15. Jahrhundert, ging die Bedeutung des Klosters zurück. Während der Französischen Revolution hat das Kloster arg gelitten, Gebäude wurden zerstört, die Mönche verjagt. Im frühen 19. Jahrhundert wurde die Klosterkirche auf Veranlassung von **Karl Felix**, der zu dieser Zeit **König von Sardinien und Herzog von Savoyen** war, im neugotischen Stil wieder

hergerichtet, um als Grablege für die Prinzen und Prinzessinnen des Hauses Savoyen zu dienen. Auch der letzte **König von Italien Umberto II** fand nach den langen Jahren des Exils in Portugal hier im Jahre 1983 seine letzte Ruhestätte. Ihm zu Ehren halten jedes Jahr im März italienische Royalisten hier eine Gedenkfeier ab.

Die von piemontesischen Künstlern und Baumeistern geschaffene Architektur wirkt ein wenig überladen mit all ihren Ornamenten. Dies gilt für die Außenfassade und auch für den Innenraum, wo rund 300 Statuen aus Carrara-Marmor und Stuck über die Fürstengräber wachen.

Eine besondere Beachtung verdient die **Grande Batelière** am Landesteg. Die Erfindung der Zisterziensermönche diente als Lager für die Waren, die mit dem Schiff hierher transportiert wurden und verfügt im Untergeschoß über ein Flutbecken und ein Trockendock. Das Obergeschoß diente als Lagerraum und wird heute als Ausstellungsraum genutzt.

Der Eingang der Klosterkirche.

Uferpromenade in Aix-les-Bains.

können auch einen ersten virtuellen Rundgang machen.

Unsere Reise geht weiter nach AIX-LES-BAINS am Südostufer des **Lac du Bourget.** Die Straße führt direkt am Ufer des Sees entlang. Die Hoffnung, an der Uferstraße irgendwo ein schönes Plätzchen zu finden haben wir nach zweimal rauf und runter fahren aufgegeben. Entweder steht man direkt an der Straße oder die Plätze sind zu klein. Da bleibt einfach nur die Fahrt entlang des Sees als Attraktion übrig und direkt zu dem alt-

(056) Offizieller WOMO-Stellplatz: Aix-les-Bains, Aire Camping-Car Park

GPS: N45°41'47.6" E5°53'19.9"; Rue des Goelands 5, 73100 Aix-les-Bains
max. Womos: 86, maximale Länge 8 m
Ausstattung: ebene Plätze, mit Wasserver- und Abwasserentsorgung (mit Bodeneinlass), Kassettenentleerung, Behälter für die Müllentsorgung, 52 Stromanschlüsse mit 6A, WiFi, ganzjährig geöffnet.

Lage: Ortsrand, neben Sportanlagen.
Preise: 13,00 € pro Fahrzeug mit 2 Personen, Wasserver- und Abwasserentsorgung sowie Strom sind im Preis enthalten, Internetzugang über WiFi ist kostenfrei, Waschmaschine 5,00 €, Trockner 3,00 €, .
Zufahrt: Die Zufahrt für Fahrzeuge über 3,5t ist nur über die Av. du Petit Port möglich.

ehrwürdigen Kurort zu fahren, der seine Glanzzeit in der **Belle Époque** hatte.

Kurbetrieb gibt es auch heute noch, doch liegt der wirtschaftliche Schwerpunkt der Stadt im Handel und Gewerbe. Reizvoll sind die scheinbar unendliche lange Uferpromenade und natürlich die Innenstadt mit ihren teilweise zu Fußgängerzonen ausgebauten schmalen Straßen mit Boutiquen, Restaurants und Cafés. Hier lassen sich auch einige Gebäude aus der **Belle Époque** betrachten, unter anderem auch das Casino. Im angrenzenden **Parc floral des Thermes** mit seinem alten Baumbestand kann man ein wenig ausruhen, denn die Innenstadt ist vom Stellplatz ca. 3 Kilometer entfernt.

Mit Badeplätzen geht es weiter. Der erste in LE BOURGET-DU-LAC ist in den Sommermonaten stark frequentiert bzw. überfüllt. Es ist verlockend mit dem WOMO fast direkt

(057) Offizieller WOMO-Badeplatz: Aire de Camping-Car L'Ile aux Cygnes

GPS: N45°39'11.4" E5°51'47.0"; Sentier du Camping, 73370 Le Bourget-du-Lac.
max. Womos: 29, maximale Länge 8 m.
Ausstattung: ebene Plätze, mit Wasserver- und Abwasserentsorgung (mit Bodeneinlass), Kassettenentleerung, Behälter für die Müllentsorgung, WiFi, ganzjährig geöffnet.
Lage: Fast direkt am Ufer des Lac du Bourget, 350 Meter bis zum Badestrand.
Preise: gestaffelt nach Saison zwischen 6,20 € und 12,50 € pro Fahrzeug mit 2 Personen, Wasserver- und Abwasserentsorgung 2,10 €, Internetzugang über WiFi ist kostenfrei.
Zufahrt: bequem von der D1504 die Abfahrt Le Bourget du Lac nehmen, dann die zweite Straße rechts fahren nach 850 Metern ist der Platz erreicht.

an den Strand zu fahren. Auf die Idee kommen natürlich viele und damit sind die Plätze auch ruckzuck belegt.

Wer hier keinen Platz findet, kann den Besucherparkplatz für das **Château de Thomas II** in unmittelbarer Nähe nutzen (**GPS:** 45°39'07.8" E5°51'41.0") und das auch gleich mit einem Besuch dieses ehemaligen Jagdschlosses der Grafen von Savoyen verbinden oder gleich zum nächsten Badeort am **Lac d'Aiguebelette** fahren. Das sind rund 20 Kilometer, für die wir ausnahmsweise einmal die für diesen Streckenabschnitt mautpflichtige Autobahn nutzen. Die Fahrt durch den 3200 Meter langen Tunnel ist bequemer und einfacher als die

(058) WOMO-Badeplatz: Lac d'Aiguebelette Plage du Sougey

GPS: N45°33'19.2" E5°47'23.1"; D921, 73610 Saint-Alban-de-Montbel.
max. Womos: 10, maximale Länge 8 m.
Ausstattung: einfacher Parkplatz, ganzjährig geöffnet.
Lage: Ortsrand, 500 Meter bis zum Badestrand (im Sommer gebührenpflichtig, Kassenhäuschen am Zugang zum See).
Preise: gebührenfrei.
Zufahrt: Von der D921 in Richtung Campingplatz fahren.

Restaurant am Lac d'Aiguebelette. Im Bild rechts der Zugang zum See. .

kurvenreiche Alternativroute von 30 Kilometern Länge über die l'Epine-Bergkette hinweg.

Direkt neben dem Parkplatz befindet sich ein Campingplatz mit allen üblichen Versorgungseinrichtungen. Wer mit einem Hund unterwegs ist findet hier als besonderes Schmankerl einen abgetrennten Hundestrand. Strand ist allerdings etwas

(059) WOMO-Campingplatz-Tipp: Camping Bellevue

GPS: N45°33'19.9" E5°47'29.3";
Chemin de Lavy, 73610 Saint Alban de Montbel.
max. Womos: >10, maximale Länge 8 m.
Ausstattung: Terrassenförmig angelegte ebene Plätze, mit Wasserver- und Abwasserentsorgung (mit Bodeneinlass), Kassettenentleerung, Behälter für die Müllentsorgung, Stromanschlüsse an jedem Platz mit 6A-10A, WiFi, Bootssteg, Bootsverleih, Badestrand, kleiner Hundebadestrand geöffnet vom 15.4. bis 15.10.
Lage: Am Seeufer.
Preise: 18,00 € pro Fahrzeug mit 2 Personen, Wasserver- und Abwasserentsorgung sowie Internetzugang über WiFi kostenlos. Strom pro Tag 5,00 €.
Zufahrt: Von der D921 den Fahrtrichtungshinweisen zum Campingplatz folgen.

übertrieben, sagen wir es gibt einen Zugang zum Wasser. Auf dem Foto stehen wir mit unserem WOMO direkt davor.

Nach einem erfrischen Bad im See setzen wir die Reise fort. Wir fahren die D921 weiter bis nach ENTRE-DEUX-GUIERS, durchfahren den Ort in Richtung CHAMBÉRY und außerhalb des Ortes in einem Kreisverkehr nach SAINT CHRISTOPHE, einem Dorf am Fuße einer schon längst sichtbaren steil aufragenden Felswand. Ziel ist die Schlucht **„Voie Sarde"** mit ihren Grotten. Zwei Plätze gibt es die wir anfahren können, der erste liegt unten am Ausgang der Schlucht, der zweite befindet sich oben am Eingang, wo sich auch der Ticketschalter befindet und ein kleines Informationszentrum angeschlossen

(060) WOMO-Wanderparkplatz: Saint-Christophe (W)

GPS: N45°26'53.6" E5°47'03.0"; D46, 73360 Saint-Christophe
max. Womos: 2, maximale Länge 7 m
Ausstattung: ebener aspaltierter Platz, ganzjährig geöffnet.
Lage: Am Fuße der Steilwand am Ausgang der Voie Sarde. Mitten im Dorf von ca. 20 Häusern umgeben, sehr ruhig.
Preise: kostenlos.
Zufahrt: Von der D1006 aus Entre-deux-Guiers kommend auf die D46 abbiegen und bis zum Fuße der Steilwand fahren.

(061) WOMO-Wanderparkplatz: Saint-Christophe (O)

GPS: N45°27'11.6" E5°47'30.1"; La Grotte, 73360 Saint-Christophe
max. Womos: 4, maximale Länge 8 m
Ausstattung: geschotterter Platz mit leichtem Gefälle, ganzjährig geöffnet.
Lage: Im Wald am oberen Eingang der Voie Sarde, sehr ruhig.
Preise: kostenlos.
Zufahrt: Über die D1006 aus Entre-deux-Guiers kommend nach der Tunnelausfahrt rechts.

ist. Darüber hinaus gibt es hier ein Café und eine Toilettenanlage.

Mit der **Gorges du Pont du Diable** und der **Gorges du Fier** haben wir schon zwei Schluchten beschrieben. Jetzt kommt die dritte hinzu. Im Unterschied zu den beiden erstgenannten haben wir hier neben der Schlucht noch zwei begehbare schön ausgeleuchtete Felsgrotten, die Sie allerdings nur im Rahmen einer Führung besuchen können (Dauer ca. 1,5 Stunden, Eintrittspreis 8.50 € p.P.). Und ein weiterer Unterschied ist

Der Voie Sarde.

die breite der Schlucht. Hier hat die Natur soviel Vorarbeit geleistet, dass schon zu römischer Zeit hier eine 5 Meter breite Straße durchgelegt werden konnte. Zuletzt wurde die Straße auf Veranlassung des **Herzogs Karl Emanuel II von Savoyen** erneuert. Ein großes Denkmal im unteren Teil der Schlucht erinnert daran. Ihre Verkehrsfunktion verlor die Straße erst, als Napoléon einen 307 Meter langen Tunnel durch den Berg schlagen ließ, dessen Fertigstellung er aber 1820 nicht miterleben konnte, denn da saß er schon längst auf St. Helena.

Hätten wir eine Hierarchie in der Stellplatzgüte aufzustellen, wäre der in CHAMBÉRY, unserem nächsten Reiseziel, ein ganz heißer Kandidat auf den letzten Platz. Er hat zwar den Vorteil kostenlos zu sein, allerdings gehört schon Glück dazu einen freien Platz zu finden, denn die wenigen markierten Plätze die hier für WOMOs zur Verfügung stehen sind einmal recht klein und werden dann auch noch von PKW so

(062) Offizieller WOMO-Stellplatz: Chambéry, Aire Municipale

GPS: N45°33'47.2" E5°55'59.5";
339 Rue Costa de Beauregard, 73000 Chambéry

max. Womos: 5, maximale Länge 7 m
Ausstattung: ebene Plätze, mit Wasserver- und Abwasserentsorgung (mit Bodeneinlass), Kassettenentleerung, Behälter für die Müllentsorgung, ganzjährig geöffnet.
Lage: ziemlich nah an der Stadtmitte, neben Sportanlagen und dem Lycée Monge, sehr belebt, sehr eng.
Preise: kostenlos.

zugeparkt, dass ein Rangieren schwierig wird.

Im 13. Jh. ließen sich die **Grafen von Savoyen** in CHAMBÉRY nieder und bauten diesen ehemaligen kleinen Marktflecken zu Ihrer Hauptstadt aus. Bis zum Ende des 16. Jahr-

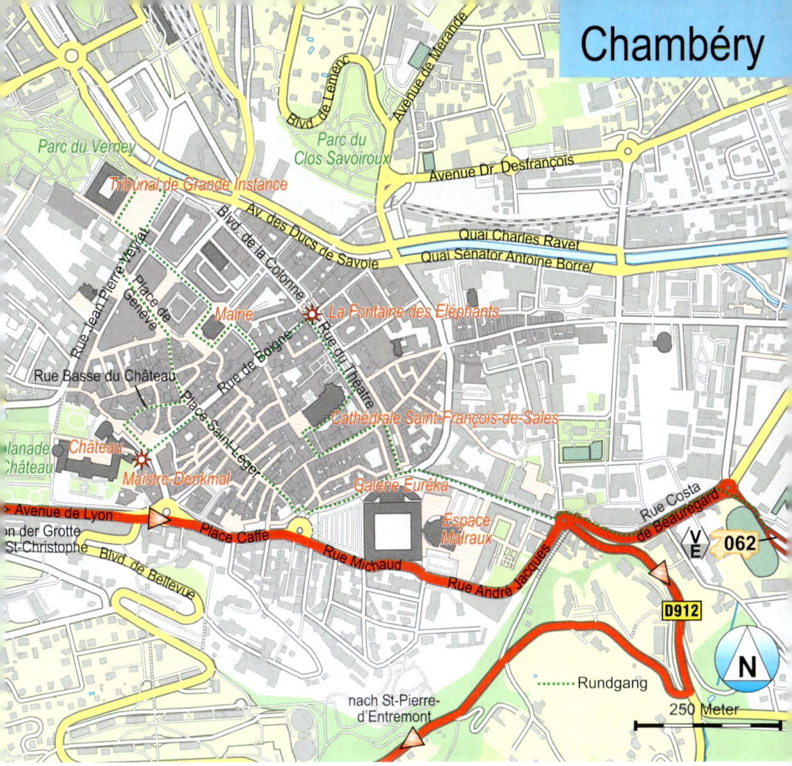

hunderts blieb die Stadt von ihrem französischen Nachbarn unbehelligt. Danach wird CHAMBÉRY und damit ganz Savoyen über Jahrzehnte ein Spielball der damals Mächtigen, wird mehrfach von Frankreich besetzt, dann wieder dem Königreich Sardinien zugesprochen. Es geht eine Weile hin und her, bis es 1860 endgültig Frankreich zugesprochen wurde.

Place Saint-Léger in der Nähe des Châteaus.

Rue Basse du Château. Malerische Gasse die zum Schloss führt.

Eine Gedenktafel am Rathaus erinnert daran.

Wenn Sie sich vom Stellplatz zu Fuß auf den Weg in diese reizvolle Stadt machen, so kommen Sie zunächst an der **Cathédrale Saint-François-de-Sales** vorbei. Nicht weit davon entfernt befindet sich der Elefantenbrunnen **La Fontaine des Eléphants** der an die indischen Abenteuer des **Benoît de Boigne** Sohn und Mäzen der Stadt erinnert. Von hier ist es nicht weit zum Rathaus **(Mairie)**, wo Sie zahlreiche Cafés und Restaurants am Rathausplatz finden. Typische Spezialitäten sind **Omble Chevalier à la Savoyarde** (gedünsteter Wandersaibling) oder auch das **Gratin Savoyard** (Kartoffelgratin mit Sahne, Eiern, Milch und Käse). Und da wir gerade bei der Kulinarik sind: Samstags finden in den Straßen der große Wochenmarkt statt. Da finden Sie neben klassischen Obst und Gemüse auch allerlei Spezialitäten, nicht nur aus der Region.

Gehen wir weiter. Die Altstadt ist mit ihren schmalen dunklen Gassen unterhalb des Châteaus sehr verwinkelt. Links

Das Rathaus von Chambéry.

Der Justizpalast in Chambéry..

und rechts von der **Place Saint-Léger** führt so manche romantische Gasse durch die dichte Altstadtbebauung. Die **Rue Basse du Château** ist eine davon und führt direkt zu der Rückseite des **Châteaus**, dem ehemaligen Sitz der Grafen und Herzöge von Savoyen das später den Königen von Sardinien als Zweitresidenz diente. Heute ist hier die Präfektur von Savoyen untergebracht, also die oberste Verwaltungsbehörde des Departements Savoie. Nur wenige Räume des mittelalterlichen Schlosses stehen Besuchern offen. Wie fast immer ist auch hier ein Besuch nur im Rahmen einer Führung möglich und das auch nur samstags und sonntags ab 14.30 Uhr.

Wir beenden hiermit unseren Besuch in dieser Stadt und machen uns nunmehr auf den Weg in das **Massif de la Chartreuse**. Das nächste Ziel finden wir in der Nähe von SAINT-PIERRE D'ENTREMONT.

Die in Chambéry geborenen Brüder Joseph-Marie und Xavier Maistre blicken am Fuße des Schlosses in Richtung Mont Blanc.Joseph-Marie machte Karriere als Politiker und gilt als einer der Väter der Soziologie. Xavier wurde als Schriftsteller berühmt. Beide plädierten für ein unabhängiges Savoyen.

WOMO-Wanderparkplatz: Cirque de Saint-Même

GPS: N45°24'04.3" E5°53'25.5";
D45C, Cirque de Saint-Même, 73670 Saint-Pierre-d'Entremont

max. Womos: 10, maximale Länge 8 m
Ausstattung: ebener befestigter Platz, WC, ganzjährig geöffnet.
Lage: Abseits im Wald, sehr ruhig, 1,5 Kilometer bis zur Grand Cascade.
Preise: kostenlos.
Zufahrt: Die D45C von Saint-Pierre-d'Entremont bis zum Ende durchfahren.

Von der Hoffnung, auf dem Wanderparkplatz nach einer längeren Wanderung zur **Grand Cascade** und dem **Felsentor Tour Percée** über Nacht stehen bleiben zu können mussten wir uns bei Ankunft auf dem Parkplatz gleich verabschieden. Unmissverständlich weißt ein Schild darauf hin, dass Wohnmobile hier über Nacht nicht stehen bleiben dürfen und verweist auf den örtlichen Campingplatz als Alternative.

Der Talgrund des Guiers Vif.

In direkter Nachbarschaft des Parkplatzes findet sich auf dem breiten Talboden des Gebirgsbaches **Guiers Vif** ein sehr großes Picknickareal mit Spielmöglichkeiten für Kinder in und an dem kühlen Nass. Da werden Dämme gebaut, Wasser umgeleitet und auf den großen Wiesen Feder- oder Fußball gespielt. Hier kann man die Spielekonsole gut zur Seite legen und sich austoben.

Wanderungen in diesem Gebiet können körperlich sehr anstrengend sein. Zu den mehrstufigen Kaskaden führen mehrere Wege in unterschiedliche Höhen. Für den kürzesten benötigt man eine halbe Stunde, auf dem längsten ist man gleich 5 Stunden unterwegs und das mit einer sehr ordentlichen Steigung.

Noch härter wird es, wer zu dem nur schwer zu erreichenden **Tour de Percée** wandern will. Nur erfahrene und konditionsstarke Wanderer sollten den Versuch wagen dorthin zu gelangen. Die Spannbreite des offenen Steinbogens beträgt 32 Meter und ist der größte dieser Art, der bislang in den Alpen entdeckt wurde. Dass dieser markante Felsen erst im Jahre 2005 entdeckt wurde, spricht für die verborgenen und geheimnisvollen Naturwunder dieser Region. Eine Wanderung vom Parkplatz **Cirque de Saint-Meme** zum **Tour de Percée** ist möglich, aber wie gesagt nicht einfach. Der Weg dorthin ist ca. 10 Kilometer lang und es sind etwa 1000 Höhenmeter zu überwinden. Wir selbst sind diesen Weg nicht gegangen und verlassen uns hier auf die Angaben von **Lionel Tassan** einem Bergsteiger und Naturfotografen aus Grenoble, der uns auch freundlicherweise das nebenstehende Foto zur Verfügung gestellt hat. Nähere Informationen finden Sie hier: http://www.lta38.fr.

Eine der Kaskaden im Cirque de Saint Meme.

La Tour Percée, der größte natürliche Steinbogen der Alpen wurde erst 2005 entdeckt.

Blick auf Saint-Pierre d'Entremont im Massif de la Chartreuse.

Da man auf dem Wanderparkplatz nicht übernachten darf und der Campingplatz in SAINT-PIERRES D'ENTREMONT (sieht aus wie eine Gemeinde, sind aber zwei, eine im Département Savoie, die andere im Département Isère) uns nicht zusagt, geht es weiter zum nächsten offiziellen WOMO-Stellplatz nach SAINT-PIERRE-DE-CHARTREUSE. Vom Wanderparkplatz hierher sind das rund 15 Kilometer. Hier stehen die WOMOs dicht gedrängt auf einem Asphaltplatz. Idyllisch ist das nicht, hier am Rande des kleinen Touristenortes mit

(063) Offizieller WOMO-Stellplatz: Saint-Pierre-de-Chartreuse
Aire de Stationnement camping-car du Couzon

GPS: N45°20'34.2" E5°48'44.5"; Plan de Ville, 38380 St. Pierre de Chartreuse.
max. Womos: 10, maximale Länge 8 m.
Ausstattung: ebene Plätze, mit Wasserver- und Abwasserentsorgung (mit Bodeneinlass), Kassettenentleerung, Behälter für die Müllentsorgung, ganzjährig geöffnet.

Lage: Ortsrandlage, Waldrand.
Preise: Abwasserentsorgung kostenlos, Frischwasser 2,00 €, nur mit Jeton zu beziehen den es beim Office de Tourisme zu kaufen gibt. In den Wintermonaten ist die Wasserversorgung außer Betrieb.
Zufahrt: Nach dem Ortseingang rechts halten, nach ca. 500 Metern ist der Platz erreicht.

seinen rund 1000 Einwohnern auf 900 Metern Höhe. Aber es ist ein guter Ort, um von hier aus die **Grande Chartreuse**, das Mutterkloster des **Kartäuserordens** zu besichtigen. Auch lassen sich Wandertouren von hier aus unternehmen. Im Office de Tourisme hält man dort eine ganze Reihe an Vorschlägen bereit. Von anspruchsvoll und anstrengend bis zum einfachen Spaziergang ist da alles dabei. Landschaftlich reizvoll ist die **Chartreuse** allemal, um dieses Gebiet auf Wanderungen näher zu erkunden, lässt sich hier auch eine ganze Woche verbringen, ohne das es langweilig wird. Eine große Menge an weiteren

Auf dem Weg zur Kartäuserkloster La Grande Chartreuse ist diese enge, malerische Schlucht zu durchqueren.

La Grande Chartreuse, Weg zum Museum.

Informationen und Bildern nicht nur über diesen Ort sondern über den gesamten Naturpark **(Parc Naturel Régional de Chartreuse)** erhalten Sie hier: http://chartreuse-tourisme.com.

Viel beachtet und oft besucht ist das Mutterkloster des **Kartäuserordens**, das hier versteckt in den Bergen des **Chartreuse-Massifs** liegt. Das Kloster selbst kann nicht besichtigt werden, nur ein Museum, das die Geschichte des Ordens, der hier 1084 vom **heiligen Bruno** gegründet wurde, erzählt.

Statue des heiligen Bruno über dem Eingang zu dem für die Öffentlichkeit nicht zugänglichen Wirtschaftshof des Klosters.

Das Museum soll mit Alltagsgegenständen des Klosterlebens, Bildern, Filmen und anderen Ausstellungsstücken das Mysterium des Kartäuserordens näher bringen. Wie in fast allen Museen in Frankreich üblich, bietet am Ende ein Shop eine Reihe von Büchern und sonstige Souvenirs an. Als Besonderheit wird der hier im Kloster produzierte **Chartreuse-Likör** angeboten, ein Kräuterlikör der mit 55% vol. schon recht kräftig ausfällt und als "Elixier des langen Lebens" gilt. Wir gehen davon aus,

WOMO-Wanderparkplatz: Saint-Pierre-de-Chartreuse, Kloster

GPS: N45°21'03.4" E5°47'22.5"; D103; 38380 Saint-Pierre-de-Chartreuse.

max. Womos: 4, maximale Länge 8 m.
Ausstattung: ebener asphaltierter Platz, ganzjährig geöffnet, Übernachtung nicht gestattet.
Lage: Abseits, sehr ruhig, Wiesen- und Waldgelände vor den Klostermauern.
Preise: kostenlos.
Zufahrt: Von St. Pierre de Chartreuse über die D520B und D103, ca. 2 km.

das man mit diesem Likör recht vorsichtig umgehen muss und "viel hilft viel" bei dem Alkoholgehalt wohl eher kontraproduktiv wirkt. Wir wollen nicht abschweifen, kehren wir zum Klosterleben zurück: Es gibt einen großartigen Film **"Die große Stille"** von Philip Groning, den Sie sich auf youtube anschauen können. Der geht über 2 Stunden und wenn Sie den gesehen haben, bekommen Sie eine bessere Vorstellung vom Klosterleben, als das Museum zeigen kann.

Was Sie im Film allerdings nicht erleben können ist eine Wanderung oder ein Spaziergang in dieser zur Kontemplation einladenden Naturlandschaft rund um das Kloster. Dafür lohnt es sich schon herzukommen. Störend wirkt dann anschließend nur, wenn Sie für eine Übernachtung zurück auf den dicht gedrängten Stellplatz in SAINT-PIERRE-DE-CHARTREUSE fahren müssen, denn hier am Kloster dürfen Sie nicht stehen bleiben. Da haben wir einen Tipp für Sie: Fahren Sie doch einfach nach SAINT-HUGUES-LES EGAUX, das ist nur 7 Kilometer vom Kloster entfernt. Hier stehen Sie absolut ruhig, genießen eine fantastische Aussicht und können schon mal den Besuch von GRENOBLE vorbereiten.

(064) WOMO-Wanderparkplatz: Saint-Hugues-les Egaux, Skilift

GPS: N45°19'01.8" E5°48'12.4"; D57B, 38380 Saint-Hugues-les Egaux

max. Womos: 10, maximale Länge 8 m
Ausstattung: ebener befestigter Platz, ganzjährig geöffnet.
Lage: Ortsrandlage, sehr ruhig, Wiesengelände, schöne Aussicht.
Preise: kostenlos.
Zufahrt: Über die D57B, einer wenig befahrenen Nebenstrecke der D512 von Saint Pierre nach Grenoble.

Umweltzone Grenoble

Die Umweltzone von Grenoble umfasst eine Fläche von rund 600 km². Sie gilt flächendeckend auf allen öffentlichen Straßen, Land- und Schnellstraßen. Auf den Autobahnen beginnt die **Crit´Air-Pflicht** im Norden auf der A48 an der Mautstation Voreppe, im Süden auf der A51 an der Mautstation Le Crozet/Vif und im Osten auf der A41 an der Mautstation Crolles.

TOUR 3 (ca. 290 km)

Grenoble – Sassenage – Lans-en-Vercors – Villard-de-Lans – Corrençon-en-Vercors – La Chapelle-en-Vercors – Die – Chichilianne – Richardière – Treffort – Laffrey – Saint-Theoffrey – La Mure

Freie Übernachtung:	Corrençon-en-Vercors, Laffrey
Offizielle Stellplätze:	Sassenage, Lans-en-Vercors, Villard-de-Lans, La Chapelle-en-Vercors, Die, Chichilianne, Richardière, Treffort.
Campingplätze:	Die, Laffrey, Saint-Theoffrey
Ver-/Entsorgung:	Sassenage, Lans-en-Vercors, Villard-de-Lans, La Chapelle-en-Vercors, Die, Chichilianne, Treffort, Susville.
Besichtigungen:	Grenoble (Altstadt), Grenoble (Bastille), Die (Altstadt), La Prairie de la Rencontre (Napoleondenkmal).
Wandern:	Corrençon-en-Vercors, Col de Menée, Lac de Monteynard-Avigonet.
Baden/Wellness:	Laffrey, La Fayolle.

Wir fahren von SAINT-HUGUES-LES EGAUX über den **Col de Vence** in Richtung GRENOBLE weiter. Mit 782 Metern Höhe stellt der Pass keine besonderen Ansprüche an Mensch und Material. Die rund 25 Kilometer lange Strecke hat zwar

Das Stadttor Porte de France am westlichen Eingang von Grenoble.

Place du Tribunal mit Saint André.

etliche Kurven, ist aber gut und einfach zu fahren.

In GRENOBLE angekommen, steuern wir den großen Parkplatz am **Boulevard de l'Esplanade** an (**GPS:** N45°11'40.1" E5°43'06.5").

Bei der Einfahrt muss man aufpassen. Der Parkplatz ist zweigeteilt in einen gebührenpflichtigen vorderen Teil und einen gebührenfreien hinteren Bereich. Nur diesen kann man mit Reisemobilen anfahren. Die Zufahrt ist mit großen Natursteinen abgegrenzt, die es elegant zu umfahren gilt. Einen Stellplatz für WOMO-Touristen bietet die Stadt nicht an. Man nimmt entweder diesen Platz oder sucht sich sonst einen an den Straßen und Plätzen im Ort. Wir haben diesen gewählt, weil er für einen kurzen Besuch der Stadt ideal liegt und man wegen der Größe des Platzes mit sehr hoher Wahrscheinlichkeit auch sein Fahrzeug abstellen kann. Übernachten wollen wir hier nicht, da haben wir uns schon einen angenehmeren Platz ausgesucht.

Der imposante Brunnen auf der Place Grenette.

Die charmante Altstadt ist zu Fuß schnell erreicht und wenn Sie der grün gepunkteten Linie auf der Karte folgen, gehen Sie mit uns etwa 4 Kilometer. Die **Porte de France**, das Stadttor, an dem wir schon vorbeigefahren sind, liegt als erstes auf dem Weg. Es ist Teil der alten Stadtbefestigung aus dem frühen 17. Jahrhundert. Vom

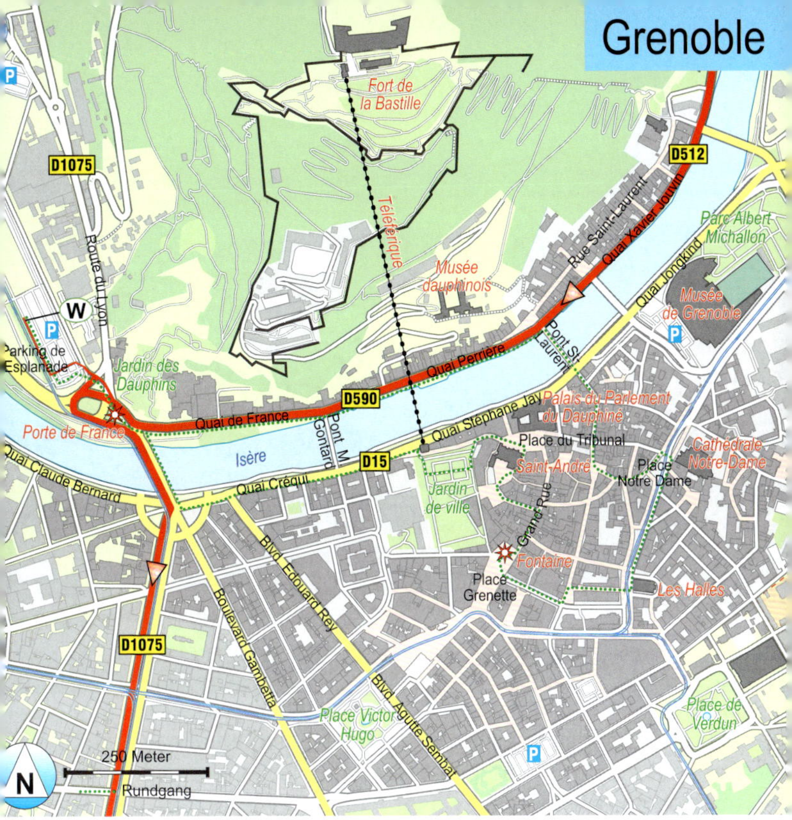

Nordufer der **Isère** hat man einen schönen Blick auf die Altstadt von GRENOBLE. Wir folgen dem Gehweg entlang der Straße bis zur Hängebrücke **Pont St-Laurent** und überqueren hier die **Isère**. Die Kathedrale im romanischen Stil ist nicht sonderlich beeindruckend, wir gehen nur daran vorbei. Wer

Gondeln des Téléférique, die zur Festung hinauffahren.

Blick von der Aussichtsterrasse auf Grenoble, die Isère und den Vercors.

die Bordküche mit kulinarischen Genüssen auffüllen möchte, der findet in der Markthalle **Les Halles** leckere regionale und überregionale Produkte. Käse, Fleisch- Wurstwaren und natürlich erlesene Weine werden hier an den Verkaufsständen angeboten. Natürlich findet man hier auch die Walnüsse, für deren Anbau die Region um GRENOBLE bekannt ist. Mit der **Noix de Grenoble** hat man inzwischen sogar ein AOC-Schutzsiegel (Appellation d'Origine Contrôlée) bekommen, das die Qualität und Werbewirksamkeit fördern soll. Durch die Markthalle zu gehen ohne die Einkaufstasche zu füllen, fällt schon schwer. Überflüssig zu erwähnen, das man hier keine Supermarktpreise erwarten darf. Exquisites ist nun mal etwas teurer.

Weiter geht der kleine Rundgang durch die Altstadt mit der zuweilen recht schönen Bausubstanz, die Ende des 19. Jahrhunderts entstanden ist. Nach der **Place Granette** erreichen wir die Kirche **Saint-André** und kommen danach zum **Place du Tribunal**. Optisch wirkt die Kirche, deren Gründung auf das 13. Jh. zurückgeht, sehr harmonisch. Ihr Kirchturm dominiert die Silhouette der Altstadt wesentlich mehr, als der Turm der Kathedrale, der im Vergleich dazu kaum auffällt. Durch den **Jardin de Ville**, eine mit Blumenrabatten angelegte Gartenanlage erreichen wir dann die **Seilbahnstation**.

Für 8,20 € p.P. erstehen wir Tickets (aller/retour) und lassen uns in einer dieser kugelförmigen Gondeln, hier umgangssprachlich **„bulles"** genannt zur Festung hochfahren.

Oben angekommen geht es natürlich gleich zielstrebig zur Aussichtsterrasse. Uns zu Füßen liegt GRENOBLE mit seinen Vorstädten, inzwischen eine große Agglomeration mit mehr als 500.000 Einwohnern. Wir sehen die **Isère** und am rechten Bildrand und die Mündung des **Drac** in diesen Fluss. Beide Flüsse bzw. deren Täler werden uns im weiteren Verlauf unserer Reise an anderen Stellen noch mehrmals begegnen. Im Hintergrund auf der rechten Seite ist der **Vercors** deutlich sichtbar, mit diesem Gebirge werden wir uns auf den nächsten Seiten noch eingehend beschäftigen.

Auf der Aussichtsterrasse finden Sie eine ganze Reihe von Schautafeln, die Erläuterungen zu den Baumeistern geben und die Gründe für den Bau dieser Festung darlegen, die übrigens nie angegriffen wurde. **Lesdiguières**, der die **Porte de France** unten am Parkplatz im frühen 17. Jh. errichten ließ ist einer von ihnen. **Vauban** darf natürlich nicht fehlen, der hier einen Plan für die Befestigung der Stadt zur Verteidigung gegenüber Savoyen, das zu seiner Zeit noch nicht zu Frankreich gehörte, entwarf. Und dann ist noch der **General Haxo** zu nennen, der die Festung später „uneinnehmbar" umgestalten ließ. Nach dem deutsch-französischen Krieg von 1870/71 wurde sie dann mit anderen Forts in der Umgebung in das **Système Séré de Rivières** integriert und nochmals umgestaltet. Die militärische Nutzung ist schon vor langer Zeit aufgegeben worden. Schon früh erkannte man in GRENOBLE den touristischen Wert dieser Anlage und ließ schon 1934 eine Seilbahn errichten. Heute fahren pro Jahr mehr als 300.000 Besucher mit den „bulles“ nach oben und nach unten, genießen die Aussicht und viele davon lassen sich im Restaurant, das es hier natürlich auch gibt, verwöhnen. Wie viele den Weg zu Fuß zum **Fort de la Bastille** durch den **Jardin des Dauphins** oder von den im Stadtplan ersichtlichen zwei weiteren Zugangsmöglichkeiten wählen, ist nicht bekannt.

Für das sicher sehr interessante **Musée dauphinois**, das in einem aufgegebenen Kloster aus dem 17. Jahrhundert untergebracht ist und sich archäologischen und historischen Themen widmet, haben wir uns keine Zeit genommen. Auch haben wir das **Musée de Grenoble**, mit zahlreichen Werken der klassischen und zeitgenössischen Kunst nicht besucht, auch wenn es zu den besten Museen zählt, die Frankreich zu bieten hat.

Wenn es spät geworden ist in GRENOBLE und ein Übernachtungsplatz gesucht wird, dann können wir den kostenlosen offiziellen Stellplatz in SASSENAGE empfehlen. Er ist rund 10 Kilometer vom Parkplatz l'Esplanade entfernt.

(065) Offizieller WOMO-Stellplatz: Sassenage, Aire Municipale

GPS: N45°12'49.5" E5°40'07.8"; Rue Pierre de Coubertin, 38360 Sassenage
max. Womos: 10, maximale Länge 12 m
Ausstattung: ebene befestigte Plätze, mit Wasserver- und Abwasserentsorgung (mit Bodeneinlass), Kassettenentleerung, Behälter für die Müllentsorgung, ganzjährig geöffnet, maximale Aufenthaltsdauer 48h.

Lage: Ortsrand, neben Sportanlagen und einem Fischgewässer in einer parkähnlichen Anlage in unmittelbarer Nähe.
Preise: kostenlos.
Zufahrt: Von der Hauptstraße D1532 der Wegweisung zum "Ensemble Sportif Pierre de Coubertin" folgen.

Es ist angenehm ruhig hier und der See mit der Parkanlage in unmittelbarer Nähe lädt zu einem kleinen Spaziergang ein. Sehenswert sind das Schloss **Château de Sassenage** (http://www.chateau-de-sassenage.com/), das Sie vom Stellplatz nach einem Fußweg von 800 Metern erreichen können und die **Grotte les Cuves de Sassenage** (http://www.sassenage.fr/content/grotte-les-cuves), die sich einen Kilometer hinter dem Schloss befindet. Mit dem WOMO können Sie dort nicht hinfahren, Sie werden keinen Parkplatz finden. Darüber hinaus ist zu beachten, dass die letzten Meter des Fußweges zur Grotte einen ordentlich Anstieg bedeuten. Auf relativ kur-

See und Parkanlage in unmittelbarer Nähe des Stellplatzes Sassenage.

Schlucht im Vercors.

zer Distanz sind hier 100 Höhenmeter zu überwinden.

War die Fahrt durch das **Massif de la Chartreuse** landschaftlich schon sehr beeindruckend, so bietet die Fahrt in den **Vercors** noch eine deutliche Steigerung im Anblick von spektakulären Schluchten und Gebirgszügen. Das beginnt schon mit der 22 Kilometer langen Fahrt von SASSENAGE nach LANS-EN-VERCORS. Langsam schraubt sich die D531 in die Höhe und bis man das Hochtal erreicht hat, sind enge Schluchten zu durchqueren.

(066) Offizieller WOMO-Stellplatz: Lans-en-Vercors, Aire Municipale

GPS: N45°07'27.2" E5°35'29.8";
Route de Saint Donat, 38250 Lans-en-Vercors
max. Womos: >20, maximale Länge 12 m
Ausstattung: ebene Plätze, mit Wasserver- und Abwasserentsorgung (mit Bodeneinlass), Kassettenentleerung, Behälter für die Müllentsorgung, ganzjährig geöffnet.

Lage: Ortsrand, neben einem Skilift und einem Übungsgelände für Gleitschirmflieger. Nachts sehr ruhig.
Preise: kostenlos.
Zufahrt: Am ersten Kreisverkehr nach der Ortseinfahrt die dritte Ausfahrt nehmen. Nach 650 Metern vor der Kirche über den Marktplatz fahren und der Straße weitere 500 Meter bis zum Platz folgen.

Auf dem Marktplatz von Lans-en-Vercors.

Eine sehr schöne Fahrt, die auf der gut ausgebauten Straße auch problemlos zu bewältigen ist. Im Hochtal angekommen wird es schon fast wieder langweilig. Der Höhenunterschied ist schon recht ordentlich. Befanden wir uns in SASSENAGE an der **Isère** noch auf ungefähr 200 Metern Meereshöhe, so sind wir hier im Hochtal auf rund 1000 Meter. Das ist ein Unterschied, den man in den Temperaturen deutlich spürt. Hier oben ist es drei bis vier Grad frischer als unten im Tal. Der **Vercors** wurde verkehrstechnisch recht spät erschlossen, erst im 20. Jh. wurden richtige Straßen in diese Höhenlage gebaut. Den olympischen Winterspielen von 1968 in GRENOBLE verdankt der **Vercors** den gut ausgebauten Zugang im Norden, also der Straße die von SASSENAGE nach LANS führt. Hier oben herrschen z.B. für den Skilanglauf im Winter gute Bedingungen. Das haben die Organisatoren der Winterspiele genutzt und hier einige Wettbewerbe ausgerich-

(067) Offizieller WOMO-Stellplatz: Villard-de-Lans, Aire de Camping-Car

GPS: N45°03'58.9" E5°33'20.7";
Chemin des Bartavelles, 38250 Villard-de-Lans
max. Womos: 20, maximale Länge 12 m
Ausstattung: ebene asphaltierte Plätze mit Tischen und Bänken, Behälter für die Müllentsorgung, ganzjährig geöffnet.

Lage: Ortsrand, neben einer Lauftrainingsanlage.
Preise: kostenlos.
Zufahrt: Am dritten Kreisverkehr nach der Ortseinfahrt die dritte Ausfahrt nach Villard-Centre nehmen. Nach 600 Metern vor dem Hotel La Roseraie rechts abbiegen und noch weitere 300 Meter fahren.

tet. Um einen reibungslosen Ablauf zur gewährleisten, musste allerdings der Zugang in das Hochtal verbessert werden. So wurde für die Besucher und Sportler die Straße dorthin verbreitert und gut ausgebaut. Da hat man heute noch etwas davon. Der **Vercors** hat in seiner touristischen Attraktivität dadurch sicher gewonnen. Auch heute stehen dabei sportliche Aktivitäten im Vordergrund, denn Schlösser und Burgen werden Sie hier vergeblich suchen. Gleitschirmfliegen, wie in LANS-EN-VERCORS gehört dabei zu den neueren Trendsportarten. Wandern, Bergsteigen, Rad fahren, im Winter natürlich der Skilanglauf, das sind die klassischen sportlichen Aktivitäten, die hier nach wie vor betrieben werden. Eine weitere ist der Dauerlauf. Hier ist VILLARD-DE-LANS der ideale Ort, um das eigene Lauftraining zu perfektionieren. Mehrere ausgeschilderte Strecken aller Schwierigkeitsgrade stehen zur Wahl ob 5 oder 50 Kilometer, ob mit starken Steigungen oder weniger starken, es ist alles dabei. Wer erst einmal üben möchte, der nimmt den Hügel in Sichtweite des Stellplatzes und läuft auf eine der markierten Strecken. Sie sind Teil des Trainingszentrums, das sich in unmittelbarer Nähe des Stellplatzes befindet. Mehr Informationen dazu finden Sie hier: https://stationdetrail.com/de/stations/vercors-villard-de-lans.

Die beiden Städtchen LANS-EN-VERCORS und VILLARD-DE-LANS weisen keine großen markanten Unterschiede auf. Entscheidend ist hier allein die Naturlandschaft und welcher Betätigung man nachgehen möchte. Wandern kann man hier überall, die Zahl der Wanderwege ist kaum überschaubar. Dennoch gibt es den einen oder anderen, der besonders spektakulär ist. Einer führt hoch zu einem der höchsten Berge des **Vercors** zum 2284 Meter hohen **Grand Moucherolle**. Um dort hinzugelangen, fahren wir von VILLARD-DE-LANS noch 8 Kilometer weiter nach CORRENÇON-EN-VERCORS.

(068) Offizieller WOMO-Wanderparkplatz: Corrençon-en-Vercors, Le Clos de la Balme

GPS: N45°01'15.8" E5°31'44.1";
Le Clos de la Balme, 38250 Corrençon-en-Vercors.

max. Womos: >10, maximale Länge 12 m
Ausstattung: asphaltierter Platz mit leichtem Gefälle, Behälter für die Müllentsorgung, ganzjährig geöffnet.
Lage: Waldrand, kaum Schatten, neben Skilift und einem Wintersporthotel.
Preise: kostenlos.
Zufahrt: Von Corrençon-en-Vercors die D215 am Golfplatz vorbei bis zum Ende durchfahren.

Blick vom Skihang auf Corrençon-en-Vercors.

Wir stellen das WOMO auf dem riesigen Parkplatz in der Nähe eines Skiliftes ab, der auch als Ausweichparkplatz dienen kann, wenn die beiden vorgenannten Stellplätze belegt sein sollten. Der Parkplatz hier wirkt recht trist, aber wir sind nicht hergekommen, um hier zu verweilen und die Stühle raus zu stellen, sondern um die Wanderschuhe zu schnüren und den Hang zum **Grand Moucherolle** hochzugehen, den man übrigens auf dem Stellplatzfoto auf der vorangegangenen Seite gut sehen kann. Dabei ist es nicht das Ziel, ganz oben

Blick aus der Nähe des Grand Moucherolle auf die Gebirgskette des Vercors.

auf den 2284 Meter hohen Berg anzukommen. Die Nähe reicht schon, um die Kette des **Vercors** in ihrer ganzen Pracht bewundern zu können.

Um in diesen Genuss kommen zu können, ist eine Wanderung von 5 Kilometern Länge nötig. Diese Distanz in der Ebene zu gehen ist ja geradezu anstrengungsfrei möglich. Das ist hier allerdings etwas anders, hier geht es stetig bergan. Vom Platz zum Aussichtspunkt sind 800 Meter Höhenunterschied zu bewältigen und das zumeist auf grob geschotterten Wegen. Nur die ersten Meter, die an Pferdekoppeln vorbeiführen, sind noch ohne Anstieg. Man wird hier also den einen oder anderen Schweißtropfen verlieren und tut gut daran, den Rucksack mit ausreichendem Getränkevorrat und einem kleinen Vesper dabei zu haben. Unter 5-6 Stunden ist dieser Weg hin und zurück für den normal geübten Wanderer nicht zu machen.

Der Blick auf dem Bild unten geht nach Süden. Auf der linken Seite sieht man im Hintergrund den **Mont Aiguille** wie einen Tafelberg säulenhaft aus seiner Umgebung hervortreten. Den werden wir auf der weiteren Reise noch näher betrachten. Das Hochtal des **Vercors** ist auf diesem Bild nicht zu sehen, es befindet sich rechts hinter der schräg abfallenden Gebirgskette. Auf dem Rückweg hat man dagegen das Hochtal im Blick, wie das Bild links oben zeigt.

Nach einer Rast und einer ruhigen Nacht geht die Fahrt weiter. LA CHAPELLE-EN-VERCORS ist das nächste Ziel. Dieser Ort hat neben einem Stell- auch einen Campingplatz aufzuweisen.

(069) Offizieller WOMO-Stellplatz: La Chapelle-en-Vercors

GPS: N44°58'07.2" E5°24'59.5";
Champ-Morand, 26420 La Chapelle-en-Vercors.
max. Womos: 5, maximale Länge 12 m
Ausstattung: ebene Plätze, mit Wasserver- und Abwasserentsorgung (mit Bodeneinlass), Kassettenentleerung, Behälter für die Müllentsorgung, ganzjährig geöffnet.

Lage: Ortsrand, neben dem Campingplatz.
Preise: kostenlos, Grauwasserentsorgung sowie Kassettenentleerung ebenfalls kostenlos, Frischwasser 3,00 € nur mit Jeton, den man auf dem Campingplatz kaufen kann.
Zufahrt: In der Ortsmitte am Marktplatz links abbiegen und jeweils rechts an Kirche und Rathaus vorbeifahren, 200 Meter.

(070) WOMO-Campingplatz-Tipp: La Chapelle-en-Vercors – Les Bruyères

GPS: N44°58'07.2" E5°24'59.5";
Avenue des Bruyères, 26420 La Chapelle-en-Vercors.
max. Womos: >5, maximale Länge 8 m
Ausstattung: ebene Anlage mit Stromanschlüssen an allen Plätzen.

Lage: Ortsrand, sehr ruhig und weitläufig.
Preise: 15,50 € pro Fahrzeug mit 2 Personen, ab zwei Nächten 14,00 €. Wasserver- und Abwasserentsorgung sind im Preis enthalten, Strom 3,50 € pro Tag.
Zufahrt: In der Ortsmitte am Marktplatz links abbiegen und jeweils rechts an der Kirche und links am Rathaus vorbeifahren, 300 Meter.

Diese kleine Gemeinde mit ihren 670 Einwohnern ist, wie die anderen beschriebenen Orte im **Vercors**, ebenfalls ein guter Standort für Wanderungen oder Radtouren in die landschaftlich reizvolle Umgebung. Kleiner Unterschied: Hier gibt es zusätzlich ein Freibad und man höre und staune seit neuestem auch eine Brauerei (https://www.brasserie-du-slalom.fr/) die verschieden Biersorten anbietet, die man vor Ort kaufen kann. Die Adresse lautet: Brasserie du Slalom, Avenue des Sources, 26420 La Chapelle-en-Vercors. Wir haben das Bier noch nicht probiert, können dazu also nichts weiter sagen.

Ortsmitte von La Chapelle-en-Vercors.

Auch haben wir uns entschieden die **Grotte la Draye Blanche** südlich dieses Ortes nicht zu besuchen, die Sie an dieser Position finden (**GPS:** 44°56'21.4" E5°23'06.6"). Wir werden das bei der nächsten Auflage nachholen. Es scheint uns aber keine der Höhlen zu sein, die man unbedingt besucht haben muss. Auch haben wir uns gegen eine Fahrt durch die **Grand Gulets**, eine sicherlich spektakuläre Schlucht die in Richtung VALENCE führt entschieden. Diese mit einzubinden würde uns zu sehr aus unserem Reisegebiet führen.

Die weitere Fahrt hinunter nach DIE und damit hinaus aus dem Hochtal des VERCORS ist keineswegs langweilig. War die Fahrt von SASSENAGE hoch in das Tal schon sehr beeindruckend, so ist die Fahrt jetzt geradezu atemberaubend. Leider kann man nicht überall dort halten, wo man möchte. Zu eng sind die Straßen, Parkplätze am Rand gibt es kaum, nur die eine oder andere Nothaltebucht und die sollten den Notfällen vorbehalten bleiben. So muss man sich leider auf die wenigen Plätze beschränken, die zum Halten und Aussteigen geeignet sind.

Felsformation auf dem Weg nach Die.

Blick vom Belvédère du Col du Rousset auf einen Gebirgsstock des Vercors.

Der **Belvédère du Col du Rousset** ist so ein Platz er liegt oberhalb der serpentinenreichen Strecke die hinunter nach DIE führt. Von hier aus sind noch etwas mehr als 20 Kilometer in diese Kleinstadt an der **Drôme** zu fahren.

(071) Offizieller WOMO-Stellplatz: Die, Aire de Camping-Car

GPS: N44°45'03.3" E5°22'23.8"; 3 Boulevard du Maréchal Leclerc, 26150 Die.
max. Womos: 10, maximale Länge 12 m
Ausstattung: ebene Plätze, Behälter für die Müllentsorgung, ganzjährig geöffnet.

Lage: Ortsrand, 500 Meter bis zum historischen Zentrum.
Preise: 9,00 € pro Fahrzeug mit 2 Personen.
Zufahrt: Zu erreichen ist der Platz über die Ortsentlastungsstraße D238, die südlich um das Städtchen herumführt. Folgen Sie den Parkplatzhinweisen, denn ein großer PKW-Parkplatz befindet sich direkt neben dem Stellplatz.

Die Ursprünge des Ortes reichen weit zurück. Schon vor der römischen Zeit bestand hier eine Siedlung. Unter der römischen Herrschaft wurde eine Stadtbefestigung angelegt und **Dea Augusta Vocontiorum** wie die Römer diese Stadt nannten gelangte zu einer ersten Blütezeit. Noch heute sind Reste der römischen Stadtmauer zu sehen besonders

(072) WOMO-Campingplatz-Tipp: Die, Camping de Justin

GPS: N44°45'02.4" E5°21'58.9"; Quartier du Pont Rompu, 26150 Die.
max. Womos: > 10, maximale Länge 8 m.
Ausstattung: ebene schattige Plätze, Freibad, geöffnet von Ende April bis Ende Sept.
Lage: Ortsrand, an der Drôme, 600 Meter bis zum historischen Zentrum.
Preise: 17,00 € pro Fahrzeug mit 2 Personen in der Hochsaison, 13,00 -15,00 € in der Nebensaison, Strom 3,50 €.
Zufahrt: Zu erreichen ist der Platz über die Ortsentlastungsstraße D238, die südlich um das Städtchen herumführt. Den Hinweisen zum Campingplatz folgen, gut ausgeschildert.

eindrucksvoll ein altes Stadttor am Nordrand der Stadt. Die größeren Teile der römischen Stadtmauer befinden sich aber in einem eher beklagenswerten Zustand. Beachtenswert ist auch die **Kathedrale**, die mit ihrer offenen Stahlkonstruktion als Turmspitze auf einem neugotischen Unterbau recht kurios wirkt. Mehr zur Geschichte dieser Stadt erfährt man im **Musée Archéologique de Die et du Diois**, das sich in der Rue Camille Buffardel befindet. Ob sich ein Besuch des Museums lohnt, können Sie hier nachschauen: www.museededie.org.

Blick in die Kathedrale von Die.

Rund um den Platz der Republik **(Place de la République)**, der die Mitte des provenzalisch anmutenden Ortes bildet, befinden sich einige wenige Restaurants, die ihren Gästen auch draußen ihre Menüs und ihre Getränke anbieten. Mittwochs und samstags findet auf diesem Platz ein Markt statt, auf dem überwiegend regionale Produkte angeboten werden. Eine gute Gelegenheit sich mit Käse, Wurst, Wein und frischem Obst und Gemüse einzudecken.

Die Place de la République in Die.

Wie bei all den anderen Orten im **Vercors**, können Sie auch dieses Städtchen als guten Standort für Ausflüge mit dem Rad oder mit den Wanderschuhen betrachten. Für eine Wanderung vom Campingplatz Justin zum Kreuz des Berges **Justin** auf 975 Metern Höhe benötigen Sie etwa 2 Stunden. Auch wenn die Höhe deutlich niedriger ist, als die im **Vercors**, so ist die Aussicht vom Hausberg des charmanten Ortes DIE dennoch fantastisch.

Beliebt ist dieser Berg auch bei Gleitschirmfliegern die hier von einer Plattform starten.

Wir starten auch und zwar zu unserem nächsten Ziel.

Parallel zur **Drôme** fahren wir flussaufwärts zunächst 6 Kilometer durch eine Obst- und Weinbaulandschaft bis zu dem kleinen Ort PONT-DE-QUART. Hier biegen wir direkt vor der Brücke über die **Drôme** links ab. An dieser Kreuzung ist unser Ziel der **Col de Menée** auch bereits ausgeschildert. Im weiteren Verlauf der Strecke werden die landwirtschaftlich genutzten Flächen immer kleiner, Wälder schließen sich an und die Straße schraubt sich immer höher. 30 Kilometer haben wir von der **Drôme** bis zum **Col de Menée** zu fahren und gewinnen dabei etwas mehr als 1000 Höhenmeter.

Unter dem Pass führt seit langer Zeit ein Tunnel hindurch. Direkt vor der Tunneleinfahrt gibt es auf der rechten Seiten einen Parkplatz, diesen steuern wir an (**GPS:** N44°45'25.2" E5°36'08.4").

Es ist ein Platz, der sich unserer Ansicht nach nicht für eine Übernachtung eignet, verboten wäre es zwar nicht, aber wir sehen ihn so direkt neben der Tunneleinfahrt nur als reinen Wanderparkplatz an.

Der Weg zu dem Aussichtspunkt ist kurz. Einmal die Straße überque-

Auf der D120, der Straße zum Col de Menée.

Der Wanderweg zum Col de Menée. Unten ist der Wanderparkplatz zu sehen.

ren und den schmalen Pfad hinaufgehen, oben auf dem eigentlichen Pass nach links orientieren und dem Trampelpfad folgen und schon ist man da und hat eine Aussicht vor Augen, wie sie auf dem Bild unten zu sehen ist, vorausgesetzt das Wetter spielt mit.

Im linken Teil des Bildes ist der 2087 Meter hohe **Mont Aiguille** zu sehen. In der Mitte der Seite ist als höchste Spitze der 2284 Meter hohe **Grand Moucherolle** zu sehen aus dessen Nähe das Bild auf der Seite 114 aufgenommen wurde. Ging die Blickrichtung dort von Nord nach Süd, so ist es jetzt umgekehrt. In der Mitte des Bildes befindet sich ein Gebirgszug, rechts davon eine Tallandschaft, die vom **Drac** durchflossen wird und wo sich der **Lac de Monteynard-Avignonet** befindet, ein Stausee, den wir auf dieser Tour auch noch besuchen werden.

Der **Mont Aiguille** (wörtlich übersetzt = Felsnadel) ist der Paradeberg des **Vercors** und wohl in allen Werbeprospekten für diese Region abgebildet. Seine markante, pultartige Form mit 300 Meter hohen Steilwänden und einer Blumenwiese auf dem Plateau ist für einen normalen Wanderer nicht zu erreichen. Um auf diesen Klotz zu kommen, brauchen Sie schon Erfahrung als Bergsteiger und natürlich auch die entsprechende Ausrüstung dazu. Nichts für uns. Aber wenn Sie das können vom Stellplatz HAMEAU RICHARDIÈRE (siehe

Der 2087 Meter hohe Mont Aiguille.

nächste Seite) können Sie starten. Bestiegen werden darf dieser Gebirgsblock. Im Alpinismus hat dieser Berg sogar Geschichte geschrieben, denn seine Erstbesteigung zählt zu den ganz frühen Ereignissen der Klettersportler. Im Mittelalter gab man ihm dem Namen **"Mons Inaccessibilis"**, weil er als unbesteigbar galt. Nun hatte man zu dieser Zeit sicherlich auch wenig Sinn für Freizeitgestaltung dieser Art und natürlich stand in keinem Freizeitmagazin oder Reiseführer eine Beschreibung dieses Berges. Das gab es eben alles noch nicht. Aber man berichtete **König Karl VIII.** von Frankreich

Blick vom Aussichtspunkt am Col de Menée auf den Vercors.

(073) Offizieller WOMO-Stellplatz: Chichilianne, Aire de Services de Passières

GPS: N44°48'44.3" E5°34'31.1"; Lieu-dit l'Eglise, 38930 Chichilianne
max. Womos: 10, maximale Länge 8 m
Ausstattung: ebene Plätze, mit Wasserver- und Abwasserentsorgung (mit Bodeneinlass), Kassettenentleerung, Behälter für die Müllentsorgung am Ortseingang, geöffnet von März bis Oktober.

Lage: fast Ortsmitte, trotzdem ruhig.
Preise: 10,00 € pro Fahrzeug mit 2 Personen, Abwasserentsorgung kostenlos, Frischwasser 3,00 €, nur mit Jetons, die es bei der "Mairie" oder im Restaurant "Le Randonneur" in der Ortsmitte (250m) zu kaufen gibt.
Zufahrt: Der Stellplatz befindet sich 300 m hinter dem Ortseingangsschild.

(074) Offizieller WOMO-Stellplatz: Chichilianne, Hameau Richardière

GPS: N44°49'21.2" E5°32'55.5"; Richardière, 38930 Chichilianne
max. Womos: 5, maximale Länge 8 m
Ausstattung: gemischter unebener geschotterter Platz, mit Behälter für die Müllentsorgung, geöffnet von Mrz. bis Okt.

Lage: Im Weiler Richardière neben einem Hotel/Restaurant.
Preise: 10,00 € pro Fahrzeug mit 2 Personen.
Zufahrt: Von Chichilianne über die D7B weiterfahren bis zum Weiler Donnière und weiter über eine schmale Brücke, danach gleich links abbiegen in den Weiler Richardière.

von diesem wundersamen Berg und er ließ im Jahre 1492 eine Besteigung mit einer groß angelegten Expedition vornehmen und oben auf dem Plateau ein Gipfelkreuz errichten. Erst im Jahr 1834 wurde der **Mont Aiguille** zum zweiten Mal bestiegen und mit dem Beginn des modernen Alpinismus baute der Club Alpin Français 1878 die Westroute, den Weg der Erstbesteigung, teilweise zu einem Klettersteig aus. Dieser Weg ist immer noch der leichteste, der zum Plateau führt. Mittlerweile gibt es aber auch einige weitere mit den unterschiedlichsten Schwierigkeitsgraden. Nähere Infos dazu finden Sie hier: http://www.chichilianne.fr/.

Für uns bleibt der Gebirgsklotz ein **"Mons Inaccessibilis"**. Wir freuen uns darüber in CHICHILIANNE, das wir vom **Col de Menée** nach 10 Kilometern erreichen, einen wunderbaren und ruhigen Stellplatz vorfinden, der selbst in der Hochsaison noch freie Plätze aufweist und genießen auch von hier den Blick auf den **Mont Aiguille**.

Der Ort ist ein kleines Bergdorf mit 275 Einwohnern. Die Häuser gruppieren sich im Wesentlichen eng um die für die Bevölkerungszahl erstaunlich große Kirche. Darüber hinaus gibt es auf der Gemarkung einige Gehöfte, darunter auch einige Höfe, die Reiterferien anbieten. Zwei Weiler LES OCHES und RICHARDIÈRE vervollständigen den Ort. Da er abseits der großen Straßen liegt, gibt es keinen Durchgangsverkehr, ein schön verträumtes, abseits gelegenes Bergdorf also. Wäre bei unserem Besuch nicht gerade Markt gewesen, wir hätten vermutlich kaum jemanden auf der Straße angetroffen.

Die Kirche in Chichilianne.

Marktstand in Chichilianne.

Wer gern mit einem Tourenrad oder Mountainbike unterwegs ist, der findet hier in der hügeligen Landschaft um und am **Mont Aiguille** eine Fülle von Wegen, die sich gut befahren lassen. Man kann dabei diesen Berg aus allen Richtungen immer wieder neu betrachten.

Wir machen uns nunmehr auf den Weg zum nächsten Ziel. Die schmale D7 führt uns rasch zur D1075 der ehemaligen RN75, eine breit und sehr gut ausgebaute Straße, die das Ende der A51 südlich von GRENOBLE mit SISTERON im Süden verbindet, wo man wieder Anschluss an die A51 hat. Eine vielbefahrene Hauptdurchgangsstraße also, auf der viel LKW-Verkehr herrscht. Wir fahren diese Straße aber nur 14 Kilometer, dann beginnt bereits die Autobahn. Wir fahren im Kreisverkehr an der Autobahnzufahrt vorbei und halten uns an die Richtungshinweise nach MONESTIER-DE-CLERMONT, durchfahren den Ort in Richtung SINARD und von dort weiter nach TREFFORT.

(075) Offizieller WOMO-Stellplatz: Lac de Monteynard Avignonet

GPS: N44°54'19.3" E5°40'18.8"; Parking de la Salette, 38650 Treffort
max. Womos: > 30, maximale Länge 10 m

Ausstattung: Hinter der Schranke mehrere weitgehend ebene Plätze auf drei Ebenen, mit Wasserver- und Abwasserentsorgung (mit Bodeneinlass), Kassettenentleerung, Behälter für die Müllentsorgung, 8 Stromanschlüssen an einfachen Säulen auf der mittleren Ebene, geöffnet von Mai bis Oktober, max. Aufenthaltsdauer 7 Tage. Wer den Platz auf der mittleren Ebene durchfährt und dem Asphaltsträßchen am Ende des Platzes folgt, gelangt zu einem weiteren sehr viel ruhigeren Platz am Ufer des Sees. Hier ist die Böschung allerdings sehr steil und der Zugang zum See nicht so einfach.
Lage: Direkt am Lac de Monteynard-Avignonet.
Preise: 10,00 € pro Fahrzeug mit 2 Personen, zahlbar mit Münzen oder EC-Karte, Wasserver- und Abwasserentsorgung sowie Strom sind im Preis enthalten. Die Preise gelten nur für die Hauptsaison. In der Vor- und Nachsaison ist der Platz an den Wochentagen nahezu verwaist. Dann sind die Schranken offen und man kann ungehindert auf den Platz fahren. Strom und Wasserversorgung funktionieren aber trotzdem kostenlos. Das Bild links zeigt den Platz im Oktober.
Zufahrt: Ab Sinard auf der D110B den Hinweisschildern "Le Lac, Base touristique" folgen.

TREFFORT fahren wir nicht direkt an, sondern nehmen die Zufahrt zur **Base touristique**, die um den Ort herumführt. Hatten wir am **Mont Aiguille** noch Ruhe und Stille, so ist es hier damit vorbei. Dicht gedrängt stehen hier die WOMOs und die Tagestouristen aus GRENOBLE und anderen Orten mit ihren PKWs. Alle treibt es hier auf das Wasser und in die umliegenden Berge. Baden ist hier offiziell nicht gestattet, Wassersport darf auf diesem See aber betrieben werden. So geben sich die "normalen" Windsurfer hier ein Stelldichein und die Kitesurfer sausen hier in großer Zahl mit so einem atemberaubenden Tempo über den See, das einem schon vom Zusehen schwindelig wird.

Kitesurfer auf dem Lac de Monteynard-Avignonet in voller Fahrt.

In den Sommermonaten und an den Wochenenden in der Vor- und Nachsaison ist eine Seekreuzfahrt mit einer anschließenden Wanderung eine sehr beliebte Unternehmung hier am See. Mit Rastzeiten kann man dafür getrost einen ganzen Tag einplanen.

Am Eingangsbereich des Stellplatzes befindet sich der Ticketschalter für das Schiff **La Mira**. Für 6,00 € kann man sich auf die andere Seite des Sees fahren lassen und dort in MAYRES-SAVEL die fast 13 Kilometer lange Wanderung beginnen. Die Überfahrt dauert ca. 15 Minuten.

Blick vom Wanderweg auf den Lac de Monteynard-Avignonet.

Die Wanderung führt durch Wälder und Wiesen und über Stock und Stein. Eine ganze Reihe von Steigungen und Gefällstrecken gilt es zu meistern. Ein Spazierweg ist das nicht. Aber der Weg ist spannend, sehr spannend. Nach drei Kilometern ist die Brücke über den **Drac** erreicht. Ein Steg mit 1,2 Metern Breite und einer Länge von 220 Metern führt in einer Höhe zwischen 45 und 85 Metern über den See. Bei Wind

Die Passerelle de l'Ebron.

schwingt die Brücke ein wenig und wenn viele unterwegs sind findet sich auch noch gern der eine oder andere der durch Wippbewegungen etwas nachhilft. Nach dieser Brücke geht es 5 Kilometer wieder über Stock und Stein weiter bis zur nächsten Brücke. Dazwischen befinden sich im Wald einige Rastplätze die zum Teil eine schöne Aussicht auf den See bieten und zum Verweilen einladen. Hat man die zweite Brücke, die **Passerelle de l'Ebron** überquert, sind es noch mal 5 Kilometer bis man wieder am Stellplatz angelangt ist. Nach dieser Wanderung ist eine längere Pause vonnöten bevor es auf unserer Reise weitergeht. Wir probieren eines der kleinen Restaurants am Rande des Platzes aus, die nur in der Hochsaison geöffnet haben. Über die Qualität schreiben wir hier lieber nichts.

Am nächsten Tag fahren wir vom **Lac de Monteynard-Avignonet** über TREFFORT zurück nach SINARD und von dort über die D1075 parallel zur Autobahn nach VIF. Ziel ist der **Grand Lac de Laffrey**. Hinter VIF führt auf der D529 eine Brücke über den **Drac**. Vorher gibt es keine Möglichkeit den Fluss zu überqueren. Wer mit einem Fahrzeug unter 2,4 m Höhe unterwegs ist, kann im weiteren Verlauf die Abkürzung nach NOTRE-DAME-DE-MÉSAGE nehmen, alle anderen bleiben auf der D529, bis diese auf die N85 trifft, erst dann geht es rechts ab. Nun befinden wir uns auf der **Route Napoléon**, der Straße, die der Marschroute folgt, die **Napoleon I.** (1769–1821) von der Insel Elba kommend 1815 durch den Süden Frankreichs nahm, um nach Paris zu eilen und seine verlorene Macht zurückzuerobern. In LAFFREY kam es dabei zu einer denkwürdigen Begegnung, ein großes Reiterstandbild erinnert daran. Für Besucher ist das „Feld der Begegnung", die **„Prairie de la Rencontre"** leicht zu finden.

Route Napoléon

Wie ein Adler wollte Napoléon fliegen, um in Paris zurück an die Macht zu kommen. Deshalb ist die Route Napoléon teilweise mit diesem Signet des napoleonischen Adlers beschildert. Da er den bequemeren Weg durch das Rhônetal wegen der vielen königstreuen Truppen fürchtete, wählte er mit seinen Anhängern die beschwerliche

Route durch die Alpen. In Tagesmärschen von bis zu 50 Kilometern kämpft er sich Anfang März 1815 bei Schnee und Eis durch die Berge. Ungehindert kann er bis nach Laffrey durchmarschieren.Hier treten ihm königstreue Truppen entgegen, die ihm den weiteren Weg versperren wollen. Nach einer kurzen Aussprache mit dem Befehlshaber der Truppen kann er ihr Vertrauen gewinnen und sie schließen sich ihm an. Den weiteren Weg nach Grenoble und nach Paris konnte nun niemand mehr aufhalten. Wie es wenig später in Waterloo endete ist bekannt.

Reiterstandbild Napoléons auf der Prairie de la Rencontre.

Ein großer Besucherparkplatz befindet sich an der N85 südlich des Ortes, der sich bei näherer Betrachtung als idealer Übernachtungsplatz mit Seezugang erweist. Wenige Meter von diesem Platz entfernt befindet sich eine Freizeitanlage mit Campingplatz, Badestrand und Hochseilgarten. Das Rei-

(076) WOMO-Badeplatz: Laffrey, Prairie de la Rencontre

GPS: N45°01'16.2" E5°46'31.8"; Route Napoléon, 38220 Laffrey.
max. Womos: >10, maximale Länge 10 m.
Ausstattung: Ebene Wiese mit Baumbestand, Behälter für die Müllentsorgung, ganzjährig geöffnet, Restaurant an der Einfahrt, WC am Waldrand.
Lage: Am Ortsausgang von Laffrey in Richtung Grenoble, 150 Meter vom See Grand Lac de Laffrey. Fußweg zum See.
Preise: kostenlos.
Zufahrt: Über die Route Napoléon (N85) den Hinweisen zur Prairie de la Rencontre folgen.

terstandbild Napoléons ist nur 500 Meter entfernt. Im Vorfeld des Standbildes steht ein ganzer Schilderwald mit zahlreichen Tafeln auf denen die Kommentare von Zeitzeugen dieses Ereignisses in französischer und englischer Sprache wiedergegeben werden. Auch eine Karte mit der Marschroute und den Übernachtungsorten **Napoléons** ist hier vorzufinden. Auf unserer Karte am Beginn dieses Kapitels ist der Verlauf der **Route Napoléon** mit einer gepunkteten Linie markiert.

Der **Grand Lac de Laffrey** an dem wir uns hier befinden ist ein natürlicher See eiszeitlichen Ursprungs. Er ist der größte von vier Seen, die hier jeweils getrennt durch einen Moränenwall hintereinander liegen. Der See hat eine maximale Tiefe von 39 Metern und ist etwa 130 Hektar groß. Die

Blick vom Belvédère Olivier Messiaen auf den Grand Lac de Laffrey.

(077) WOMO-Campingplatz: Saint-Theoffrey, Camping Ser-Sirant

GPS: N45°00'01.6" E5°46'39.6"; Chemin du Lavoir, 38119 St-Theoffrey.
max. Womos: >20, maximale Länge 12 m.
Ausstattung: ebene Plätze, mit Wasserver- und Abwasserentsorgung (mit Bodeneinlass), Kassettenentleerung (System Flot Bleu), Behälter für die Müllentsorgung, Stromanschlüsse, WiFi, Badestrand, Bootsverleih, geöffnet von Ende April bis Anfang Oktober.

Lage: Ortsrand, am Seeufer.
Preise: saisonabhängig zwischen 17,50 € und 23,40 € pro Fahrzeug mit 2 Personen, Wasserversorgung 1,50 €, Strom für 24 h 4,50 €, Internetzugang über WiFi ist kostenfrei, Waschmaschine 3,00 €, Trockner 3,00 €, .
Zufahrt: Am Ende des Grand Lac de Laffrey links abbiegen und der Beschilderung zum Campingplatz folgen.

Ufer sind teilweise sumpfig und Brutplätze für die Vogelwelt. Ein Schutzgebiet, das sich auch auf angrenzende Wälder erstreckt, bewahrt vor weiteren menschlichen Eingriffen und gibt dem Naturliebhaber mit Feldstecher ausgerüstet genügend Möglichkeiten Vögel zu beobachten.

Nur an wenigen Stellen ist der Weg zum See frei. Eine schöne Stelle mit Seezugang ist der **Campingplatz Ser-Sirant**. Hier können Kinder am seichten Badestrand bei Wassertemperaturen zwischen 18° und 20° C. im Sommer gefahrlos plantschen. Segeln und Surfen ist möglich und hier kann man sich auch ein Boot mieten und auf das Wasser hinausfahren. Wenn man vorher eine "carte de pêche" erworben hat, ist es auch möglich vom Boot die nächste Mahlzeit selbst zu fischen. Für passionierte Angler sicher eine leichte Aufgabe. Wer, wie wir, mit einer Angelrute nicht umzugehen weiß, der deckt sich im nächsten Supermarkt mit den notwendigen Vorräten ein. Da haben wir auch schon einen in 9 Kilometern Entfernung aus der Rubrik "nicht schön, aber praktisch" anzubieten. Hier können Sie alles Notwendige an einer Stelle erledigen. Die Bordküche mit Vorräten füllen, das Wasser wechseln, die Toilette entleeren und auch tanken.

(078) WOMO-Picknickplatz: Susville, Supercasino

GPS: N44°55'29.1" E5°46'57.1"; ZI de la Mure, 38350 Susville.
max. Womos: 10, maximale Länge 12 m.
Ausstattung: ebene Plätze, mit Wasserver- und Abwasserentsorgung (mit Bodeneinlass), Kassettenentleerung, Behälter für die Müllentsorgung, ein Stromanschluss, ganzjährig geöffnet.

Lage: Parkplatz am Casino-Supermarkt, nicht schön, aber praktisch.
Preise: kostenlos, Kassettenentleerung, Wasserver- und Abwasserentsorgung sowie Strom jeweils 2,00 €, System Flot Bleu zu bezahlen mit EC-Karte.
Zufahrt: Casino-Supermarkt direkt an der N85 in Richtung Gap.

Eine Übernachtung wäre hier am Rande des Platzes zwar theoretisch möglich, aber schön ist es wirklich nicht. Wir empfehlen daher zum Startpunkt der nächsten Tour zu fahren und schon mal zu überlegen, ob Sie ein Kribbeln im Bauch und einen ordentlichen Adrenalinstoss vertragen können oder wollen. Wir reden hier von einem der bekanntesten Orte des Bungee-Jumpings in Frankreich.

Treffort
Lac de Monteynard-Avignonet
Susville
078
La Mure
Ponsonnas
079
Saut à l'élastique
Bungee jumping
Entraigues
075
Mont Aiguille
2087 m
074
Tour 5
Richardière
Chichilianne
073
L'Ébron
Le Drac
Vallée du Drac
D7
D526
Bassin du Trièves
Mens
Sanctuaire de Notre-Dame de la Salette
WC 115
N85
D212C
D1075
D216
Prebois
D66
Col de Menée
1402 m
W
D120
Lalley
Lac du Sautet
Corps
Tour 6
Vercors
D539
Le Drac
N85
D937
D1075
Le Buëch
Dévoluy
La Rochette
Le Beaume
080
Gorges d'Agnielles
081
Saint-Pierre-d'Argençon
Veynes
D994
La Roche-des-Arnauds
119
Gap
082
Aspres-sur-Buëch
Aspremont
Pic d'Oule
1608 m
Base de Loisirs des Iscles
120
D1075
D994
Tour 7
083
N85
Serres
084
D994
Tallard
Base de Loisirs de la Germanette
085 WC
Château
086
D1075
Le Buëch
D1085
D4
A51
Durance
Château de Ventavon
Monêtier-Allemont
1576 m
D942
Claret
D951
D104
Kanuverleih
Laragne Monteglin
087
Thèze
D304
D22
La Motte-du-Caire
Tour 7
D1
La Sasse
Les Armands
WC 088
D4
D951
Massif des Monges
D1075
Châteaufort
la Forge
10 km
D3
090
Sisteron
Authon
Route Napoléon
089
091

TOUR 4 (ca. 140 km)

Ponsonnas – Aspres-sur-Buëch – Veynes – Serres – Laragne Monteglin – Les Armands – Sisteron

Freie Übernachtung:	Ponsonnas, Gorges d'Agnielles, Buëch, Serres.
Offizielle Stellplätze:	Aspres-sur-Buëch, Veynes, Laragne Monteglin, Les Armands, Sisteron.
Campingplätze:	keine.
Ver-/Entsorgung:	Aspres-sur-Buëch, Veynes, Laragne Monteglin, Les Armands, Sisteron.
Besichtigungen:	Aspres-sur-Buëch (Altstadt), Serres (Altstadt), Sisteron (Altstadt und Zitadelle).
Wandern:	Gorges d'Agnielles.
Baden/Wellness:	Veynes, Serres (Base de loisirs de la Germanette).

Nachdem wir unsere Vorräte in SUSVILLE aufgefüllt haben geht es nun weiter mit der nächsten Tour, die uns zunächst durch das **Bassin du Trièves**, eine Berglandschaft zwischen den Höhen des **Dévoloy** im Osten und dem **Vercors** im Nordwesten zur D1075 führt.

Wir verlassen dazu kurz hinter LA MURE die **Route Napoléon** in Richtung MENS. Auch die **Pont de Ponsonnas**, unserem ersten Ziel auf dieser Tour, finden wir hier schon ausgeschildert. Es geht bergab und schon nach 2,5 Kilometern haben wir die Brücke über den **Drac** erreicht. Keine leicht schwingende Fußgängerbrücke in einer Stahlkonstruktion wie am **Lac de Monteynard-Avignonet** erwartet uns hier, sondern eine solide Betonbrücke für den Autoverkehr, die in 103 Metern Höhe über den Fluss fuhrt.

(079) WOMO-Stellplatz: Ponsonnas, Pont de Ponsonnas

GPS: N44°52'56.9" E5°47'39.0"; D526, 38350 Ponsonnas
max. Womos: >10, maximale Länge 12 m.
Ausstattung: ebene Plätze, Behälter für die Müllentsorgung, ganzjährig geöffnet.
Lage: Abseits, am Ufer des Drac.
Preise: kostenlos.
Zufahrt: Über die D526 in Richtung Mens.

103 Meter in die Tiefe. Bungeespringen von der Pont de Ponsonnas.

Wer wagemutig genug ist, der kann sich von dieser Brücke nur mit einem Gummiseil am Fuß oder am Körper in die Tiefe stürzen. Für diesen **Saut à l'élastique du pont de Ponsonnas**, für diesen Sprung von der Brücke, der für den einen oder anderen der ultimative Kick zu sein scheint, zahlt man 89,00 €. Wenn es gefallen hat und man mehrmals springen möchte gibt es Rabatt. In den Sommermonaten Juli und August, ist die Anlage täglich in Betrieb in der Vor- und Nachsaison an den Wochenenden, im Winter ist sie geschlossen. Das Seil und eine Einweisung bekommt man in dem kleinen Holzhaus auf dem großen Parkplatz. Natürlich bekommt man das nicht einfach in die Hand gedrückt, sondern wird zur Absprungstelle von erfahrenem Personal begleitet und abgesichert. Leider hat sich während unseres Aufenthalts niemand gefunden, der einen Sprung wagen wollte. Und da

Senkrechte Felsplatten bei La Rochette an der D1075.

das für uns ohnehin nicht infrage kommt, setzen wir unsere Reise durch das **Bassin du Trièves** fort und erreichen nach rund 27 Kilometern die D1075, die Hauptverbindung zwischen GRENOBLE und SISTERON.

In der Gorges d'Agnielles.

Es geht weiter nach Süden und man glaubt schon die Provence zu riechen. Nach rund 20 Kilometer auf der D1075 sehen wir auf der linken Seite markante Felsplatten bei dem Weiler **La Rochette**, auf der, kaum erkennbar, eine Burgruine thront. Von hier sind es noch 6 Kilometer bis zur **Gorges d'Agnielles**. Die Einfahrt zu dieser Schlucht ist recht unscheinbar, man ist schnell daran vorbeigefahren. Ein Hinweisschild am linken Straßenrand weist auf die Schlucht hin. Man durchfährt die Eisenbahnunterführung und nach 500 Metern holperiger Wegstrecke ist der Wanderparkplatz erreicht.

(080) WOMO-Wanderparkplatz: Gorges d'Agnielles

GPS: N44°33'25.5" E5°46'21.0" **max. Womos:** 2, maximale Länge 7 m.

Ausstattung: halbwegs ebener Platz, ganzjährig geöffnet.
Lage: In einer Schlucht im Wald, Klettersteige in der Nähe. In der Nacht sehr einsam und absolut ruhig.
Preise: kostenlos.
Zufahrt: Die Zufahrt erfolgt von der D1075. Die Öffnung für die Unterquerung der Bahnlinie ist auch für Alkovenfahrzeuge hoch genug.

Das enge Tal ist schattig und in den Sommermonaten angenehm frisch, im Herbst und im Frühjahr recht kühl. Besucher gibt es kaum, wir waren bereits mehrmals dort und haben nur einmal eine Gruppe angetroffen, die sich hier für eine Wanderung verabredet hatte. Hier eine große Wanderung oder Radtour zu starten ist kein Problem. Denken Sie nur daran, ausreichend Proviant und Getränke mitzunehmen, denn Sie werden auf dem Weg keine Einkehrmöglichkeiten finden.

Wenn Sie die Einsamkeit mögen und für eine Übernachtung gern allein stehen möchten, dann ist dieser Platz für Sie der richtige Ort.

Wenn Sie das nicht mögen und lieber in Gesellschaft mit weiteren WOMOs stehen, dann fahren Sie 6 Kilometer weiter nach ASPRES-SUR-BUËCH. Der kleine Ort zählt etwas

(081) Offizieller WOMO-Stellplatz:
Aspres-sur-Buëch, Aire de Camping-Car

GPS: N44°31'12.8" E5°45'14.4"; Avenue de la Gare, 05140 Aspres-sur-Buëch.
max. Womos: 6, maximale Länge 7 m.

Ausstattung: ebene Plätze, mit Wasserver- und Abwasserentsorgung (mit Bodeneinlass), Kassettenentleerung, Behälter für die Müllentsorgung, ganzjährig geöffnet, max. Aufenthaltsdauer 48 h.
Lage: Ortsrand, neben Sportanlagen und einem Pétanque-Spielfeld in Bahnhofsnähe, nachts ruhig.
Preise: kostenlos, Kassettenentleerung, Wasserver- und Abwasserentsorgung ebenfalls kostenlos.
Zufahrt: Im Zentrum den Hinweisschildern zum Office de Tourisme folgen. Der Platz befindet sich ca. 150 Meter hinter der Touristinformation.

mehr als 800 Einwohner. Die Häuser scharen sich eng um die Kirche aus dem 12. Jahrhundert. Die wenigen Gassen am Hang über dem Fluss **Buëch** hat man schnell durchstreift. Viel gibt es zwar nicht zu sehen, trotzdem versprüht dieser Ort einen gewissen mediterranen Charme.

Historisch bedeutsam waren die Kämpfe der **Resistance** in und um diesen Ort gegen die deutsche Wehrmacht während des Zweiten Weltkriegs. Ein Monument zu Ehren der gefallenen Soldaten auf der Bergkuppe in der Mitte des Ortes erinnert daran. Ebenso wird hier der Toten weiterer Kriege gedacht (1. Weltkrieg, In-

Die Eglise St Géraud in Aspres-sur-Buëch mit eindrucksvollem Portal.

dochinakrieg). An den Häusern werden Sie beim Rundgang die eine oder andere Sonnenuhr entdecken. Sie sind typisch für die Ortschaften in dieser Region.

Auf dem weiteren Weg nach SISTERON machen wir von ASPRES-SUR-BUËCH einen kleinen Schlenker über VEYNES. Die Stadt erlebte ihre wirtschaftliche Blütezeit mit dem Ausbau zu einem Eisenbahnknotenpunkt ab Ende des 19. Jahrhunderts, als Dampflokomotiven für den Transport von Gütern in dieser Region eine große Bedeutung hatten. Eine große Wandmalerei in der Rue Léon Cornand erinnert daran. Heute ist der Tourismus ein bedeutender Wirtschaftsfaktor. Im Sommer tummeln sich die Gäste am Badesee in dem Freizeitpark **Base de Loisirs des Iscles**, oder unternehmen Wanderungen in die Umgebung z.B. auf den 1608 Meter hohen **Pic d'Oule**, der eine schöne Aussicht bietet.

Badesee in der Base de Loisirs des Iscles.

(082a) Offizieller WOMO-Badeplatz: Veynes, Parking Plan d'Eau

GPS: N44°31'07.5" E5°47'55.2"; Les Rives du Lac, 05400 Veynes.
max. Womos: 30, maximale Länge 12 m.
Ausstattung: ebener Platz, Behälter für die Müllentsorgung, geöffnet von April bis September, danach durch Schranke geschlossen und nicht mehr anfahrbar. Max. Aufenthaltsdauer 48 h.
Lage: Am Rande des Sees.
Preise: 6,00 € pro Fahrzeug mit 2 Personen. Die Gebühr wird durch einen Platzwart einmal am Tag kassiert.
Zufahrt: Von der D994 den Hinweisschildern zum Campingplatz Les Rives du Lac folgen. Der Stellplatz befindet sich direkt neben dem Campingplatz.

(082b) Offizielle Versorgungsstation Veynes

GPS: N44°31'59.3" E5°49'21.6"; 4 Avenue du Commandant Dumont, 05400 Veynes. Die Versorgungsstation ist das ganze Jahr über zugänglich.

Zufahrt: Auf der D994 nach Veynes hineinfahren und im ersten Kreisverkehr die erste Ausfahrt wählen. Nach 150 Metern befindet sich auf der rechten Seite ein Parkplatz, diesen anfahren und die im hinteren Bereich des Platzes etwas versteckt liegende Station aufsuchen.

Nach einem erfrischenden Bad geht es weiter. Auf der D994 fahren wir zurück, bis wir nach etwa 11 Kilometern in einem Kreisverkehr wieder auf die D1075 stoßen und rollen ab hier entlang des **Buëch** weiter in Richtung SISTERON. Nach nur etwas mehr als einem Kilometer erreichen wir einen Picknickplatz, an dem wir nicht achtlos vorbeifahren können.

Der Buëch am Picknickplatz kurz vor Serres.

(083) WOMO-Picknickplatz am Buëch

GPS: 44°26'30.3"N 5°42'50.3"; D1075, 05700 Serres.

max. Womos: 4, maximale Länge 7 m

Ausstattung: ebene Plätze, mit Wasserversorgung, Tischen und Bänken, Behälter für die Müllentsorgung, ganzjährig geöffnet.

Lage: Unterhalb der D1075, direkt am Fluss Buëch.

Preise: kostenlos

Zufahrt: 1,5 Kilometer vor Serres, direkt an der D1075.

Auch wenn er dicht an der Straße liegt, ist es ein schönes Plätzchen, der vom Verkehrslärm nicht so stark beeinträchtigt wird, weil er tiefer am Flussufer liegt.

Häuserfront der Altstadt von Serres.

Malerisch präsentiert sich SERRES, der nächste Ort auf unserer Reise. Besonders reizvoll ist die Altstadt mit ihren engen Gassen, die man von dem Parkplatz hinter dem Office de Tourisme schnell erreicht. Wie in ASPRES-SUR-BUËCH ist sie nicht groß und sehr viel Zeit benötigt man nicht, um hier einmal durchzugehen. Angenehm ist auch, dass man hier im unteren Bereich der Stadt eine kleine Auswahl an Restaurants vorfindet. Spitzengastronomie darf man hier allerdings nicht erwarten, es handelt sich um einfache Lokale.

(084) WOMO-Stellplatz:
Serres, Parking Office de Tourisme

GPS: N44°25'46.7" E5°43'04.8"; Place du Lac, 05700 Serres
max. Womos: 8, maximale Länge 8 m
Ausstattung: ebene Plätze, Behälter für die Müllentsorgung, ganzjährig geöffnet, an Markttagen geschlossen.
Lage: Ortsrand, am Ufer der Buëch, 250 bis 500 Meter bis zum alten Ortskern.
Preise: kostenlos.
Zufahrt: Nach Ankunft in der Ortsmitte im Kreisverkehr die dritte Ausfahrt nehmen.

Als nächste Station haben wir wieder ein großes Freibad auf dem Programm, das **Base de Loisirs de la Germanette**, südlich von Serres [**085:** N44°24'23.9" E5°43'35.9"] an der Route de Sisteron. Fahren Sie bis zu dem Hinweisschild

Außenansicht der Base de Loisirs de la Germanette.

Barrage de St. Sauveur, Domaine de Germanette und biegen dort rechts ab. Jede Abfahrt vorher, die das Navi angibt, wenn Sie die Koordinaten eingegeben haben, führt über extrem holprige Wege. Die große Anlage verfügt neben dem Freibad auch über einen See, auf dem Sie Boot fahren und/oder angeln können.

Ganz in der Nähe, schon wieder auf dem Weg zur D1075, finden Sie an einem Wäldchen einen kleinen verschwiegenen, schattigen Picknickplatz, der sich für eine Übernachtung sehr gut eignet [**086:** N44°24'14.1" E5°43'38.1"].

Bei den nächsten beiden Orten die wir anfahren werden, verbinden wir keine Wandervorschläge, Stadtbesichtigungen oder ähnliches. Wir betrachten Sie als reine Übernachtungs- und Versorgungsstandorte. Beide Stellplätze sind kostenfrei, beide sind ganzjährig anfahrbar und in beiden Orten kann man in den jeweiligen Supermärkten alles Notwendige für die Bordküche einkaufen. In LES ARMANDS ist eine Übernachtung eher zu empfehlen als in LARAGNE MONTEGLIN, der Stellplatz liegt einfach ruhiger. Er kann auch als Ausweichplatz für SISTERON dienen, wenn Sie dort keinen Übernachtungsplatz mehr finden oder es Ihnen dort zu laut ist.

Gut gerüstet und ausgeruht geht es also nun nach SISTERON dem letzten Etappenort dieser Tour, das 11 Kilometer von LES ARMANDS und 17 Kilometer von LARAGNE MONTEGLIN entfernt liegt.

(087) Offizieller WOMO-Stellplatz: Laragne Monteglin, Aire Municipale

GPS: N44°18'45.0" E5°49'34.0"; Rue du Souvenir, 05300 Laragne Monteglin.
max. Womos: >20, maximale Länge 12 m.

Ausstattung: ebene Plätze, mit Wasserver- und Abwasserentsorgung (mit Bodeneinlass), Kassettenentleerung, Behälter für die Müllentsorgung, gleichzeitig auch LKW-Parkplatz, ganzjährig geöffnet.
Lage: Ortsmitte, Nebenstraße.
Preise: kostenlos.
Zufahrt: Von der D1075 in die Rue du Souvenir abbiegen, 150 Meter.

(088) Offizieller WOMO-Stellplatz: Les Armands, Aire de Camping-Car

GPS: N44°15'55.7" E5°51'26.8"; Les Armands Sud, 04200 Mison.
max. Womos: > 4, maximale Länge 8 m.

Ausstattung: ebene Plätze, mit Wasserver- und Abwasserentsorgung (mit Bodeneinlass), Kassettenentleerung, WC; Behälter für die Müllentsorgung, ganzjährig geöffnet.
Lage: Ortsrand an einem Wäldchen, neben Sportanlagen und Kindergarten.
Preise: alles kostenlos.
Zufahrt: Nach der Post vor einem kleinen Gemischtwarenladen rechts abfahren, dann sind es noch 250 Meter bis zum Ziel

Blick von der Zitadelle in Sisteron auf die Stadt und die Durance.

Blick vom linken Ufer der Durance auf Sisteron und die Zitadelle.

In der Stadtmitte von SISTERON angekommen, fahren wir sogleich hoch zur **Zitadelle**.

(089) WOMO-Stellplatz: Sisteron, Zitadelle

GPS: N44°11'56.7" E5°56'22.8"; Allée du Souvenir Français, 04200 Sisteron.

max. Womos: 5, maximale Länge 8 m.

Ausstattung: ebene Plätze, keinerlei Versorgungseinrichtungen, ganzjährig geöffnet.

Lage: Ortsrand, am Fuße der Zitadelle. Für größere Fahrzeuge ist der asphaltierte Parkplatz am Friedhof empfehlenswert, der allerdings ein leichtes Gefälle hat. Kleinere Fahrzeuge können am Friedhof vorbei auf eine höher gelegene Terrasse fahren. Der Platz ist eben, der Untergrund eine Mischung aus Gras und Steinen. Ein idealer Platz! Auf dem Foto sind beide Plätze gut sichtbar.

Preise: kostenlos.

Zufahrt: Die Zufahrt scheint auf den ersten Blick ein wenig kompliziert, ist sie aber nicht. Am Kreisverkehr in der Stadtmitte neben dem hohen Wehrturm der Parkplatzbeschilderung zur Zitadelle folgen, das sind ungefähr 400 Meter. Am Parkplatz angekommen hier nicht abbiegen, sondern geradeaus fahren, nach 180 Metern ist der untere Platz am Friedhof erreicht.

Der Felsen, der das Durchbruchstal der **Durance** überragt, ist seit jeher befestigt. Was wir heute sehen, ist eine Mischung wehrtechnischer Bauwerke aus verschiedenen Epochen. Natürlich hatte auch **Vauban** hier seine Finger im Spiel. Wir erinnern uns: Frankreich in den Grenzen wie wir es heute kennen,

gab es zu seiner Zeit noch nicht. Savoyen war noch ein selbständiges Herzogtum bzw. Teil des Königreichs Sardinien. Die Grenze zwischen diesen beiden Reichen war nicht sehr weit entfernt, deshalb hatte die **Zitadelle** über Jahrhunderte eine besondere strategische Bedeutung. Erst mit dem Anschluss Savoyens an Frankreich im Jahre 1860 fiel diese weg. Sie wurde aus militärischer Sicht nutzlos, doch von der Armee erst 1920 endgültig aufgegeben und steht seitdem zivilen Zwecken zur Verfügung.

Gekrönt wird die Zitadelle von der Kapelle **Notre-Dame du Château** aus dem 15. Jh., die heute als Ausstellungsraum dient.

Die senkrecht stehenden Felsplatten der Rocher de la Baume lassen sich von der Zitadelle besonders gut betrachten.

Die **Zitadelle** ist täglich für Besucher geöffnet. Sie kann ohne Führung besichtigt werden. Der Eintritt kostet 6,50 € p. P.

SISTERON besteht nicht nur aus der **Zitadelle**. Es hat noch einige Sehenswürdigkeiten mehr zu bieten. Um bei den Verteidigungsanlagen zu bleiben, wollen wir zunächst die Türme erwähnen, die so prägnant im Stadtbild zu sehen sind. Fünf dieser Türme sind noch erhalten. Sie waren Teil der alten Stadtmauer und entstanden bereits Ende des 14. Jahrhunderts. Hinter diesen Türmen befindet sich die Altstadt **Vieux Sisteron** mit sehr engen dunklen Gassen. Ebenfalls sehr dunkel ist das Innere der **Église Notre-Dame,** die zwischen 1160 und 1220 im Stil der provenzalischen Romanik erbaut wurde. Das Portal mit den weißen und schwarzen Bogensteinen, zeigt den lombardischen Einfluss in der Architektur dieser Zeit. Auch in der Apsis dieses fast fensterlosen Gebäudes finden sich die schwarzen und weißen Steine wieder.

(090) Offizieller WOMO-Stellplatz: Sisteron, Aire Municipale Melchior Donnet

GPS: N44°12'01.2" E5°56'37.9"; Cours Melchior Donnet, 04200 Sisteron.
max. Womos: 5, maximale Länge 7 m.
Ausstattung: halbwegs ebene Plätze, mit Wasserver- und Abwasserentsorgung (mit Bodeneinlass), Kassettenentleerung, Behälter für die Müllentsorgung, ganzjährig geöffnet.

Lage: Ortsrand, laut, direkt an der Cours Melchior Donnet eine der Hauptstraßen, die in die Altstadt führt. Für eine Übernachtung nicht empfehlenswert.
Preise: kostenlos, Kassettenentleerung, Wasserver- und Abwasserentsorgung, System FlotBleu 3,00 € mit Münzeinwurf.
Zufahrt: Direkt an der Cours Melchior Donnet.

(091) Offizieller WOMO-Stellplatz: Sisteron, Aire Municipale Gare SNCF

GPS: N44°11'28.8" E5°56'44.7"; 24 Avenue de la Libération, 04200 Sisteron.
max. Womos: 10, maximale Länge 8 m.
Ausstattung: ebene Plätze, mit Wasserver- und Abwasserentsorgung (mit Bodeneinlass), Kassettenentleerung, Behälter für die Müllentsorgung, ganzjährig geöffnet, maximale Aufenthaltsdauer 7 Tage.

Lage: Ortsmitte, laut, zwischen der Hauptstraße, die in die Altstadt führt und Bahngleisen. Für eine Übernachtung nur bedingt empfehlenswert.
Preise: kostenlos, Kassettenentleerung, Wasserver- und Abwasserentsorgung, System FlotBleu 3,00 € mit Münzeinwurf.
Zufahrt: Direkt an der Avenue de la Libération (D4085).

Bevor wir dieses Kapitel beenden sei noch auf einen berühmten Gast dieser Stadt hingewiesen, der sich hier vermutlich sehr viel kürzer aufgehalten hat, als wir das getan haben und Sie tun werden.

Auf seinem Weg von Elba nach Paris zog **Napoléon** mit seinen Gefolgsleuten im März 1815 durch diese Stadt und hatte dabei sehr viel Glück, keine königlichen Truppen vorzufinden, die ihn an dieser engen Stelle bequem hätten abfangen können. Er wechselte hier nur kurz die Pferde und zog noch am gleichen Tag weiter in das 50 Kilometer entfernt liegende GAP.

Wir ziehen nun auch weiter und steigen in die Tour 7 auf Seite 200 ein, die uns durch die grandiose Schlucht **Clues de Barles** und zum **Lac de Serre-Ponçon** führt. Sie haben die Möglichkeit uns dabei zu folgen oder das Buch zu wechseln. Ab SISTERON finden Sie alle notwendigen Informationen für einen Besuch der östlichen Provence im **Band 38** des WOMO-Verlags von Ralf Gréus.

Wenn Sie umblättern sehen Sie, dass wir nach ANNECY zurückkehren und uns von dort auf anderen Wegen durch die Alpen erneut nach SISTERON vorarbeiten.

Einer der Türme der alten Stadtmauer. Dahinter rechts die Église Notre-Dame und die Altstadt Vieux Sisteron.

Ein etwas aufgehelltes Bild vom Innenraum der Église Notre-Dame.

Seite 65
ANNECY
(445 m)
Lac d'Annecy
Sévrier
033 bis
044
Saint-Jorioz
Veyrier-du-Lac
Menthon-St-Bernard
Nécropole nationale des Glières
Monument National de la Résistance
Plateau des Glières (1440 m)
10%
St-Jean-de-Sixt
Tour 1
Thônes
(627 m)
032
10 km
Route des Grandes Alpes
Le Fier
2351 m la Tournette
1699 m
Lathuile
Doussard
Mont Chavin 2409 m
Flumet
Tour 10
D5
D41
D912
D1508
D909
D12
D1212
D218B
A41
Pont du Diable
Lescheraines
092
Le Châtelard
D911
Geopark
Faverges
093
Château de Faverges
Ugine
186
185
Col des Saisies 1633 m
Signal de Bisanne
Les Saisies
Grotte et Cascade de Seythenex
Beaufortain
Abbaye Notre-Dame de Tamié
094
Parc Nat. Reg. du Massif des Bauges
Fort de Tamié
095
Villard-sur-Doron
D925
Fromagerie
184
Beaufort
Cité Médiévale de Conflans
Albertville
Fort du Mont
2463 m
Arêches
D218A
Col du Pré 1703 m
École
Pointe d'Arcalod
D201C
096
182
Roche Parstire 2108 m
181
Lac de Roselend
Mont d'Arménaz
2197 m
Frontenex
2041 m
2158 m
Dent d'Arclusaz
D201
A430
Grésy-s-Isère
2041 m
Lac de St-Guérin
183
St-Pierre-d'Albigny
D66
Basse Tarentaise
Réf. de la Coire
A43
N90
Le Grand Mont 2686 m
Moyenne Tarentaise
Aime
Basse-Maurienne
Massif Lauzière
La Léchère
Montalbert
097
N90
D221
D213
Moûtiers
Aime La Plagne
La Plagne
101
Valmorel
2829 m
Col de la Madeleine 2000 m
Salin-les-Thermes
177
A43
Saint-François-Longchamp
Saint-Jean-de-Belleville
D117
Courchevel
D915
102
Saint-Etienne-de-Cuines
La Chambre
Saint-Martin-de-Belleville
Meribel
Mont Bonchor 2023 m
Tour 6
D927
Massif de la Vanoise
Pralognan la Vanoise (1422 m)
Aiguille du Fruit 3048 m
Saint-Colomban-des-Villards
099
098
Les Menuires
Moyenne-Maurienne
St-Jean-de-Maurienne
Dôme de l'Arpont 3599 m
100
Val Thorens (2300 m)
D926
Cime de Caron 3195 m
Aiguille de Peclet 3561 m

TOUR 5 (ca. 260 - 330 km)

Variante 1: Lescheraines – Albertville – La Léchère – Pralognan la Vanoise – Les Menuires – Val Thorens – Col de la Madelaine – La Chambre

Variante 2: Faverges – Seythenex – Tamié – Albertville – La Léchère – Pralognan la Vanoise – Les Menuires – Val Thorens – Col de la Madelaine – La Chambre

Freie Übernachtung:	Fort de Tamié, Val Thorens, Col de la Madelaine.
Offizielle Stellplätze:	Lescheraines, Faverges, Abbaye Notre Dame de Tamié, Albertville, La Léchère, Pralongnan la Vanoise, Les Menuires, La Chambre.
Campingplätze:	keine
Ver-/Entsorgung:	Faverges, Albertville, La Léchère, Les Menuires, La Chambre.
Besichtigungen:	Faverges, Grotte et Cascade de Seythenex, Abbaye Notre Dame de Tamié, Fort de Tamié, Albertville, Pralongnan la Vanoise.
Wandern:	Pralongnan la Vanoise, Val Thorens.
Baden/Wellness:	Lescheraines, La Léchère.

Für die Fahrt von ANNECY in das Tal der **Isère,** genauer in die westliche **Tarentaise**, bieten wir zum Start zwei Varianten an, die in ALBERTVILLE zusammentreffen. Die erste führt durch das **Massif des Bauges**, die zweite durch die Tallandschaft südlich des **Lac d'Annecy** am Rande des genannten Bergmassivs vorbei. Bei der zweiten Variante haben Sie am Lenkrad deutlich weniger Arbeit zu leisten und die Höhenunterschiede auf dieser Strecke sind nicht so groß, wie die der ersten Variante. Interessant sind sie beide.

Beginnen wir mit der ersten Variante. Wenn Sie auf dem Semnoz-Höhenzug genächtigt haben, geht es nach LESCHERAINS zunächst kurvenreich hinunter. Wenn Sie irgendwo am See ihren Platz gefunden hatten, geht es leicht bergan. LESCHERAINS liegt auf etwa 600 Metern Höhe. Das Bergbauerndorf zählt rund 750 Einwohner. Lebten die Bewohner des Ortes lange Zeit nur von der Landwirtschaft, so hat sich dies in den letzten Jahrzehnten geändert. Auch hier im Hinterland des viel besuchten **Lac d'Annecy** hat

Blick aus der Nähe des Ortes École auf den 2158 Meter hohen Mont d'Arménaz.

man den Tourismus für sich entdeckt. Die vorhandenen natürlichen Bergseen wurden zu einer **Base de Loisirs** umfunktioniert. Hier finden Sie alle möglichen Einrichtungen für sportliche Aktivitäten und an den Seen alles, was kleine und große Wasserratten lieben. Vom Planschbecken, über Rutschen, Tretbooten und Liegewiesen ist alles dabei. Die Güte der Wasserqualität unterliegt ständigen Kontrollen. Die Ergebnisse der Analysen werden für jedermann sichtbar an der Sanitätsstation ausgehängt, die allerdings nur in den Som-

(092) Offizieller WOMO-Badeplatz: Lescheraines – Base de Loisirs

GPS: N45°42'12.4" E6°06'40.1"; Base de Loisirs, 73340 Lescheraines
max. Womos: 10, maximale Länge 9 m
Ausstattung: Befestigter Platz mit Wasserver- und Abwasserentsorgung (mit Bodeneinlass), Kassettenentleerung, Behälter für die Müllentsorgung, geöffnet von April – Sept.

Lage: Im Wald am Ortsrand, Entfernung zum See: 50 Meter, nachts sehr ruhig.
Preise: 4,00 € pro Fahrzeug mit 2 Personen, Frischwasser 1,50 € (nur mit Jetons, die gibt es an der Rezeption des Campingplatzes), Abwasserentsorgung kostenlos. Max. Aufenthaltsdauer 48h.
Zufahrt: Ab der Ortsmitte von Lescheraines der Beschilderung "Base de Loisirs" folgen.

mermonaten besetzt ist. Kurzum: Eine schöne, ruhige und qualitätsorientierte Anlage, die für Familien mit Kindern einen idealen Urlaubsort darstellt. Wenn Sie länger als 48 Stunden hier verweilen wollen, dann werden Sie gebeten den Campingplatz zu nutzen.

Blick auf einen der Seen in Lescheraines.

Wir fahren nun weiter durch die schöne Gebirgslandschaft des **Massif des Bauges** (Foto oben) nach ALBERTVILLE.

Der Wehrturm vom Château ist das Wahrzeichen von Faverges.

Vom Südrand des **Lac d'Annecy** bis nach FAVERGES sind es nur 8 Kilometer, die man fast ohne eine Kurve auf der Strecke sehr schnell bewältigt hat. Mit FAVERGES beginnt die 2. Variante auf unserem Weg in die **westliche Tarentaise**.

Den ersten Kreisverkehr der Stadt verlassen wir auf der zweiten Ausfahrt Richtung "Centre" und sind nach 1,5 Kilometern auch schon am Stellplatz.

(093) Offizieller WOMO-Stellplatz: Faverges

GPS: N45°44'58.4" E6°17'10.1", 352 Route d'Annecy, 74210 Faverges
max. Womos: > 10, maximale Länge >10 m
Ausstattung: Befestigter, staubiger Platz mit Wasserver- und Abwasserentsorgung (mit Bodeneinlass), Kassettenentleerung, Behälter für die Müllentsorgung, geöffnet von Jan. – Dez.

Lage: Neben einem Sportplatz, Supermarkt in der Nähe, nicht ruhig.
Preise: Gebührenfrei, Frischwasser und Abwasserentsorgung kostenlos. Max. Aufenthaltsdauer 7 Tage.
Zufahrt: An der Hauptdurchgangsstraße "Route d'Annecy" (D2508).

Bis zum nett eingerichteten Zentrum des Ortes mit zahlreichen Läden, Cafés und Restaurants sind es zu Fuß rund 800 Meter. Auf dem Weg dorthin sieht man den **Wehrturm** des **Châteaus** über den Ort aufragen. Über eine schmale Gasse ist dieser nach weiteren 500 Metern erreicht. Der Anstieg ist nicht schwierig, der Höhenunterschied beträgt rund 140 Meter. Der **Wehrturm** oder **"Donjon"** wie er im Französischen genannt wird kann bestiegen werden. Er ist nachmittags von 14.30 bis 18.30 Uhr geöffnet. Der Eintritt kostet 2,00 €. Wer einen Museumstag verbringen möchte, der kauft sich ein Sammelticket für 6,00 € und kann dann auch gleich das **Schmetterlingsmuseum** besuchen, das sich neben dem Wehrturm befindet und das **Archäologische Museum** in der Route de Viuz. Ob das für Sie interessant ist, können Sie hier http://www.museum-faverges.com/ und hier http://viuz.sav.org/ nachschauen.

Wir fahren weiter zur **Grotte et Cascade de Seythenex**. Der Besucherparkplatz (**GPS:** N45°43'55.8" E6°17'57.5") an der Voie Communale N°112 in 74210 Seythenex ist recht klein. Um dorthin zu gelangen, verlassen wir Faverges über die D12, die Route de Tamié. Wir achten auf den Wegweiser zur Grotte und Kaskade, der uns rechts abbiegen lässt. Nach einem Kilometer haben wir den kleinen Parkplatz erreicht. Richtig spektakulär ist der Wasserfall nicht. Auch die Grotte ist sehr bescheiden, vergleicht man sie mit denen, die wir in unserem Jurabuch schon beschrieben haben. Die eigentliche Attraktion dieses Ortes für die jüngeren Besucher ist die **„Giant Zip Line“** eine 150 Meter lange Seilrutsche, die in 40 Metern Höhe am Wasserfall vorbeiführt. Ob das etwas für Sie ist können Sie hier nachschauen: http://www.cascade-seythenex.fr/. Die Anlage ist von April bis September geöffnet.

Der Wasserfall in Seythenex.

Wir setzen unsere Reise fort. Der weitere Weg führt uns zurück auf die D12 und über die Départementgrenze zur Trappisten-Abtei **Notre-Dame de Tamié**. Dieses recht abseits gelegene Kloster ist ein spiritueller Rückzugsort. Für den „normalen“ Besucher ist nur die Kirche zugänglich. Wer für ein paar Tage oder auch für längere Zeit aus dem alltäglichen aussteigen möchte und Besinnung sucht, der kann hier aufgenommen werden, ohne gleich dem Orden beitreten zu müssen. Ansonsten ist die Klostergemeinschaft für ihre Käseproduktion bekannt. Der **„Abbaye de Tamié“**, ein Camembert kann neben vielen anderen Produkten in dem modernen

Die Abbaye Notre-Dame de Tamié.

(094) Offizieller WOMO-Stellplatz: l'Abbaye Notre-Dame de Tamié

GPS: N45°40'55.0" E6°18'18.1", 406 Chemin de Martignon, 73200 Plancherine.
max. Womos: 2, maximale Länge 9 m

Ausstattung: Asphaltierter leicht geneigter Platz, geöffnet von Jan. – Dez.
Lage: Vor der Zufahrt zum Kloster, nachts sehr ruhig.
Preise: Gebührenfrei, max. Aufenthaltsdauer 24h.
Zufahrt: Ab Seythenex der bereits mit "Abbaye de Tamié" ausgeschilderten Straße D12 folgen. Die D12 geht nach dem überschreiten der Departementgrenze in die D201C über.

Shop vor dem Kloster erworben werden. Ein leckerer Käse, jedenfalls nach unserem Geschmack. Dazu ein Baguette und ein Glas Rotwein und das Abendessen ist schon fast perfekt. Ausruhen und übernachten können Sie auf dem Parkplatz vor

(095) WOMO-Wanderparkplatz: Fort de Tamié

GPS: N45°40'18.7" E6°18'39.3",
5966 Route du Collet de Tamié, 73200 Mercury.
max. Womos: 3, maximale Länge 7 m.

Ausstattung: Befestigter Platz, geöffnet von Jan. – Dez.
Lage: Im Wald vor dem Eingang zum Fort, nachts absolut ruhig.
Preise: Gebührenfrei, max. Aufenthaltsdauer 24h.
Zufahrt: Vom Kloster Abbaye de Tamié kommend der D201C weiter folgen und nach ca. 1 km links in die D104 abbiegen. Fort de Tamié ist ausgeschildert, die Straße sehr schmal.

dem Kloster oder rund 2 Kilometer weiter am **Fort de Tamié**. Hier ist es in der Nacht absolut ruhig.

Geschütz im Fort de Tamié.

Von beiden Standorten können Sie Wanderungen in das **Massif des Bauges** unternehmen. Am Kloster wie am Fort finden Sie dazu auf großen Tafeln einige Wandervorschläge und auch VTT-Routen, das sind Strecken, die Sie nur mit dem Mountainbike fahren können. Wanderkarten von der Region können Sie im Shop vor dem Kloster erwerben.

Das **Fort de Tamié** ist eine der Befestigungsanlagen, das dem **Système Séré de Rivières** angehört, dem Grenzsicherungssystem, das Frankreich nach dem verlorenen Krieg 1870/71 gegen Deutschland errichtete. **Fort de Tamié** ist das größte dieser Region und sollte das breite **Isèretal**, das **Tamietal** und ALBERTVILLE schützen. Das Fort ist tagsüber frei zugänglich. Seit 2013 wird das weitläufige Gelände innerhalb der Festungsmauern als Freizeitpark mit Hochseilgarten, Spiel- und Picknickplätzen genutzt. Die Geschützstellungen und Festungsgebäude dienen als Kulisse.

Blick vom Fort de Tamié in das Tal der Isère.

Tour Sarrasine und Église Notre Dame in der Cité Médiévale de Conflans.

(096) Offizieller WOMO-Stellplatz:
Albertville - Cité Médiévale de Conflans

GPS: N45°40'25.8" E6°23'48.6", Montée Adolphe Hugues, 73200 Albertville.
max. Womos: > 10, maximale Länge >10 m.
Ausstattung: Asphaltierter Platz mit Wasserver- und Abwasserentsorgungentsorgung (mit Bodeneinlass), Kassettenentleerung, Behälter für die Müllentsorgung, geöffnet von Jan. – Dez.

Lage: Neben einem Friedhof, 400 Meter bis zur Altstadt, ziemlich ruhig.
Preise: Gebührenfrei, Frischwasser und Abwasserentsorgung kostenlos.
Max. Aufenthaltsdauer 24h.
Zufahrt: An der Hauptdurchgangsstraße Montée Adolphe Hugues (D105).

Vom **Fort der Tamié** bis zur **Cité Médiévale de Conflans** in ALBERTVILLE sind es rund 15 Kilometer. Die Straßen dorthin sind gut ausgeschildert, es ist kein Problem, den richtigen Weg zu finden.

ALBERTVILLE wurde 1836 von **König Karl Albert I.** König von Sardinien-Piemont und Herzog von Savoyen gegründet. Eine Neugründung, die neben dem bereits bestehenden Ort CONFLANS, hoch oben über dem Zusammenfluss von **Arly** und **Isère** im Tal angelegt wurde. Die wirtschaftliche Entwicklung des Ortes konzentrierte sich seit diesem Zeitpunkt auf die neu gegründete Stadt. CONFLANS verlor an Bedeutung und blieb in seinen mittelalterlichen Strukturen erhalten und mehr oder weniger unbeachtet, bis der moderne Tourismus diesen Ort wieder entdeckt hat. Heute finden sich zahlreiche Besucher ein, wie man unter anderem an den dichtgedrängt stehenden Wohnmobilen auf dem Stellplatz erkennen kann.

Cité Médiévale de Conflans

Man betritt die mittelalterliche Altstadt durch die **Port de Savoie**, nur 200 Meter vom Stellplatz entfernt. Hat man das Tor durchschritten, befindet man sich in der **Rue Gabriel-Pérouse**. Hier fallen sofort die vielen **Zunftschilder** auf. Sie schmücken nicht nur die Gasse, unter so manchem Schild finden sich auch noch Handwerker, die der angezeigten Zunft tatsächlich noch nachgehen, allerdings nicht in mittelalterlicher Weise.

Zunftschild des Scherenschleifers.

Die **Église Notre Dame de l'Assomption** steht ein wenig abseits der Gasse, die einige Meter weiter auf einen kleinen malerischen Platz führt, der das Zentrum der mittelalterlichen Stadt bildet. Zwei Restaurants laden hier zum Essen ein. Im **l'Authentic** können Sie ein typisch **savoyardisches Fondue** probieren, das auch im Hochsommer angeboten wird. Es befindet sich gegenüber dem **Maison Rouge**, das auf dem Foto unten auf der linken Seite zu sehen ist. Der Backsteinbau diente einst als Kloster und ist heute das Stadtmuseum. Hier erfährt man natürlich alles über die Geschichte dieses Ortes. Geht man hinter dem **Maison Rouge** gleich rechts weiter hoch, gelangt man zu der Aussichtsterrasse **La Grand Roche**. Die Aussicht reicht auf der einen Seite über **Albertville** und das **Tal der Isère** hinweg bis in das **Massif de la Chartreuse**. Auf der anderen Seite geht der Blick tief in die **Basse Tarentaise** in Richtung **La Léchère**. Bleibt als drittes noch der Blick auf die Altstadt mit der Kirche wie auf dem Foto links oben.

Place de Conflans in der Cité Médiévale.

Konzert in der Église Notre Dame de l'Assomption.

Wenn Sie dann noch das Glück haben auf dem Rückweg die Kirche nicht nur geöffnet vorzufinden, sondern auch noch einem kleinen klassischen Konzert lauschen können, dann hat der kleine Stadtrundgang von rund zwei Kilometern einen besonders schönen Abschluss gefunden.

Nach dem schönen Rundgang durch die Altstadt begeben wir uns nun auf den Weg in die **Basse Tarentaise** nach LA LÉCHÈRE. **Tarentaise?** In den Broschüren der Tourismusämter dieser Region sowie in Werbeprospekten und auf Plakaten wird Ihnen der Begriff immer wieder begegnen. Aber was ist das eigentlich genau? Klären wir doch erstmal, was darunter zu verstehen ist.

La Tarentaise

Als **Tarentaise** bezeichnet man den Oberlauf der **Isère** von der Quelle bei **Val d'Isère** bis nach **Albertville** mit all ihren Nebentälern. Die **Isère** verläuft hier in einer sinusförmigen Welle und trennt das **Mont-Blanc-Massiv** im Norden vom **Massif de la Vanoise** im Süden. Die **Tarentaise** war gleichzeitig eine der historischen Provinzen Savoyens. Sie wird in drei Abschnitte gegliedert. Die **Basse Tarentaise** reicht von **Albertville** bis nach **Moûtiers**. Der mittlere Teil, die **Moyenne Tarentaise**, befindet sich zwischen **Moûtiers** und **Bourg-Saint-Maurice**. Der letzte Teil, die **Haute Tarentaise,** reicht bis zur Quelle der **Isère**. Auf unseren Tourenkarten sind die Begriffe entsprechend verzeichnet, ein Blick darauf macht die Orientierung leichter.

Nun aber auf in die **Tarentaise**! Wir fahren rund 22 Kilometer von CONFLANS bis zum Kurort LA LÉCHÈRE. Der kleine Ort mit nicht einmal 2000 Einwohnern verfügt über ein **Thermalbad** sowie über verschiedene Einrichtungen der Gesundheitsvorsorge und der Rehabilitation. Spezialisiert ist man hier auf Rheumaerkrankungen. Neben den klassischen Kuranwendungen werden „Minikuren“ angeboten. Die dauern drei Tage und können speziell auf Ihre Bedürfnisse abgestimmt werden. Wenn es dann mal auf der Reise aus irgendeinem Grunde zwickt. Hier können Sie mit dem WOMO

Kurhaus und Kurpark in La Léchère.

(097) Offizieller WOMO-Badeplatz: La Léchère

GPS: N45°31'09.8" E6°29'04.0", Village 92, 73260 La Léchère
max. Womos: 12, maximale Länge >10 m
Ausstattung: Asphaltierter Platz mit Wasserver- und Abwasserentsorgung (mit Bodeneinlass etwas abseits des Parkbereichs), Kassettenentleerung, Behälter für die Müllentsorgung, geöffnet von Jan. – Dez.
Lage: Teil des PKW-Parkplatzes der Kuranlagen, sonnig. Kurpark über eine Fußgängerbrücke über die Isère in 500 m Entfernung bequem zu erreichen.
Preise: Die ersten 48 h kostenlos, danach 3,00 € pro Fahrzeug mit 2 Personen, Frischwasser und Abwasserentsorgung kostenlos. Max. Aufenthaltsdauer 21 Tage.
Zufahrt: Über den Kreisverkehr an der Straße D97, die zur Therme führt.

vorfahren und es wird Ihnen sicher mit Massagen und Bädern geholfen. Mehr über das Angebot des Kurbetriebs erfahren Sie hier: http://www.thermes-lalechere.com/. Nach einem Spaziergang durch den schönen Kurpark wenden wir uns nun dem Hochgebirge zu. Noch ein Tipp vorweg: Wenn Sie unserer Routenführung folgen, ist es gut von hier frisch ver- und entsorgt zu starten. Die nächsten Versorgungsmöglichkeit kommt nicht so schnell.

Die Liste der Orte die man im Hochgebirge des **Tarentaise** aufsuchen kann, ist zwar nicht unendlich, aber es sind doch so viele, dass man damit ein ganzes Buch füllen könnte. Alle können wir nicht aufsuchen. Bekannte Skiorte wie VALMOREL, MERIBEL und COURCHEVEL haben wir in diesem Buch ausgelassen. Wir haben eine Auswahl an Orten getroffen, die uns aus verschiedenen Gründen interessant erscheinen. In der Tour 10 finden Sie übrigens weitere Orte des mittleren und des oberen **Tarentaise** beschrieben, darauf sei an dieser Stelle hingewiesen.

Für diese Tour haben wir als ersten Hochgebirgsort PRALOGNAN LA VANOISE am Rande des **Parc National de la Vanoise** ausgesucht, das rund 33 Kilometer von LA LÉCHÈRE entfernt liegt.

(098) Offizieller WOMO-Stellplatz: Pralognan la Vanoise, Parking du Bouquetin

GPS: N45°22'59.4" E6°43'09.3";
Route des Grands Prés, 73710 Pralognan la Vanoise
max. Womos: 6, maximale Länge 8 m
Ausstattung: ebene asphaltierte Plätze auf einem PKW-Parkplatzgelände,

Wasserversorgung über Kanister am Friedhof möglich, ganzjährig geöffnet.
Lage: Ortsmitte, neben Friedhof.
Preise: kostenlos.
Zufahrt: Im Ort bis zum ersten Kreisverkehr fahren, dort den Hinweisschildern zum Parking du Bouquetin folgen und dann die zweite Straße rechts nehmen.

PRALOGNAN ist im Gegensatz zu so manchem Skiort in dieser Region keine Retortenstadt. Es ist eine kleine Gemeinde, die auf eine mehr als hundertjährige Tradition als Luftkur- und Wintersportort zurückblicken kann. PRALOGNAN ist ein guter Ausgangspunkt für Wanderungen in den nah gelegenen **Parc National de la Vanoise**. Den **Mont Bochor** (2023 m) kann man in einer rund 3-stündigen Wanderung

Pralongan wird vom Doron de Bozel durchflossen.

erklimmen. Die Kabinenseilbahn schafft die 600 Meter Höhenunterschied in 6 Minuten (7,70 € p.P.). Oben angekommen bietet sich ein fantastisches Panorama, dass sich noch steigern lässt, wenn man zum 2517 Meter hohen **Col de la Vanoise** weitergeht. Um diesen Sattel mit mehreren Bergseen zu erreichen, benötigen Sie nochmal mindestens 2 Stunden. Bevor Sie den Rückweg antreten, können Sie sich in der bewirtschafteten Hütte stärken. Für diese und alle anderen Hütten im Nationalpark finden Sie hier weitere Informationen: http://www.refuges-vanoise.com/. Für die Orientierung vor Ort empfehlen wir die Wanderkarte **Parc National de la Vanoise** in einem der Shops in PRALOGNAN zu erwerben.

Pralognan la Vanoise, Kabinenseilbahnstation zum Mont Bochor.

Wir fahren nunmehr weiter zu unserem nächsten Ziel VAL THORENS, das sind rund 55 Kilometer. Zunächst geht es wieder hinunter in Richtung MOUTIERS bis nach SALIN-LES-THERMES und von dort weiter nach VAL THORENS. Auf dem langen und kurvenreichen Weg kommen wir in LES MENUIRES an einem Stellplatz vorbei. Die Versorgungsstation befindet sich erfreulicherweise außerhalb des Stellplatz-

(099) Offizieller WOMO-Stellplatz: St. Martin de Belleville, Station Les Menuires

GPS: N45°19'30.1" E6°32'03.9"; Preyerand, 73440 St. Martin de Belleville.
max. Womos: 40, maximale Länge 8 m.
Ausstattung: ebene asphaltierte Plätze, mit Wasserver- und Abwasserentsorgungentsorgung (mit Bodeneinlass), Kassettenentleerung, Behälter für die Müllentsorgung, Stromanschlüsse, ganzjährig geöffnet.
Lage: Ortsrand, neben Skilift auf einer Anhöhe über der D117.
Preise: 10,00 € pro Fahrzeug mit 2 Personen, Wasserver- und Abwasserentsorgung sowie Strom 2,00 €.
Zufahrt: Über die D117.

Aussicht vom Cime de Caron auf 3195 Metern Höhe. Im Hintergrund ist das Massif des Écrins mit dem Gletscher des Grand Pic de la Meije erkennbar. Er liegt in der Nähe des Col du Lautaret. Luftlinie etwa 37 km.

geländes, so dass man sie auch anfahren kann, ohne die Gebühren für den Platz entrichten zu müssen.

VAL THORENS (2300m) ist einer der höchstgelegenen Skiorte in Europa. Der riesige Parkplatz am Ortseingang ist in den Sommermonaten fast verwaist. Für Wanderungen eignet sich die kahle Bergwelt nicht. Beliebt ist der Ort aber bei Bergsteigern und Mountainbikern. Letztere steigen an der Zwischenstation der Seilbahn, die zum 3195 Meter hohen **Cime de Caron** führt aus, um dann im halsbrecherischen Tempo den Hang hinunter zu sausen.

Fantastisch ist die Aussicht von der Bergspitze auf die Gebirgslandschaft der Alpen, die man von den eingerichteten

(100) WOMO-Wanderparkplatz: Val Thorens, P4

GPS: N45°17'51.7" E6°33'52.1"; 73440 Val Thorens.
max. Womos: 40, maximale Länge 8 m.
Ausstattung: ebene asphaltierte Plätze, ganzjährig geöffnet.
Lage: Ortsrand, nachts absolut ruhig.
Preise: kostenlos.
Zufahrt: Am Ortseingang von Val Thorens, Ende der D117.

Auf dieser Seite ist am rechten Rand das vergletscherte Massiv Grandes Rousses, mit dem Pic du Lac Blanc, dem Hausberg von Alpe d'Huez in einer Entfernung von rund 38 Kilometern zu sehen.

Aussichtspunkten mit Orientierungstafeln oder von der Terrasse des Bergrestaurants genießen kann. Auf der einen Seite schaut man in Richtung des **Massif des Écrins** und auf die **Grandes Rousses** und auf der anderen Seite geht der Blick über VAL THORENS hinweg bis zum **Mont Blanc**, dessen Spitze leider allzu oft in Wolken gehüllt ist.

Blick vom Cime de Caron auf Val Thorens.

Blick vom Col de la Madeleine auf das Mont Blanc-Massiv..

Auch diese Radfahrerfamilie hat den Col de la Madeleine als Etappenziel erreicht.

Haben wir bei anderen Routenplanungen doch zumeist das Glück ohne zurückzufahren von Ort zu Ort weiterziehen zu können, so funktioniert das hier in den Alpen oft nicht. Fährt man in ein Tal hinein, das in einem Kessel endet, muss man wohl oder übel denselben Weg zurückfahren. Das können lange Strecken sein, so ist es auch hier auf unserem weiteren Weg zum nächsten Ziel. Bis an die **Isère** bei MOUTIERS sind 37 Kilometer zurückzulegen und weitere 33 bis zum **Col de la Madeleine** [**101:** N45°26'07.2" E6°22'32.8"] unserem nächsten Etappenziel. Die Pass-Straße ist nicht nur bei Radfah-

rern sehr beliebt. Bei der Aussicht auf den **Mont Blanc** ist das auch kein Wunder. Der kleine Parkplatz ist bei gutem Wetter in den Sommermonaten so mit PKW gefüllt, dass es schwierig werden kann, das WOMO abzustellen. Unzählige Radler und Motorradfahrer haben ihre Zweiräder in die Nähe der kleinen Restaurants und Cafés abgestellt und sitzen draußen bei

Auf dem Col de la Madeleine.

Tarentaiserinder auf der Almwiese am Col de la Madeleine.

Hotelanlagen unterhalb des Col de la Madeleine in Saint-François-Longchamp.

Die Coopérative Laitière, eine der Produktionsstätten des Beaufortkäses.

einem Becher Eis, einem Kaffee oder einer Pizza. So lässt sich leibliches Wohl mit Augenschmaus verbinden.

Wanderungen sind sowohl im **Massif Lauzière** wie im **Massif de la Vanoise** in Richtung Valmorel möglich.

Im Jahre 1969 führte die **Tour de France** zum ersten Mal über diesen Pass. Seit dieser Zeit scheint der **Col de la Madeleine** ein Dauerabo auf die Teilnahme an diesem Radsportgroßereignis zu haben. Mindestens 25 weitere Male mussten sich die Radrennfahrer hier hochquälen. Rekordhalter für den Aufstieg von LA CHAMBRE bis zum Pass ist **Richard Virenque.** 56 Minuten nach dem Start war er oben. Wenn wir uns Mühe geben, schaffen wir das bergab auch in der Zeit, ganz ohne Doping.

Wir lassen uns aber Zeit, werfen noch einen Blick auf die vielen **Tarentaiserinder,** die an ihrer rotbraunen Farbe gut erkennbar sind und schauen ihnen beim grasen zu. Diese Jahrhunderte alte Rasse ist in der Lage auch in großen Höhen zu leben und in steilem Gelände und rauem Terrain zu weiden. Der weitere Weg führt uns durch die Bettenburgen des Skiortes ST-FRANÇOIS-LONG-

Die Ortsmitte von La Chambre.

CHAMP und nach rund 20 Kilometern haben wir den Stellplatz am Ortsrand von LA CHAMBRE erreicht. Wie der **Beaufort** von der Milch der **Tarentaiserinder** schmeckt, können Sie bei einem Einkauf in der **Laitière** in Sichtweite des Platzes erfahren. Da müssen Sie sowieso hingehen, um Jetons für die Frischwasserversorgung zu erwerben. Eine Besichtigung der Käserei mit **„dégustation“** ist dienstags bis freitags um 9.30 Uhr möglich. Auch anderer regionaler Produkte (Fleisch- & Wurstwaren) werden hier verkauft.

(102) Offizieller WOMO-Stellplatz: La Chambre, Aire Municipal de Camping Cars

GPS: N45°21'46.5" E6°17'50.5"; Place du Champ de Foire, 73130 La Chambre.
max. Womos: 10, maximale Länge 8 m.
Ausstattung: ebene asphaltierte Plätze, mit Wasserver- und Abwasserentsorgungentsorgung (mit Bodeneinlass), Kassettenentleerung (System Flot Bleu), Behälter für die Müllentsorgung, geöffnet von Mitte April bis Mitte Okt.
Lage: Ortsrand, in der Nähe des Flusses Arc, einem Nebenfluss der Isère.
Preise: kostenlos, Wasserver- und Wasserver- und Abwasserentsorgungentsorgung 2,00 € (nur mit Jeton, den es in der Laitière in Sichtweite des Platzes zu kaufen gibt). Max. Aufenthaltsdauer 72 h.
Zufahrt: Über die D76A, der Fortsetzung der Grand Rue die mitten durch den Ort in Richtung Albertville führt.

Das nette Städtchen verfügt darüber hinaus über kleine Restaurants, die in der Ortsmitte 500 Meter vom Stellplatz entfernt zu finden sind. Mit dem **Boulodrome** (Richtung Col de la Madelaine) gibt es ein weiteres Restaurant in Stellplatznähe. Hier werden preiswerte regionale Gerichte und Käsespezialitäten angeboten.

Tour 6

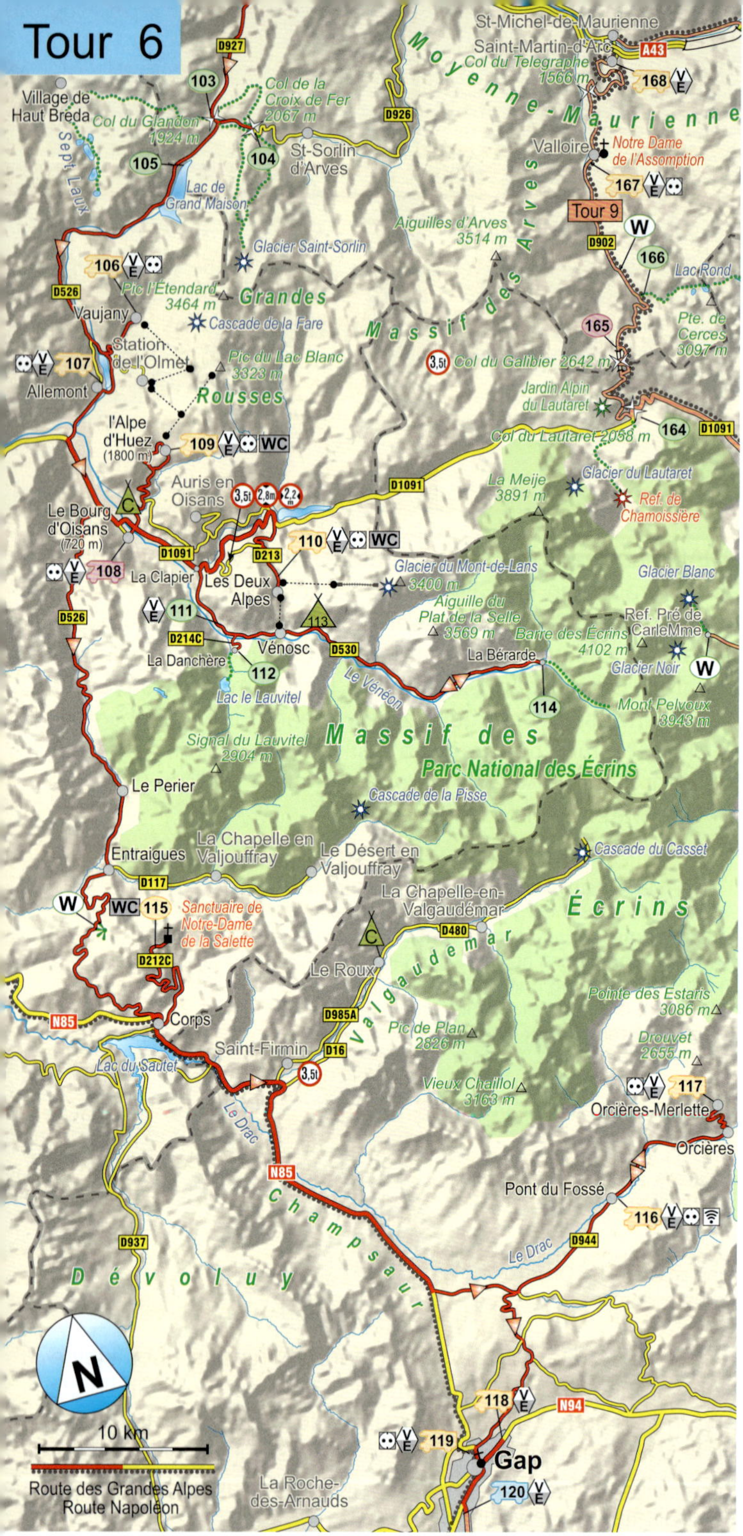

St-Michel-de-Maurienne
Saint-Martin-d'Arc
A43
Col du Telegraphe 1566 m
168
Moyenne-Maurienne
Valloire
Notre Dame de l'Assomption
167
Tour 9
D902
166
Lac Rond
Pte. de Cerces 3097 m
165
Col du Galibier 2642 m
3,5t
Jardin Alpin du Lautaret
164
D1091
Col du Lautaret 2058 m
Glacier du Lautaret
Ref. de Chamoissière
La Meije 3891 m
Glacier Blanc
Ref. Pré de CarleMme
Barre des Écrins 4102 m
Glacier Noir
Mont Pelvoux 3943 m
La Bérarde
114
Village de Haut Breda
Col du Glandon 1924 m
Col de la Croix de Fer 2067 m
103
104
105
D927
D926
St-Sorlin d'Arves
Sept Laux
Lac de Grand Maison
Glacier Saint-Sorlin
Aiguilles d'Arves 3514 m
Massif des Arves
106
D526
Pic l'Étendard 3464 m
Grandes Rousses
Cascade de la Fare
Vaujany
Station de l'Olmet
Pic du Lac Blanc 3323 m
107
Allemont
l'Alpe d'Huez (1800 m)
109
WC
Auris en Oisans
3,5t
2,8m
2,2m
D1091
Le Bourg d'Oisans (720 m)
C
108
La Clapier
D1091
D213
110
Les Deux Alpes
Glacier du Mont-de-Lans 3400 m
Aiguille du Plat de la Selle 3569 m
111
D214C
113
Vénosc
D530
La Danchère
112
Lac le Lauvitel
Le Vénéon
D526
Signal du Lauvitel 2904 m
Massif des Écrins
Parc National des Écrins
Le Perier
Cascade de la Pisse
Cascade du Casset
Entraigues
La Chapelle en Valjouffray
Le Désert en Valjouffray
D117
La Chapelle-en-Valgaudémar
W
115
Sanctuaire de Notre-Dame de la Salette
D212C
D480
C
Le Roux
Valgaudemar
Pointe des Estaris 3086 m
N85
Corps
D985A
Pic de Plan 2826 m
Drouvet 2655 m
Saint-Firmin
D16
Lac du Sautet
3,5t
Vieux Chaillol 3163 m
117
Orcières-Merlette
Orcières
Le Drac
N85
Champsaur
Pont du Fossé
116
D944
Le Drac
D937
Dévoluy
N
118
N94
119
Gap
120
10 km
Route des Grandes Alpes
Route Napoléon
La Roche-des-Arnauds

TOUR 6 (ca. 390 km)

Col du Glandon – Col de la Croix de Fer – Vaujany – Allemont – Le Bourg d'Oisans – l'Alpe d'Huez – Les Deux Alpes – La Danchère – Vénosc – La Bérarde – Sanctuaire de Notre-Dame de la Salette – Pont du Fossé – Orcières – Gap

Freie Übernachtung:	Col du Glandon, Col de la Croix de Fer, Lac de Grand Maison, La Danchère, La Bérarde, Sanctuaire de Notre-Dame de la Salette.
Offizielle Stellplätze:	Vaujany, Allemont, Le Bourg d'Oisans, l'Alpe d'Huez, Les Deux Alpes, Pont du Fossé, Orcières, Gap.
Campingplätze:	Vénosc.
Ver-/Entsorgung:	Vaujany, Allemont, Le Bourg d'Oisans, l'Alpe d'Huez, Les Deux Alpes, Pont du Fossé, Orcières, Gap.
Besichtigungen:	l'Alpe d'Huez (Ausgrabungsstätte), Vénosc (Bergdorf), Sanctuaire de Notre-Dame de la Salette, Pont du Fossé, Gap.
Wandern:	rund um die Pässe Col du Glandon und Col de la Croix de Fer, l'Alpe d'Huez, La Danchère – Lac de Lauvitel, La Bérarde
Baden/Wellness:	Gap - Freizeitbad

Wir verlassen den Stellplatz in LA CHAMBRE, fahren an der **Laitière** vorbei, durchfahren den Ort und stoßen nach zwei Kilometern auf einen Kreisverkehr, folgen den Hinweisschildern zur A43, sehen aber auch schon hier auf dem untersten Schild den Hinweis auf den **Col du Glandon**, unserem nächsten Ziel. Es folgt ein weiterer Kreisverkehr, hier liegt verkehrsgünstig ein Intermarché mit Tankstelle. Nach einem Schluck Diesel für das WOMO geht es weiter Richtung **Col du Glandon**. Wir fahren die Straße bis zum Ende durch, biegen rechts ab und wenig später in dem Örtchen SAINT-ÉTIENNE-DE-CUINES geht es links weiter. Nun geht es auf der D927 kontinuierlich den Berg hoch. Wie es sich für eine Pass-Straße gehört natürlich kurvenreich. Auch sehen wir hier, wie an den anderen Pass-Straßen auch, in Kilometerabständen die Hinweise für die Radfahrer mit Steigungs- und Höhenangabe sowie die Zahl der Restkilometer die bis zum Pass noch zu fahren sind. Die Frage: Wie weit ist es denn noch?, bekommt man damit fortlaufend beantwortet.

Blick zurück vom Col du Glandon auf den Col de Madeleine, dahinter das vergletscherte Mont Blanc-Massiv. Auf der rechten Seite im Mittelgrund das Vanoise-Massiv mit dem 3295 Meter hohen Cime de Caron.

(103) WOMO-Wanderparkplatz: Col du Glandon

GPS: N45°14'22.3" E6°10'32.0"; 73130 Saint-Colomban-des-Villards.

max. Womos: 5, maximale Länge 8 m.
Ausstattung: ebene geschotterte Plätze, geöffnet von Mai bis Oktober.
Lage: Pass zwischen der Arc (Maurienne) und der Romanche, nachts absolut ruhig.
Preise: kostenlos.
Zufahrt: Von La Chambre (Maurienne) über die D927, von Allemont (Romanchetal) über die D526.

Es ist schon ein erhebender Augenblick, wenn man nach der langen Fahrt aus dem WOMO aussteigen kann und im Blick zurück dieses Panorama vor Augen hat. Einige Stationen der letzten Tage lassen sich gut erkennen, wie der **Col de la Madeleine**, darunter der Skiort ST-FRANÇOIS-LONGCHAMP. Das mächtige **Vanoise-Massiv**, wo wir noch vor wenigen Tagen waren und vom **Cime de Caron** hierher geblickt haben, ist auch mehr als deutlich zu sehen. Und als Sahnehäubchen präsentiert sich heute das Mont Blanc-Massiv

wolkenfrei. Eine fantastische Aussicht, von der man sich gar nicht trennen mag.

Die Wahrscheinlichkeit hier einen Platz zur Übernachtung zu finden ist sehr hoch. Sollte hier dennoch alles mit PKW besetzt sein, kommt als Ausweichmöglichkeiten der benachbarte Pass in frage oder der **Lac de Grand Maison**. Die beiden Plätze stellen wir auf den nächsten Seiten noch vor.

Für den Wanderfreund sind diese drei Plätze ideal. Es gibt mehrere gut beschilderte Wanderwege mit unterschiedlichen Schwierigkeitsgraden und Längen.

Gleitschirmflieger am Col du Glandon.

Lac Cottepens, einer der Sept Laux im Massif d'Allevard.

Wanderungen am Col du Glandon

Rund 10 Kilometer ist ein Rundweg der **"circuit des trois cols"**, der wie der Name schon sagt, über drei Pässe führt, denn Glandon mit eingeschlossen. Der Weg auf den 2333 Meter hohen **Col de Bellard**, dem höchsten Punkt der Wanderung ist ca. 4 Kilometer lang. Ein Panoramaweg erster Güte. Hat man den **Col de Bellard** erreicht geht es über 3 Kilometer hinunter zum 2067 Meter hohen **Col de la Croix de Fer** und von dort zurück zum **Col du Glandon**. Für diese Wanderung benötigen Sie 3 bis 4 Stunden.

Etwa gleich lang ist der Weg zum **Col de la Croix**, der nach Westen führt. Es ist kein Rundweg, Sie gehen denselben Weg wieder zurück. Eine gleichmäßige Steigung von rund 650 Metern führt entlang des Gebirgsbaches Glandon bis zu dem Bergsee **Lac de la Croix**. Bis zum Pass ist dann noch ein steiniger Anstieg zu bewältigen. Haben Sie es geschafft, blicken Sie hinunter in das Tal der **Isère** und auf das **Massif de la Chartreuse**.

Wenn Sie diesen Pass überquert haben und durch das **Combe Madame** in Richtung **Village de Haut Breda** weitergehen, können Sie nach einem erneuten Anstieg von rund 1400 Metern im Massif d'Allevard zu den **Sept Laux** gelangen. Eine Hochgebirgslandschaft mit sieben größeren und kleineren Seen. Rund 20 sehr anstrengende Kilometer müssen Sie dafür gehen und für eine oder zwei Nächte auf das bequeme Bett im WOMO verzichten. Ohne Übernachtung in einer der beiden Schutzhütten (Ref. de la Combe Madame und Ref. de Sept Laux) ist das nicht zu bewältigen. Für diese Bergwanderung brauchen Sie sehr gute Kondition und Erfahrung. Natürlich müssen Sie auch über das notwendige Equipment verfügen und dabei haben.

Vom **Col du Glandon** bis zum **Col de Croix de Fer** sind es auf der Straße zur 2,5 Kilometer. Er liegt auf einer Höhe von 2067 Metern, die Steigung dorthin ist kaum zu bemerken. Auch hier finden sich in den Sommermonaten zahlreiche Rad- und Motorradfahrer ein, machen Selfies mit dem Schild der Passhöhe im Hintergrund und versenden es auch gleich per WhatsApp. Ein Ritual, das Sie auf den Pässen immer wieder sehen werden. Da braucht man manchmal schon Geduld, wenn man ein Foto machen möchte, ohne das jemand davor steht, den man nicht kennt. Die einen brausen nach dem Fototermin gleich weiter, andere gehen in das kleine Chalet am Col und trinken etwas oder essen eine Kleinigkeit.

Das Chalet du Col de la Croix de Fer.

Wer mit Begeisterung Alpenpässe fährt, für den mag der **Circuit des Grand Cols** vielleicht interessant sein. Eine Rundfahrt, die den **Col de Croix de Fer,** den **Col du Telegraphe**, den **Col du Galibier** und den **Col du Lautaret** miteinander verbindet. Dazu fährt man von hier über die D926 hinunter in das mittlere **Maurienne**, fährt im Tal bis nach SAINT MICHEL, von dort zum **Galibier** und dann über den **Lautaret** auf der D1091 in Richtung GRENOBLE. Bevor man dann über die D526 wieder zum Ausgangspunkt zurückkehrt, lässt sich auf dieser Runde noch ein Besuch von L'ALPE D'HUEZ dazwischen schieben.

Wir machen das nicht in dieser Form. Unsere Routenführung sieht das so nicht vor. Das die genannten Pässe, die Teil der **Route des Grandes Alpes** sind, einen besonderen Reiz haben, ist fraglos richtig. Wir heben Sie uns für den Rückweg auf und haben sie in Tour 9 integriert.

(104) WOMO-Wanderparkplatz: Col de la Croix de Fer

GPS: N45°13'39.9" E6°12'10.0"; 73530 St. Sorlin d'Arves.

max. Womos: 10, maximale Länge 8 m.

Ausstattung: ebene geschotterte und asphaltierte Plätze, geöffnet von Mai bis Oktober.

Lage: Pass zwischen Col du Glandon und Saint-Jean-de-Maurienne, nachts absolut ruhig.

Preise: kostenlos.

Zufahrt: Vom Col du Glandon und von St-Jean-de-Maurienne- über die D926.

Wir haben uns hier am **Col de Croix de Fer** noch eine kleine Wanderung vorgenommen. Genießen aber zunächst das Panorama, nachdem wir das WOMO auf dem relativ großen Platz hinter der Passmarkierung abgestellt haben.

Wanderungen am Col de la Croix de Fer

Den **"circuit des trois cols"**, kann man von hier genauso gehen, wie vom **Col du Glandon**, das müssen wir hier nicht wiederholen. Zwei andere Wege sind noch interessant. Zum einen ist das der **"circuit des petits lacs"** eher ein Spaziergang als eine Wanderung, zum anderen die **"Tour des Trois Lacs"** eine Wanderung die zu zwei größeren Bergseen führt. Zu dem ca. 2 Kilometer langen **"circuit des petits lacs"** gibt es nicht viel zu sagen. Der Wanderweg ist zu einem großen Teil auf dem oberen Panoramafoto zu sehen.

Für die Tour des **Trois Lacs** benötigen Sie mindestens einen halben Tag. Der Weg zum ersten See, an dem die **Refuge de l'Étendard** auf 2428 Metern Höhe steht, ist etwas mehr als 4 Kilometer lang. Hier am **Lac Bramant** wird der Weg erst richtig interessant. Man kann um ihn herumgehen oder gleich weiter zum nächsten, etwas höher gelegenen **Lac Blanc** wandern. Das sind noch einmal rund 1,5 Kilometer. Wenn Sie dann noch nicht müde sind, folgen Sie dem Pfad zum **Gletscher Saint-Sorlin** an der Nordabdachung des Massivs **Grandes Rousses**, unterhalb des 3464 Meter hohen **Pic l'Étendard**. Er ist vom Seeufer bereits gut zu sehen. Das sind noch einmal 3 Kilometer und es geht noch einmal 200 Meter höher.

Auf dem Weg zurück zum **Lac Bramant** dürfen Sie sich auf ein Gratin freuen, das in der **Refuge de l'Étendard** neben Getränken angeboten wird. Bleibt noch zu erwähnen, das der Blick nach Westen auf die **Chaîne de Belledonne** in dem sich die Skigebiete Grenobles befinden sehr beeindruckend ist. Aber was ist hier in dieser Landschaft eigentlich nicht beeindruckend?

Blick nach Süden auf die Gebirgskette des Massif des Arves mit den spitzen Felsnadeln Aiguilles d'Arves die bis zu 3514 Meter hoch in der Mitte des Bildes aufragen. Dahinter verbergen sich die berühmten Pässe Col du Galibier und Col du Lautaret. Am rechten Rand des Fotos sind die Ausläufer des Grandes Rousses zu sehen. Bekanntester Ort dieses Gebirgsmassivs ist l'Alpe d'Huez unterhalb des 3323 Meter hohen Pic du Lac Blanc..

Auf dem "circuit des petits lacs" einem Spazierweg von ca. 2 Kilometern Länge lassen sich die Seen bequem umrunden.

Wasserfälle des l'Eau d'Olle.

Das Schmelzwasser des **Saint Sorlin Gletschers,** das die soeben bei der Wanderung beschriebenen Seen durchfließt, stürzt in einem malerischen Wasserfall weiter zu Tal. An diesem Wasserfall kommt man vorbei, wenn man vom **Col de Croix de Fer** die D926 in das **Vallée de l'Eau d'Olle** in Richtung ALLEMONT hinunterfährt. Der Wasserfall geht in den Gebirgsbach **l'Eau d'Olle** über und speist den Stausee **Lac de Grand-Maison**. Dieser fungiert zusammen mit dem 926 Meter tiefer liegenden **Lac du Verney** als Pumpspeicherwerk und dient somit in erster Linie der Gewinnung von Elektrizität. Beide sind über lange Stollen miteinander verbunden in denen das Wasser hinunter gelangt, um Turbinen anzutreiben oder bei Energieüberschuss auch wieder hoch gepumpt wird, um bei Bedarf wieder zur Verfügung zu stehen. Wer sich über die Funktionsweise und über die **Hydroelektriziät** näher informieren will, der findet unten am **Lac du Verney** ein interessantes, relativ neu eingerichtetes Museum dazu. (**Musée EDF Hydrélec**, Route du Lac, 38114 Vaujany, GPS: N45°08'43.8" E6°03'12.3").

Der Gebirgsbach l'Eau d'Olle.

Wie bei fast allen Stauseen herrscht am **Lac de Grand-Maison** ein striktes Badeverbot. Nicht verboten ist es die Plätze

Wie im Verkaufsprospekt der Wohnmobilhersteller.

am Rande des Sees für Picknicks oder für Übernachtungen zu nutzen. Wir waren überrascht den Platz hier so leer vorzufinden. Hier können Sie mit dem WOMO so stehen, wie es in den Verkaufsprospekten der Herstellerfirmen gern gezeigt wird, ganz einsam und allein. Verblüffend, nur wenige Meter von den fast überfüllten Pässen dergleichen vorzufinden. Auf eine Fernsicht muss man hier allerdings verzichten. Hier bleibt nur der Blick auf den See und die umliegenden Berge. Trotzdem, ein wunderbarer Platz, so ganz nach unserem Geschmack.

(105) WOMO-Wanderparkplatz: Lac de Grand Maison

GPS: N45°13'28.7" E6°08'45.6"; 73130 Saint-Colomban-des-Villards.

max. Womos: 10, maximale Länge 8 m.

Ausstattung: ebene asphaltierte Plätze, geöffnet von Mai bis Oktober.

Lage: Unterhalb des Col du Glandon, nachts absolut ruhig.

Preise: kostenlos.

Zufahrt: Von La Chambre (Maurienne) über die D927 und den Col du Glandon, von Allemont (Romanchetal) über die D526.

Was man hier oben um und an den Pässen nicht hat, sind Versorgungseinrichtungen für Wohnmobile. Wenn man sich längere Zeit hier aufhält, ist es dann irgendwann mal dringend nötig eine Station aufzusuchen. Mit den nächsten Plätzen wird das Problem erledigt.

Wir fahren die D526 weiter hinunter in Richtung ALLEMONT. Nach rund 20 Kilometern treffen wir auf den bereits genannten **Lac du Verney** und fahren hier am Nordufer des Sees links ab Richtung VAUJANY. Nun geht es 5 Kilometer hoch bis zum offiziellen Stellplatz des Ortes.

(106) Offizieller WOMO-Stellplatz: Vaujany, Aire Municipale

GPS: N45°09'24.8" E6°04'48.8"; Route des Combes, 38114 Vaujany.
max. Womos: 10, maximale Länge 8 m.
Ausstattung: Leicht geneigte asphaltierte Plätze, mit Wasserver- und Abwasserentsorgung (mit Bodeneinlass), Kassettenentleerung, Behälter für die Müllentsorgung, Stromanschlüsse, ganzjährig geöffnet.

Lage: Ortsrand, neben Skilift.
Preise: Wasserver- und Abwasserentsorgung kostenlos, Strom 10,00 € für 24h, der nur mit einem Jeton zu beziehen ist, den man im Office de Tourisme kaufen kann (Entfernung 850 m, zu Fuß den Hang hinauf in der Ortsmitte).
Zufahrt: Nach dem Ortseingang teilt sich 100 Meter hinter der Kirche die Straße. Hier die Straße nehmen die bergab führt und bis zum Ende durchfahren.

Der Wasserfall Cascade de la Fare.

Das Bergbauerndorf hat sich zu einem reinen Touristenort entwickelt. Hier hat man darauf geachtet, die Architektur der Gebäude im alpenländischen Stil zu halten. Scheußliche Bettenburgen wie in manch anderen Skiorten sehen Sie hier nicht. Im Süden des Ortes hat man einen schönen Blick auf den Wasserfall **Cascade de la Fare** der hier am Fuße des **Pic l'Étendard** fast 1000 Meter in die Tiefe stürzt.

Eine Seilbahn führt auf den 2810 Meter hohen **Dôme des Petites Rousses**, von dort kann man zu Fuß nach L'ALPE D'HUEZ weiterkommen, oder man fährt im Seilbahnzickzack über die STATION DE L'OLMET durch die Bergwelt zu diesem berühmten Ort.

ALLEMONT, die nächste Station, die wir mit dem WOMO anfahren, liegt an der Südwestecke des **Lac du Verney**. Hierher zu finden ist nicht schwer. Der Ort wirkt ein wenig verschlafen. Viele der Häuser in der Ortslage am Hang ha-

Lac du Verney in Allemont.

ben wochentags die Fensterläden geschlossen. Längst von den eigentlichen Bewohner verlassen dienen sie heute als Wochenend- oder Ferienhäuser. Der Stausee ist nicht stark belebt. Auch im Hochsommer paddeln hier nur wenige Besucher oder fahren Tretboot, das man sich hier ausleihen kann. Im Restaurant **La Guingette** direkt am Seeufer kann man sehr gut essen und dabei den Stehpaddlern zuschauen.

(107) Offizieller WOMO-Stellplatz: Allemont, Aire de camping-car Point Bleu

GPS: N45°07'56.9" E6°02'34.5"; Barrage du Verney, 38114 Allemont.
max. Womos: 8, maximale Länge 8 m.

Ausstattung: Asphaltierter Platz mit leichtem Gefälle, mit Wasserver- und Abwasserentsorgung (mit Bodeneinlass), Kassettenentleerung, Behälter für die Müllentsorgung, 1 Stromanschluss an der Versorgungssäule, maximale Aufenthaltsdauer 72h. Geöffnet vom 15.4. bis 18.11.
Lage: Ortsrand, etwas oberhalb des Stausees.
Preise: kostenlos, Kassettenentleerung und Grauwasserentsorgung kostenlos, Wasserversorgung sowie Strom 2,00 € (55 Minuten). Dazu wird ein Jeton benötigt, den man im Office de Tourisme kaufen kann (Entfernung 1200 Meter, zu Fuß in die Ortsmitte hinunter. Adresse: 400 Route des Fonderies Royales, 38114 Allemont).
Zufahrt: Über die D526, die am See entlang und über die Staumauer führt. Am Ende der Staumauer rechts abbiegen.

Wir setzen unsere Reise fort und fahren die D526 weiter hinunter in das Tal der **Romanche**. Nach 3,5 Kilometern haben wir D1091 erreicht und biegen links ab nach BOURG-D'OISANS. In dem Städtchen angekommen, finden wir wieder einen Platz aus der Kategorie „nicht schön, aber praktisch".

(108) WOMO-Picknickplatz: Le Bourg d'Oisans, Casino supermarché

GPS: N45°03'26.7" E6°02'05.1"; Rue de Belledonne, 38520 Le Bourg-d'Oisans.
max. Womos: 2, maximale Länge 9 m.
Ausstattung: ebene asphaltierte Plätze, mit Wasserver- und Abwasserentsorgung (mit Bodeneinlass), Kassettenentleerung, Behälter für die Müllentsorgung, Tankstelle, Autostaubsauger, ganzjährig geöffnet.
Lage: Ortsrand, laut, nicht schön, aber praktisch. Für eine Übernachtung nicht zu empfehlen.

Preise: kostenlos, Kassettenentleerung, Wasserver- und Abwasserentsorgung sowie Strom 2,00 € (System Flot Bleu) zu zahlen mit EC-Karte und PIN.
Zufahrt: Dort, wo es auf der D1091 im Kreisverkehr nach l'Alpe d'Huez geht, die erste Ausfahrt in Richtung Ortsmitte von Le Bourg-d'Oisans nehmen und nach ca. 350 Metern rechts abbiegen.

Nachdem wir die Bordküche aufgefüllt haben, machen wir uns auf den Weg nach L'ALPE D'HUEZ, einen der bekanntesten Wintersportorte Frankreichs, das mehr als 1000 Meter über dem Tal der **Romanche** liegt.

Nicht weniger als 21 Kehren und 14 Kilometer liegen ab dem Kreisverkehr an der D1091 kurz hinter dem Supermarkt in BOURG-D'OISANS vor uns. Jede dieser Kehren trägt ein Schild mit dem Namen eines Etappensiegers, der diesen gefürchteten Streckenabschnitt der **Tour de France** für sich entscheiden konnte. Da die Organisatoren sich nun schon mehr als 21-mal für L'ALPE D'HUEZ als Etappenort entschieden haben, hat man begonnen die Kehren doppelt zu benennen. Der schnellste Fahrer für diesen Streckenabschnitt von unten nach oben schaffte es, unter 38 Minuten zu bleiben. Diese Zeit wurde 1997 von **Marco Patani** (*13.1.1970; †14.2.2004) erzielt. So schnell sind wir mit dem WOMO nicht. Mag seine Zeit damals auch nur durch die Einnahme von Dopingmitteln möglich gewesen sein, so ist sie dennoch beachtlich. Oben angekommen fahren wir an dem Ortseingangszeichen, einem Rennrad mit dem Schriftzug der Gemeinde vorbei und suchen den Weg zum Stellplatz. Lesen Sie dazu bitte den letzten Absatz der Stellplatzbeschreibung auf der folgenden Seite.

Am Ortseingang von l'Alpe d'Huez.

(109) Offizieller WOMO-Stellplatz: l'Alpe d'Huez, Parking de Brandes

GPS: N45°05'13.8" E6°04'46.4"; Chemin de Fond Morelle, 38750 l'Alpe d'Huez.
max. Womos: >20, maximale Länge 9 m.
Ausstattung: fast topfebener asphaltierter Platz, mit Wasserver- und Abwasserentsorgung (mit Bodeneinlass), Kassettenentleerung, Behälter für die Müllentsorgung, Stromanschlüsse an den zwei Versorgungssäulen im Eingangsbereich, WC, ganzjährig geöffnet.
Lage: Ortsrand, neben Sportanlagen und Flugplatz.
Preise: 10,80 € pro Fahrzeug mit 2 Personen, nur mit EC-Karte zu zahlen. Mit der Bezahlung wird ein Nummerncode ausgedruckt, den man nach der automatischen Öffnung der ersten Schranke vor der zweiten Schranke an einer Säule über eine Tastatur eingeben muss. Dabei soweit vorfahren, dass die erste Schranke wieder automatisch geschlossen wird, sonst funktioniert die Öffnung der zweiten Schranke nicht. Kassettenentleerung, Wasserver- und Abwasserentsorgung sowie Strom sind im Preis enthalten (nur jeweils zwei Steckdosen an einer Versorgungssäule).

Zufahrt: Bei der Ankunft in l'Alpe d'Huez in Richtung "Quartier Bergers" fahren und der Beschilderung mit dem Womo-Zeichen folgen. Das ist allerdings relativ klein und kann schnell übersehen werden.

Bleiben wir noch einen Moment beim Radsport, dem man sich hier gar nicht entziehen kann. Neben der **Tour de France** gibt es hier mehrere Veranstaltungen für Nachwuchsfahrer oder für Radsportler, die es nicht schaffen in ein **Tour de France-Team** aufgenommen zu werden. Diese Veranstaltungen ziehen natürlich nicht so viele Zuschauer an, aber auch sie sind aufwändig gestaltet und international besetzt. Auch für diese Radsportveranstaltungen werden teilweise die Straßen gesperrt und wenn Sie Pech haben, dann stehen Sie mit dem WOMO vor einer dieser Sperren und kommen nicht weiter. Auch als Fußgänger oder Wanderer muss man

Anfeuerungen auf dem Asphalt.

Endlich im Ziel.

Aussicht vom Lac Blanc auf l'Alpe d'Huez und das Oisans.

hier aufpassen, wenn man in den Bergen unterwegs ist. Die Downhill-VTT-Strecken sollte man tunlichst meiden. Neben den Radrennfahrern tummeln sich hier unzählige **Mountainbiker**, die sich mit der Seilbahn inklusive dem Rad eine oder zwei Stationen nach oben transportieren lassen, um dann den Weg auf ausgeformten Naturstrecken nach unten brausen zu können. Gleich mehrere Bahnen mit unterschiedlichen Schwierigkeitsgraden stehen zur Verfügung. Mit Helm und Schutzkleidung versehen, fangen schon die Kleinsten damit an.

Downhillfahrer in Aktion.

Auch der Nachwuchs ist schon dabei.

Mit der Seilbahn **(téléphérique du Pic Blanc)** können Sie sich bis auf 3330 Meter bringen lassen. Zu Fuß sind das 9-10

Kilometer. Je nachdem, welchen Weg man wählt, ist man mindestens drei Stunden unterwegs, um die 1000 Meter Höhenunterschied zu bewältigen. Mit der Seilbahn geht das natürlich schneller und bequemer. Drei Bergstationen gibt es auf der Fahrt nach oben. Sie liegen in 2100, 2700 und 3300 Metern Höhe, eine Mischung aus Seilbahnfahrt und Wanderung ist damit auch möglich. Die Höhe von 2100 Metern wird von den Mountainbiker genutzt. Auf der mittleren Höhe geht es zum **Lac Blanc** einen Bergsee mit angelegtem Alpengarten und in die **Grotte de Glace**, eine künstlich angelegte Eishöhle, mit aus Eis geformten Fabelwesen.

Alpenwollgras am Lac Blanc.

Kratzdistel im Alpengarten.

Aufstieg zur Burgruine Brandes.

Mauerreste eines Gebäudes der Silbermine.

Die Burgruine Brandes.

Wer ganz nach oben fährt hat bei gutem Wetter einen wunderbaren Blick auf das **Massif des Écrins** mit dem **Meije** und dem **Pelvoux** im Süden (siehe Tour 9). Im Westen erkennt man die **Chaîne de Belledonne** und dahinter das **Massif de la Chartreuse** und im Nordosten das **Massif de la Vanoise.** Man kann sogar den Gletscher **La Grand Motte** bei TIGNES erkennen. Ein Ort, den wir in Tour 10 besuchen werden.

L'ALPE D'HUEZ mit seinen Bettenburgen sieht so aus, als sei es eine reine Retortenstadt. Ist sie aber nicht. Über die **mittelalterliche Stadt** die hier bestand wird wenig berichtet. Sie ist als Ruinenstätte noch vorhanden und nur wenige Hundert Meter vom Stellplatz entfernt. Um sie zu besuchen muss man nur dem Sträßchen am Flugplatz in südliche Richtung folgen und auf die Schilder mit dem Hinweis **„Site archéologique de Brandes“** achten. Schnell sieht man die blau-gelbe Fahne der ehemaligen Provinz **Dauphiné** über der Burgruine flattern, die zu dieser Ruinenstätte des **Brandes** genannten Ortes gehört. Über Jahrzehnte wurde hier intensiv geforscht und die mittelalterlichen Anlagen des Silberbergbaus

Die Ruine der Kirche St. Nicolas.

aus dem 12.-14. Jahrhundert freigelegt. Der Ort erstreckt sich über einen Kilometer und gibt Einblick in die Organisation eines Dorfes mit seinen Wohnungen und seinen Arbeitsstätten mit Zerkleinerungs- und Waschanlagen sowie seine Symbole der politischen (Burg) und religiösen Macht (St. Nicolas-Kirche). Anhand der ausgegrabenen Wohnhäuser, Werkstätten und geborgenen Begleitfunde konnte die Arbeits- und Lebenswelt der Bergleute gut rekonstruiert werden. Bei den Fundobjekten handelt es sich um Gebrauchsgegenstände wie Arbeitsgeräte, Schmiedewerkzeug und anderem mehr. Mit einigen Schautafeln an den Ruinen wird die Bedeutung und Funktion der Gebäude erklärt. Eine Auswahl der Fundstücke sind im **Musée d'Huez et de l'Oisans** in der ersten Etage des **Palais des Sports et des Congrès** ausgestellt. Das Museum befindet sich ca. ein Kilometer vom Stellplatz entfernt in der Stadtmitte. Es ist in den Sommermonaten Juli und August vormittags von 10.00 bis 12.00 Uhr und nachmittags von 14.00-19.00 Uhr geöffnet. In der Vor- und in der Nachsaison ist es geschlossen. In unmittelbarer Nähe gibt es zahlreiche Restaurants. Sie werden das für Sie passende finden, um bei einem gemütlichen Abendessen den nächsten Tag zu planen. So kommen wir gleich zum nächsten Ziel.

Die zwei benachbarten Almdörfer L'ALPE-DE-MONT-DE-LANS und L'ALPE-DE-VENOSC haben sich zusammengeschlossen und sich unter dem kurzen Namen LES DEUX-ALPES einen guten Ruf unter den Wintersportorten in den Alpen erworben. Da es auch für die Sommertouristen einiges zu bieten hat, haben wir uns diesen Ort als nächstes Ziel erkoren. Dazu geht es wieder hinunter in das **Romanche-Tal** und unten im Kreisverkehr angekommen auf der D1091 weiter in Richtung BRIANÇON. Wenn Ihr Navi Sie hinter LA CLAPIER lockt scharf rechts abzubiegen, um die kürzeste Verbindung nach LES DEUX-ALPES zu fahren, so beachten Sie bitte die Durchfahrtsbeschränkungen auf der Tourenkarte zu Beginn dieses Kapitels. Wir kommen da nicht hoch, wir sind zu breit und zu schwer. Deshalb fahren wir weiter bis zu dem Stausee **Barrage du Chambon** und fahren von dort hoch nach LES DEUX-ALPES und haben nach 21 Kilometern den Stellplatz am Ortseingang erreicht.

(110) Offizieller WOMO-Stellplatz: Les deux Alpes, Aire Municipale

GPS: N45°01'25.8" E6°07'17.3"; Avenue de la Muzelle, 38860 Les Deux Alpes.
max. Womos: 40, maximale Länge 8 m.
Ausstattung: trister, ebener asphaltierter Platz, mit WC, Wasserver- und Abwasserentsorgung (mit Bodeneinlass), Kassettenentleerung, Behälter für die Müllentsorgung im Eingangsbereich, mehrere Stromsäulen, maximale Aufenthaltsdauer 7 Tage, ganzjährig geöffnet.

Lage: Ortsrand, neben Skianlagen.
Preise: 12,00 € pro Fahrzeug mit 2 Personen, Kassettenentleerung, Wasserver- und Abwasserentsorgung sowie Strom sind im Preis enthalten. Ohne Stromversorgung 8,00 € pro Tag. Zahlung nur mit EC- oder Visa-Karte möglich.
Zufahrt: Über die D213 am Ortseingang von Les Deux Alpes auf der linken Seite.

Am Stellplatz gibt es eine Bushaltestelle. Ein kostenloser Shuttlebus fährt alle 40 Minuten in den lang gezogenen, längst zusammengewachsenen Doppelort. Er fährt mehrere Stationen der Gemeinde an und hält vor dem **Maison du Tourisme**. Von hier sind es nur wenige Meter bis zur Seilbahnstation des **Jandri-Express**. Die erste Station dieser Seilbahn liegt auf 2600 Metern Höhe. Hier heißt es umsteigen in die zweite Bahn, die auf 3200 Meter Höhe führt. Hier kann man die **Grotte de Glace** besuchen. Ein besonderes Erlebnis ist die Fahrt mit der **Funiculaire des deux Alpes**, dessen Stationsgebäude unweit der Seilbahnstation zu sehen ist. Über 1722 Metern Länge führt sie durch den Gletscher **Mont-de-Lans**. Auf 3400 Metern steigt man auf dem Gletscher aus. Wem das noch nicht hoch genug ist, der marschiert noch einen Kilometer weiter auf den

Nettes Lokal in Les deux Alpes.

Zum greifen nah, das Massif des Écrins.

3568 Meter hohen **Dôme de la Lauze**. Hier erscheint das Massif des Écrins zum greifen nah.

Einen schönen Blick auf den **Grande Roche de la Muzelle** mit seinem Gletscher und in das tiefe Tal des **Vénéon** hat man von einem Aussichtspunkt mit Orientierungstafel in der Nähe der Seilbahnstation, die zu dem malerischen Bergbauerndorf VÉNOSC hinunter führt. Wer mit einem großen Fahrzeug unterwegs ist und diesen schönen Ort besuchen möchte, dem empfehlen wir die Seilbahn zu nutzen (6,00 €).Unten im Tal werden Sie nur schwer einen Parkplatz finden. Es führt auch ein Wanderweg hinunter, er ist 3 Kilometer lang, Höhenunterschied 620 Meter.

Les deux Alpes. Im Hintergrund der 3465 Meter hohe Grande Roche de la Muzelle mit seinem Gletscher.

Die weitere Fahrt wird nun ein wenig abenteuerlich. Die 22 Kilometer bis zu dem Stellplatz **les Ougiers** gehen ja noch, aber ab VÉNOSC ist man als Fahrer im Tal des **Vénéon** ganz schön gefordert. Aber nun der Reihe nach.

In **Les Ougiers** wurde am Rande eines aufgelassenen Steinbruchs eine Wasserver- und Abwasserentsorgungsanlage für Wohnmobile eingerichtet. Diese kann auch von großen Fahrzeugen angefahren werden und hier haben große Fahrzeuge auch ausreichend Platz abgestellt zu werden. Wer mit einem solchen unterwegs ist und zu dem schönen Bergsee **Lauvitel** wandern möchte, der sollte sein Fahrzeug hier abstellen. Von hier sind dann bis zum Uferrand rund 5 Kilometer zu gehen, Höhenunterschied 670 Meter.

Der Wanderparkplatz **La Danchère** liegt wesentlich näher am See. Von hier sind nur 3 Kilometer zu gehen und der Höhenunterschied schrumpft auch gleich um 150 Meter. Doch der Weg dorthin ist eng und der Parkplatz sehr klein. Wir sind dorthin gefahren, haben keinen Platz gefunden und sehr viel Mühe aufwenden müssen, um das Fahrzeug zu wenden.

Der reizvolle **Lauvitel** liegt auf 1530 Metern Höhe und ist der größte See im **Massif des Écrins**. Er hat eine Fläche von 25 bis 35 Hektar und eine Tiefe von maximal 65 Metern. Die Seespiegelhöhe schwankt. Im Sommer verliert er Wasser durch Verdunstung und durch das poröse Gestein im Unter-

(111) WOMO-Wanderparkplatz: Les Ougiers

GPS: N44°59'45.2" E6°04'35.3"; Les Ougiers, 38520 Vénosc
max. Womos: >10, maximale Länge 10 m
Ausstattung: ebener geschotterter Platz, ganzjährig geöffnet.
Lage: Ortsrand.
Preise: kostenlos.
Zufahrt: Über die D530 4 km hinter der Abfahrt von der D1091 in La Clapier vor der Hotelanlage Au Bon Accueil links abbiegen.

(112) WOMO-Wanderparkplatz: La Danchère

GPS: N44°59'14.8" E6°04'46.5"; D214C 38520 Vénosc
max. Womos: 2, maximale Länge 6,5 m
Ausstattung: leicht geneigte geschotterte Plätze, ganzjährig geöffnet.
Lage: Ortsrand.
Preise: kostenlos.
Zufahrt: Die D214C bis zum Ende durchfahren.

Lauvitel bei La Danchére.

grund. Mit der Schneeschmelze wird er durch die ihm zufließenden Gebirgsbäche wieder aufgefüllt. Er selbst ist abflusslos, es gibt keinen Bach oder Wasserfall der den See verlässt.

Vom See bis zu dem schon genannten malerischen Bergdorf VÉNOSC ist es nur ein Katzensprung. Dic 4 Kilometer sind schnell bewältigt. Stellt sich die Frage wo kann man parken? Wer mit einem Kastenwagen unterwegs ist, kann in den Ort hineinfahren und hier (**GPS:** N44°59'24.2" E6°07'01.2") parken. Wer mit einem größeren Fahr-

Gasse mit Restaurant in Vénosc.

(113) WOMO-Campingplatz-Tipp: le Champ du Moulin

GPS: N44°59'09.9" E6°07'11.5"; 102 route du Grand Pré, 38520 Vénosc.
max. Womos: 10, maximale Länge 7 m.
Ausstattung: ebene Plätze zwischen 80 und 150 m, geöffnet zwischen Mitte Dez. und Ende April sowie zwischen Mitte Mai und Mitte September.
Lage: Ortsrand.
Preise: Je nach Saison zwischen 26,00 und 30,00 € für eine Fahrzeug mit 2 Personen, Strom, Wasserver- und Abwasserentsorgung inklusive.
Zufahrt: Über die D530, 500 Meter hinter der Seilbahnstation und dem Office de Tourisme auf der rechten Seite am Ufer des Flüsschens le Vénéon.

Bauernhaus in Vénosc.

zeug unterwegs ist, der parkt beim **Office de Tourisme** an der Seilbahnstation (**GPS:** N44°59'12.8" E6°06'57.9"), wenn man noch einen Platz findet, denn das Dorf wird gern besucht.

Hart muss das Leben der Bauern gewesen sein, die hier in den Bergen von der Subsistenzwirtschaft lebten, d.h. alles was sie konsumiert haben und zum Leben benötigten, auch selbst anbauen oder erzeugen mussten.

Das änderte sich Ende des 19. Jahrhunderts mit dem Beginn der touristischen Entwicklung. Immer mehr Gäste kamen, wollten in den Bergen wandern, Ski fahren und die Natur erleben. So wurden aus vielen Einwohnern dieses Ortes Bergführer oder Skilehrer und die Landwirtschaft wurde weitgehend aufgegeben. Da die Gäste ja auch irgendwo unterkommen und verpflegt werden mussten, entwickelte sich nach und nach auch die Hotellerie und Gastronomie in diesem, wie in anderen Orten dieser Region auch. Einen richtigen Schub für diese Entwicklung gab der Bau der Straße nach LA BÉRADE, der noch mehr Touristen ins Tal lockte. VÉNOSC hat gegenüber anderen Orten den Charme der alten Bausubstanz bewahrt. Heute sind in den alten Bauernhäusern Restaurants, Souvenirshops und dergleichen untergebracht.

Saint Christophe-en-Oisans.

Blick auf den 3595 Meter hohen Aiguille du Plat de la Selle.

Wer den Mut hat nach LA BÉRARDE weiter zu fahren, steht nun vor eine fahrerischen Bewährungsprobe. Mag die Strecke nach SAINT CHRISTOPHE-EN-OISANS auch noch halbwegs gut zu fahren sein, so wird die Straße nach diesem Ort eng und schmal, sehr schmal! Wenn einem dann noch der Omnibus entgegenkommt der im Pendelverkehr in den Sommermonaten Bergwanderer hin- und herfährt, stehen einem schnell die Schweißperlen auf der Stirn. Wir wollen Ihnen damit keine Angst machen, nur darauf hinweisen, dass es eng und knifflig werden kann.

Wanderwegweiser in La Bérarde.

Bei der Ankunft werden Sie dafür mit einem Platz belohnt der einsam im Tal liegt und sie sind mittendrin im **Parc National des Écrins**. Hier ist die Straße zu Ende und es geht nur noch zu Fuß weiter. Nur 10 Kilometer (Luftlinie)

(114) WOMO-Wanderparkplatz: La Bérarde

GPS: N44°55'55.4" E6°17'29.0"; La Berarde et le Gravier, 38520 Saint-Christophe-en-Oisans.
max. Womos: >5, maximale Länge 7 m
Ausstattung: ebene geschotterte Plätze, ganzjährig geöffnet.
Lage: Ortsrand.
Preise: kostenlos.
Zufahrt: Die D530 bis zum Ende durchfahren.

trennen uns von dem Platz in PELVOUX, von dem wir eine Wanderung zum **Glacier Noir** (Tour 9) gemacht haben. Den kann man auch von diesem Platz erreichen, setzt aber eine anstrengende zweitägige Bergtour mit Hüttenübernachtung voraus, denn irgendwie muss man ja um den 4102 Meter hohen **Barre des Écrins** herumkommen. Einfacher ist es, nur bis zur **Carrelet-Hütte** weiter hinten im Tal zu gehen. Das sind 3,5 Kilometer, die man links und rechts von hohen Felswänden begleitet in einer Stunde schaffen kann. Es gibt noch einige andere Wege, die man auch ohne eine Wanderkarte dabei zu haben gehen kann. Sie werden Ihren Weg auf der großen Wandertafel am Stellplatz finden.

Wenn man etappenweise in ein langes Tal gefahren ist, erscheint der Rückweg besonders lang. Zum nächsten Ziel gibt es keine Abkürzungen oder Querverbindungen. Also den ganzen Weg wieder zurück nach BOURG-D'OISANS und von dort weiter bis zum **Sanctuaire de Notre-Dame** in LA SALETTE. In der Summe fast 100 Kilometer.

Wir fahren von BOURG-D'OISANS durchgängig die D526 bist nach ENTRAIGUES und biegen 2 Kilometer hinter dem Ort links ab Richtung **Col de Parquetout**. Die Straße ist zwar auch schmal aber kein Vergleich zur Straße nach LA BÉRARDE. Sie lässt sich gut fahren und nach 7 kurvenreichen Kilometern haben wir den 1398 Meter hohen Pass erreicht. Der Parkplatz (**GPS:** N44°52'35.2" E5°55'23.4") knapp hinter der Passhöhe ist sehr klein, reicht aber um das Fahrzeug abzustellen und mit einem kleinen Spaziergang die Gegend anzuschauen. Wir folgen dem Feldweg durch ein Weidegelände

Blick aus der Nähe des Col de Parquetout über das Bassin du Trièves mit Mont Aiguille (Bildmitte) und Grand Moucherolle (rechts) im Hintergrund.

und erreichen eine Anhöhe von der wir die schon bekannten Berge, den **Mont Aiguille** und den **Grand Moucherolle** (siehe Tour 3) in der Ferne sehen können. Wir schauen dabei über das **Bassin du Trièves** hinweg, das vom **Drac** durchflossen wird.

Bis zur Kirche der Lieben Frau von la Salette **(Sanctuaire de Notre Dame de la Salette)** haben wir nun noch 28 Kilometer zu fahren.

(115) WOMO-Stellplatz:
La Salette, Sanctuaire de Notre-Dame

GPS: N44°51'30.5" E5°58'21.4"; Sanctuaire de la Salette, 38970 La Salette.
max. Womos: 10, maximale Länge 9 m.
Ausstattung: ebener Platz mit Schotterbelag, geöffnet von Ende März bis Mitte November.
Lage: 500 Meter vor dem Kloster rechts.
Preise: kostenlos.
Zufahrt: Über die D212C der Beschilderung zum Kloster La Salette folgen.

LA SALETTE ist nach LOURDES der zweitgrößte Marienwallfahrtsort Frankreichs. Die Basilika wurde 1851 erbaut, fünf Jahre nach der Marienerscheinung zweier Kinder, die sich so zugetragen haben soll:

La Salette

"Auf einer einsamen Alm über La Salette hüten zwei Kinder aus Corps, Melanie (15-jährig) und Maximin (11-jährig) ihre Kuhherden. Plötzlich erblicken sie in der kleinen Mulde, durch die das Seziabächlein fliesst eine Feuerkugel, die leuchtet wie die Sonne und darin immer deutlicher eine Frauengestalt, die auf einem Steinblock sitzt, das Gesicht in den Händen vergraben hält und weint.

Lange stehen die Kinder erschrocken da. Nun erhebt sich die Gestalt und lädt sie zu sich: Kommt näher Kinder, habt keine Angst! Ich bin hier, um euch eine große Botschaft mitzuteilen. Sie geht einige Schritte auf die Kinder zu und diese ihrerseits kommen den Hang herunter und treten ganz nah heran.

Die Wallfahrtskirche in La Salette.

So können sie die Gestalt genau sehen. Sie ist groß und strahlt in hellem Licht. Sie trägt ein langes weißes Gewand, eine gelbe Schürze, ein Halstuch und eine einfache Haube. Auf ihrem Haupt leuchtet ein Diadem und auf ihrer Brust ein Kreuz mit Hammer und Zange auf dem Querbalken. Aller lichterglanz geht von diesem Kreuz aus. Wer ist sie? Die Kinder wisses es nicht. Sie sprechen später immer von der "Belle Dame", der schönen Frau. Nun beginnt diese zu sprechen: ...." soweit ein Zitat aus dem deutschsprachigen Flyer der in der Basilika ausliegt.

Es folgen mahnende Worte an die Kinder eine gottesfürchtiges Leben zu führen und die Gebote einzuhalten, denn die Missernten der Eltern seien eben auf die mangelnde Gottesfurcht zurückzuführen. Die Kinder werden beauftragt diese Botschaft dem ganzen Volke mitzuteilen. Es wird dem Bischof in Grenoble zugetragen, der nach eingehender Prüfung an diesem Ort der Erscheinung eine Wallfahrtskirche errichten lässt.

Für gläubige Katholiken ist das natürlich ein ganz besonderer Ort. Wer mit der Kirche nichts am Hut hat, der schüttelt nur den Kopf. Aber wechseln wir besser das Thema!

Wer gern sportlich mit dem Mountainbike unterwegs ist, der findet in der Nähe dieses Wallfahrtsortes eine ganze Reihe ausgeschilderter VTT-Strecken zwischen 5 und 35 Kilometern Länge. Detailkarten dazu gibt es im Maison de Tourisme in CORPS (Grande Rue, 38970 Corps, **GPS:** N44°49'08.1" E5°56'48.8").

Wer lieber gemächlicher zu Fuß auf einem Naturlehrpfad unterwegs ist, für den ist die nächste Station die richtige. Wir fahren runter nach CORPS, treffen dort auf die N85, die **Route Napoléon**, und fahren diese 27 Kilometer bis zur Abzweigung der D14 in Richtung PONT DU FOSSÉ. Nun sind es noch 13 Kilometer bis zu diesem Ort.

Wenn Sie für die Anreise zu diesem Ort nur die GPS-Koordinaten eingegeben haben, dann kann es sein, dass Ihr Navi Sie in die Irre führt, denn den alten Zugang gibt es nicht mehr. Lesen Sie deshalb bitte, wie wir hier die Zufahrt beschrieben haben.

(116) Offizieller WOMO-Stellplatz: Pont du Fossé, Aire Camping-Car Park

GPS: N44°40'03.0" E6°14'04.0"; Pont du Fossé, 05260 Pont du Fossé.
max. Womos: 49, maximale Länge 10 m.

Ausstattung: ebene befestigte Plätze, mit Wasserver- und Abwasserentsorgung (mit Bodeneinlass), Kassettenentleerung, Behälter für die Müllentsorgung, Stromanschlüsse, WiFi, geöffnet von Anfang April bis Anfang November.
Lage: Ortsrand, bewaldet.
Preise: 10,20 € pro Fahrzeug mit 2 Personen, Kassettenentleerung, Wasserver- und Abwasserentsorgung sowie Strom sind im Preis enthalten, Internetzugang über WiFi ist kostenfrei.

Zufahrt: In Pont du Fossé nach der Überquerung der Bogenbrücke über den Drac den Ort durchfahren und wieder verlassen. Kurz hinter dem Ortsschild "Les Foulons" rechts abbiegen und die nächste gleich wieder rechts. Diese Strecke ist wegen einer kleinen Holzbrücke nur für Fahrzeuge bis 3,5t zugelassen. Schwerere Fahrzeuge biegen hinter dem Ortsschild "Les Foulons" nicht direkt ab, sondern fahren noch 200 Meter weiter und biegen dann rechts ab, folgen einer Rechtskurve, und dann der Straße geradeaus bis zur Schranke des Stellplatzes.
Zugang zum Platz: Der Zugang ist etwas für Automatenfans! Folgen Sie den Anweisungen auf dem Touchscreen auf der weißen Säule. Berühren Sie die deutsche Flagge und die Menüführung erfolgt in deutscher Sprache. Sie werden unter anderem nach ihrer e-mail-Adresse gefragt. Mit der EC- oder der Visa-Karte zahlen Sie den notwendigen Betrag und erhalten in dem grün leuchtenden Ausgabefach eine **PASS'ETAPES**-Karte, die Sie in dem schräg rechts darüber befindlichen Kartenschlitz stecken müssen, damit die Karte aktiviert werden kann. Das dauert einen Moment. Wenn die Karte aktiviert ist, so halten Sie diese einfach an den Tastaturblock der grünen Säule ohne irgendwelche Nummern einzugeben und die Schranke geht auf. Wer die abgefragten persönlichen Daten nicht angeben will, kann den Platz nicht befahren. Die **PASS'ETAPES**-Karte ist eine Kundenkarte der Firma CAMPING-CAR PARK, die in Frankreich über 100 Stellplätze betreibt. Mit der einmal erworbenen Karte, können Sie auch andere Plätze dieser Firma anfahren, ohne die ganze Abfrageprozedur wiederholen zu müssen.

Der Platz hat Charme, denn man steht hier wie in einer Parklandschaft. Bis in den Ort, der einige Restaurants aufzuweisen hat und Einkaufsmöglichkeiten bietet, ist es nicht

Parklandschaft am Drac.

In der Ortsmitte von Pont du Fossé.

weit. Dazu geht man entlang des **Drac,** der hier ein verzweigtes Flussbett geschaffen hat, durch die Parklandschaft in dem auch dieser bereits angesprochen Naturlehrpfad integriert ist. Dieser Naturlehrpfad endet fast direkt am Marktplatz in PONT DU FOSSÉ. Ein sehr leicht zu gehender und relativ kurzer Spazierweg. Wenn Ihnen der Name **Drac** nach der bisherigen Lektüre dieses Buches im Gedächtnis geblieben ist, dann wissen Sie noch, dass er weiter unten den **Lac de Monteynard-Avignonet** speist, wo wir auch eine schöne Stellplatzsituation vorfinden (siehe Tour 3). PONT DU FOSSÉ ist ein guter Standort für Radtouren und Wanderungen in die Umgebung.

Für den Start einer Bergwanderung mag der Stellplatz in ORCIÈRES-MERLETTE vielleicht näher liegen. Der Ort ist mit 18.000 Betten eine echte Bettenburg und Touristenstadt die hauptsächlich für den Wintersport gebaut wurde. Sie hat in der Fläche längst den namengebenden Hauptort um ein vielfaches übertroffen. Hier steht man auf der Plattform eines Parkhauses dicht mit anderen Mobilen zusammen und ist nur

(117) Offizieller WOMO-Stellplatz: Orcières-Merlette, Parking P2

GPS: N44°41'42.1" E6°19'36.2"; Les Veyers, 05170 Orcières.
max. Womos: 40, maximale Länge 8 m.
Ausstattung: ebene asphaltierte Plätze, mit Wasserver- und Abwasserentsorgung (mit Bodeneinlass), Kassettenentleerung, Behälter für die Müllentsorgung, Stromanschlüsse, ganzjährig geöffnet.

Lage: Ortsrand, neben Hotelanlagen.
Preise: 10,00 € im Sommer 18,00 € im Winter pro Fahrzeug mit 2 Personen, Kassettenentleerung, Wasserver- und Abwasserentsorgung sind im Preis enthalten, Strom 6,00 € für 4h. Internetzugang über WiFi ist kostenfrei.
Zufahrt: Die D76 hoch- und in den hinteren Teil des Skiortes fahren.

Orcières-Merlette. Im Hintergrund links der Pointe des Estaris.

von Beton und Asphalt umgeben. Das einzig reizvolle an diesem Platz ist die Aussicht und reizvoll ist ferner, dass man von hier aus eine schöne Bergwanderung zum **Lac des Estaris** unterhalb des 3086 Meter hohen **Pointe des Estaris** machen kann. Der Weg ist, je nachdem welche Route man wählt, 6 bis 7 Kilometer lang. 800 Meter Höhenunterschied sind auf dieser relativ kurzen Strecke zu bewältigen. Mit zwei Stunden Gehzeit müssen Sie rechnen.

Wir verlassen die Retortenstadt und wenden uns dem wirtschaftlichen und kulturellen Zentrum der französischen Südalpen zu. GAP heißt der Ort und ist nicht schwer zu finden und auch nicht schwer zu erreichen. Nach einer Stunde haben wir die 38 Kilometern hinter uns gebracht und werden am Ortseingang auf der N85 gleich an **Napoléon** erinnert, der hier auf seinem Gewaltmarsch am Abend des 5.3. 1815 von BRIANÇON kommend eintraf und eine Übernachtung einlegte. Wenn wir schon beim Thema Übernachtung sind, dann schauen wir doch als erstes, was GAP für uns zu bieten hat.

Der Adler Napoléons in Gap.

(118) Offizieller WOMO-Stellplatz: Gap, Aire Camping-Car Park

GPS: N44°34'10.7" E6°06'08.9"; 93 Avenue d'Embrun, 05000 Gap.
max. Womos: 6, maximale Länge 8 m.
Ausstattung: ebene asphaltierte Plätze, mit Wasserver- und Abwasserentsorgung (mit Bodeneinlass), Kassettenentleerung, Behälter für die Müllentsorgung, maximale Aufenthaltsdauer 48h, ganzjährig geöffnet.

Lage: Ortsrand, Gewerbegebiet, neben einer Autowerkstatt.
Preise: kostenlos und kostenlose Busverbindung in die Innenstadt.
Zufahrt: Über die N94 in Richtung Embrun.

(119) Offizieller WOMO-Stellplatz: Gap, Innenstadt

GPS: N44°33'55.2" E6°05'02.1"; Avenue Commandant Dumont, 05000 Gap.
max. Womos: 3, maximale Länge 8 m.
Ausstattung: ebene asphaltierte Plätze, mit Wasserver- und Abwasserentsorgung (System Flot Bleu), Kassettenentleerung, Behälter für die Müllentsorgung, 1 Stromanschluss, max. Aufenthaltsdauer 48h, ganzjährig geöffnet.

Lage: Stadtmitte, 800 Meter bis zur Altstadt.
Preise: kostenlos, Wasserver- und Abwasserentsorgung sowie Kassettenentleerung 2,00 €, nur mit EC-Karte.
Zufahrt: Über die Avenue Commandant Dumont (N85).

(120) Offizieller WOMO-Badeplatz: Gap, Stade nautique de Fontreyne

GPS: N44°32'32.3" E6°03'40.9"; 3D Avenue de Traunstein, 05000 Gap.
max. Womos: >5, maximale Länge 8 m.
Ausstattung: ebene asphaltierte Plätze, mit Wasserver- und Abwasserentsorgung (mit Bodeneinlass), Kassettenentleerung, Behälter für die Müllentsorgung, maximale Aufenthaltsdauer 48h, ganzjährig geöffnet.
Lage: Ortsrand, neben Sportstätten und einer neu angelegten Parkanlage. Das Freizeit- und Sportbad Stade nautique de Fontreyne befindet sich auf der gegenüberliegenden Seite des Stellplatzes. Nachts sehr ruhig.

Preise: keine Parkgebühren, Wasserver- und Abwasserentsorgung sowie Kassettenentleerung kostenlos.
Zufahrt: Über die N85 Avenue de Provence in Richtung Autobahn, rund 3 km vom Stadtzentrum entfernt.

Markt auf dem Platz Jean Marcellin in Gap.

Brunnen auf dem Platz Jean Marcellin.

Wenn Sie Fahrräder dabei haben, empfehlen wir Ihnen den Platz am **Stade nautique** zu wählen. Mit dem Rad sind Sie ruckzuck im sehenswerten Stadtzentrum. Es führen ein gut ausgebauter, zweispurig angelegter Radweg und ein breiter Gehweg vom Platz hierher. Auf diesem Weg haben Radfahrer Vorrang vor dem querenden Autoverkehr. Um ihn anlegen zu können, hat man die parallel laufende Straße für den Autoverkehr schmaler machen müssen.

Markttage sind in einer historischen Altstadt besonders reizvoll. Mit dem bunten Treiben auf den Straßen und Plätzen vermittelt jeder Ort sein eigens Flair und es lässt sich sehr viel entdecken. Neben den klassischen Angeboten der Obst- und Gemüsebauern, werden regionale Käse- und Wurstwaren angeboten und neben den auch hier üblichen Pizzen, Burgern und halben Hähnchen auch **Eselsohren**. Keine Angst, die grauen Vierbeiner müssen für diese Mahlzeit nicht ihre Lauscher abgeben. Es ist ein traditionelles Gericht, das seinen Namen einer Spinatsorte verdankt, deren

Livemusik am Markttag.

Ruhige Nebengasse in der Altstadt.

reif gewordene Blätter an Eselsohren erinnern. Es handelt sich um einen Auflauf mit wild wachsendem Spinat und Lasagneplatten oder auch Crêpeteig mit Bechamelsoße und geriebenem Käse. Sie werden unter dem Namen **Oreilles d'âne** angeboten.

Oder Sie probieren **Tourtons** eine kulinarische Spezialität des **Champsaur-Tals** die aus gefüllten und frittierten Teigtaschen aus Kartoffelteig bestehen. Es gibt sie als salzige Variante je nach Jahreszeit mit Käse, Lauch, Spinat oder Fleisch gefüllt. Die süße Ausgabe bekommt eine Füllung mit Apfel- oder Pflaumenmus.

Wem der Markt zum Essen zu ungemütlich ist, der kann diese Spezialitäten auch in dem Restaurant (nomen est omen) **Tourton des Alpes** in der Rue des Cordiers probieren. Das Restaurant liegt 200 Meter nördlich des Marktplatzes. Und wenn sie nichts Regionales essen mögen: In diesem Restaurantviertel finden Sie auch indische, chinesische, marokkanische und italienische Küche.

GAP ist eine sehr alte Stadt. Die Römer nannten sie **Vapincum** und nutzen diesen Ort als Truppenlager. Im ausgehenden Mittelalter wurde die Stadt mehrfach zerstört. Die Hugenottenkriege in den Jahren 1562 bis 1598 forderten ihren Tribut und führten zu Verwüstungen. Die Stadt war eine Hochburg des Protestantismus und hatte demzufolge unter den vom katholischen Adel geführten Kriegen zu leiden. **Guillaume Farel** ein Reformator und Anhänger Luthers ist ein Sohn der Stadt. Eine Gedenktafel am Marktplatz erinnert an sein Wirken.

Hundert Jahre später führten Eroberungszüge der Savoyer zu weiteren Zerstörungen, deshalb wird man in dieser Stadt keine mittelalterlichen Gebäude finden. Die ältesten Häuser stammen aus dem 18. Jahrhundert. Die schmalen und eng bebauten Gassen laden trotzdem zu einem Bummel ein.

Die Kathedrale der Stadt **Cathédrale Notre-Dame-et-Saint-Arnoux** wurde Ende des 19. Jahrhunderts über den Fundamenten vorangegangener Kirchengebäude errichtet. Im Stile des Historismus vereint die Architektur neuromanische mit neugotischen Elementen und setzt durch die Verwendung verschiedener Steine der Region einen besonderen farblichen Akzent.

Das **Musée départemental des Haute-Alpes** zeigt über vier Etagen eine große Auswahl an Meisterwerken und dokumentiert mit zahlreichen Exponaten die Geschichte der Stadt und der Region. Hier ist auch ein Modell der Stadt zu sehen, bevor sie im 16. Jahrhundert verwüstet wurde. Der Eintritt ist frei.

Damit beenden wir dieses Kapitel und werden in der nächsten Tour auf reizvollen Umwegen zum nahen **Lac de Serre-Ponçon** fahren.

Die Apsis der Cathédrale Notre-Dame-et-Saint-Arnoux

Das Kirchenschiff der Cathédrale Notre-Dame-et-Saint-Arnoux mit seinen verschiedenfarbigen Steinen.

Tour 7

Wasserfälle
Pointe des Estaris 3086 m
Drouvet 2655 m
117
Orcières-Merlette
Orcières
Tour 6
Pont du Fossé
116
D944
Le Drac
Mont-Dauphin
Guil
Guillestre
D902
Tour 8
152
Vars
Châteauroux-les-Alpes
Durance
N94
Rafting
Embrun
Cathédrale Notre-Dame
130
129
Plage de Chanterenne
Crots
Les Orres
Savines-le-Lac
128
Lac de Serre-Ponçon
127
Chorges
N94
D954
D7
132 WC
Demoiselles Coiffées
Le Lauzet-Ubaye
Rafting
D900
Tour 8
Ubaye
Col Lebraut 1110 m
D3
Le Sauze-du-Lac
118
119
Gap
120
Parc Animalier de Serre-Ponçon
Muséoscope du Lac
D900B
St-Vincent-les-Forts
D900
Tête de l'Estrop 2962 m
Gorges de la Blanche
126
Vauban Festung
N85
D900B
Bréziers
121
D900C
Selonnet
Seyne
Tallard
Château
Belleaffaire
Turriers
Haut Chardavon
1576 m
D900
D4
Massif des Monges
D1085
D951
Bayons
Verdaches
Clues de Barles
Barles
Durance
D1
Monêtier-Allemont
A51
La Motte-du-Caire
Claret
D104
2115 m
D900A
la Javie
Kanuverleih
La Sasse
D304
le Brusquet
Clues de Barles
Authon
Thèze
D951
Châteaufort
D900
D3
D22
D4
la Forge
Digne-les-Bains
Ammonitenfelsen
Tour 4
Les Armands
Thoard
Cathédrale Notre-Dame du Bourg
D1075
D3
Sisteron
Cathédrale St-Jérôme
088 WC
091
125
090
124
089
N
N85
N85
Volonne
Peipin
122
10 km
Château-Arnoux–Saint-Auban
123
Route Napoléon
A51
Malijai

TOUR 7 (ca. 260 km)

Bréziers – Sisteron – Château-Arnoux – Malijai – Digne-les-Bains – Seyne – Selonnet – Chorges – Savines-e-Lac – Plage de Chanterenne – Embrun – Mont-Dauphin

Freie Übernachtung:	Sisteron, Mont-Dauphin.
Stellplätze:	Bréziers, Sisteron, Château-Arnoux, Malijai, Digne-les-Bains, Selonnet, Chorges, Saines-le-Lac, Plage de Chanterenne, Embrun.
Campingplätze:	keine.
Ver-/Entsorgung:	Bréziers, Sisteron, Château-Arnoux, Malijai, Digne-les-Bains, Selonnet, Chorges, Saines-le-Lac, Plage de Chanterenne, Embrun.
Besichtigungen:	Sisteron, (Stadt und Festung), Château-Arnoux, Digne-les-Bains (Stadt, Ammonitenfelsen), Seyne (Vauban-Festung), Mont-Dauphin (Vauban-Festung).
Wandern:	Clues de Barles.
Baden/Wellness:	Digne-les-Bains (Thermalbad), Plage de Chanterenne (Lac de Serre-Ponçon), Embrun (Lac de Serre-Ponçon).

Das **Massif des Monges** ist ein Gebiet mit einer geringen Besiedlungsdichte. Das Gebirge erreicht nur an wenigen Stellen Höhen über 2000 Meter. Es liegt abseits der großen

Ein Teil des Massif des Monges aus der Ferne betrachtet.

Touristenströme, die links oder rechts an diesem Gebirgsmassiv vorbeifahren, um zu den großen attraktiven Zielen der französischen Alpen zu gelangen. Dabei hat das **Massif des Monges** als herbe Schönheit ja auch durchaus seinen Reiz, den vor allem Reiter für sich entdeckt zu haben scheinen. Nun sind wir keine Reiter aber vielleicht Sie und haben Interesse daran, das WOMO mal ein paar Tage stehen zu lassen und den Fahrersitz mit einem Sattel zu tauschen. Hier können Sie sehen was in diesem Gebiet für Reiterferien angeboten wird http://www.tourisme-alpes-haute-provence.com/tour-des-monges/.

(121) Offizieller WOMO-Stellplatz: Bréziers

GPS: N44°25'41.3" E6°11'54.2"; D10, 05190 Bréziers
max. Womos: 10, maximale Länge 9 m
Ausstattung: ebener asphaltierter schattenloser Platz, mit Wasserver- und Abwasserentsorgung, Kassettenentleerung, Behälter für die Müllentsorgung, Tischen und Bänken unter Bäumen, ganzjährig geöffnet.

Lage: Dorfrand, sehr ruhig.
Preise: kostenlos, Wasserver- und Abwasserentsorgung sowie Kassettenentleerung kostenlos.
Zufahrt: Von der D900B die Abzweigung nach Bréziers (D915) nehmen, dann noch 4,5 km bis an den Ortsrand fahren.

Nachdem wir GAP verlassen haben, fahren wir gen Süden in Richtung TALLARD und folgen den Hinweisen zum **Lac de Serre-Ponçon**. Obstbau prägt die Tallandschaft, mit Netzen überspannte Plantagen begleiten unseren Weg entlang der

Der Ort Belleaffaire im Massif des Monges.

oberen **Durance**, bis wir die Abzweigung nach BRÉZIERS erreicht haben. Nun geht es hinein in diese herbe und raue Schönheit, die vom Tourismus bislang fast vollständig verschont geblieben ist. Auf dem Stellplatz herrscht gähnende Leere. Weiter geht die Fahrt auf schmalen Straßen mit sehr wenig Verkehr. Die sonst allgegenwärtigen Rennradfahrer trifft man hier kaum an. Wir durchfahren LA MOTTE-DU-CAIRE, treffen auf den Fluss **le Sasse** und folgen seinem Lauf bis zur Mündung in die Durance. Von hier sind es nur noch wenige Kilometer bis nach SISTERON.

Da wir diese Stadt schon in der **Tour4** angefahren haben, bitten wir Sie für die Beschreibung SISTERONS auf die Seite **142** zurückzublättern.

Hier geht es gleich weiter nach CHÂTEAU-ARNOUX-SAINT-AUBAN, 13 Kilometer südlich von SISTERON. Der hiesige Stellplatz wäre für eine Übernachtung nicht unsere erste Wahl. Aber die Versorgungseinrichtungen sind unkompliziert anzufahren und zu nutzen. Das Schloss kann man nur von außen betrachten, denn

Château-Arnoux.

(122) Offizieller WOMO-Stellplatz: Chateau-Arnoux – Saint-Auban

GPS: N44°05'42.2" E6°00'34.8";
40 Avenue Gén de Gaulle, 04160 Château-Arnoux-Saint-Auban.
max. Womos: 20, maximale Länge 12 m
Ausstattung: ebener asphaltierter halbschattiger Platz, mit Wasserver- und Abwasserentsorgung mit Bodeneinlass, Kassettenentleerung, Behälter für die Müllentsorgung, WC, ganzjährig geöffnet.
Lage: nahezu Ortsmitte, laut.
Preise: kostenlos, Wasserver- und Abwasserentsorgung sowie Kassettenentleerung kostenlos.
Zufahrt: Von der N85 in der Ortsmitte vor dem Rathaus (Château-Arnoux) auf den Parkplatz rechts abbiegen.

Die aufgestaute Durance mit der Réserve ornithologique de Haute-Provence.

es wird als Rathaus genutzt. Oberhalb des Stellplatzes gibt es einen Park mit Naturlehrpfaden und an der aufgestauten **Durance** ein **Vogelschutzgebiet**, das bis zu unserem nächsten Stellplatz in MALIJAI reicht. Rund 180 Vogelarten hat man hier bislang gezählt. Da hier mehr als die Hälfte aller Vögel des Département Alpes-de-Haute-Provence leben, wird

(123) Offizieller WOMO-Stellplatz: Malijai

GPS: N44°02'39.6" E6°01'46.4"; Impasse des Bugadières, 04350 Malijai.
max. Womos: 10, maximale Länge 7 m.
Ausstattung: ebener asphaltierter, zum Teil schattiger Platz, mit Wasserver- und Abwasserentsorgung mit Bodeneinlass, Kassettenentleerung, Behälter für die Müllentsorgung, ganzjährig geöffnet.
Lage: direkt hinter dem Schloss, am Ufer des Flüsschens Bléone, sehr ruhig.
Preise: kostenlos, Wasserver- und Abwasserentsorgung sowie Kassettenentleerung kostenlos, in den Wintermonaten allerdings nicht in Betrieb.
Zufahrt: Durch die engen Gassen des Ortes nicht einfach. Geschickt ist es, den Ort zu durchfahren bis man zu einem Kreisverkehr kommt, an dem die D4 abzweigt und auf die Autobahn A51 hingewiesen wird. Dieser Straße ca. 1,5 Kilometer folgen, bis man wieder auf einen Kreisverkehr stößt. Hier nimmt man die erste Ausfahrt, fährt über eine Brücke und sieht bei der ersten Abzweigung nach links schon das Hinweisschild zum Stellplatz. Eine schmale Straße führt hinunter zu dem relativ großen gemischten Parkplatz am Ufer der Bléone (ca. 100 m).

man immer wieder Vogelschwärme oder auch einzelne, gleichsam vorbeischwebende Reiher zu Gesicht bekommen. Diese **Réserve ornithologique de Haute-Provence** ist auch ein wichtiger Rastplatz für Zugvögel auf ihrem Weg von Afrika nach Zentraleuropa.

Graureiher über dem Stellplatz in Malijai.

Auf dem Weg von CHÂTEAU-ARNOUX nach MALIJAI sieht man in großer Entfernung auf der rechten Seite die **Pénitents**. Diese bizarre Felsformation sieht aus, als sei hier eine Gruppe von überdimensional großen Mönchen mit Kutten und Kapuzen zu Stein geworden. Um diese näher zu betrachten, finden Sie hier einen geeigneten Parkplatz (**GPS:** N44°01'58.3" E5°59'09.0"). Wir fahren auf der **Route Napoléon** weiter nach MALIJAI wo

Das Schloss in Malijai.

Schlosstür mit Hinweis auf Napoléon.

Bonaparte auf seinem Marsch nach GRENOBLE die Nacht vom 4. auf den 5. März 1815 verbrachte. Neben dem Schloss, das in der zweiten Hälfte des 18. Jahrhunderts gebaut wurde, gibt es keine weiteren historischen Gebäude in diesem Ort, die es sich anzuschauen lohnt. Ein Restaurant wird man in dieser kleinen Gemeinde auch nicht finden. Freunde der Ornithologie werden aber mit Kamera und Teleobjektiv sowie der notwendigen Geduld, schöne Aufnahmen der diversen Vögel in diesem Schutzgebiet machen können.

Von MALIJAI bis nach DIGNE-LES-BAINS sind es 16 Kilometer. Sie ist die **Hauptstadt** des **Départements Alpes-de-Haute-Provence**. Im frühen Mittelalter wurde sie Bischofssitz und ist dies bis heute geblieben.

Sie wird auch als **Hauptstadt des Lavendels** bezeichnet, der in dieser Gegend rund um die Stadt angebaut wird. Jedes Jahr im August findet ein mehrtägiges Lavendelfest statt, das die Produkte, die man aus diesem aromatisch duftenden Strauch gewinnen kann, in den Mittelpunkt des Interesses

(124) Offizieller WOMO-Stellplatz: Digne-les-Bains P3 Espace Camping-Car Georges Aubert

GPS: N44°04'58.0" E6°13'17.9"; Avenue René Cassin, 04000 Digne-les-Bains.
max. Womos: 10, maximale Länge 10 m.
Ausstattung: ebener befestigter baumloser Platz, mit Wasserver- und Abwasserentsorgung mit Bodeneinlass, Kassettenentleerung, Behälter für die Müllentsorgung, ganzjährig geöffnet.

Lage: neben Sportanlagen, ruhig. Bis zur Altstadt sind es 2 km, bis zum Badesee Plan d'Eau des Ferréols ca. 1000 Meter.
Preise: kostenlos, Wasserentsorgung sowie Kassettenentleerung kostenlos, Wasserversorgung 2,50 € nur mit EC-Karte und PIN zahlbar.
Zufahrt: Über die Avenue René Cassin bequem zu erreichen und nicht zu verfehlen.

Verkaufsstand mit Lavendelprodukten während des Lavendelfestes.

stellt. Unzählige Buden und Verkaufszelte werden dazu auf der **Place Général de Gaulle** aufgebaut. Betörend ist der Geruch, den die Seifen, Cremes und Kosmetika auf so engem Raum verströmen.

Der Boulevard Gassendi.

Besonders lebendig ist die Stadt auf dem breiten, von Platanen gesäumten **Boulevard Gassendi**. Hier reiht sich ein Café an das andere, dazwischen Boutiquen und Restaurants. Dass aus der Straße keine Fußgängerzone gemacht wird, gehört für uns immer noch zu den Geheimnissen der Stadtplaner in den mediterranen Ländern. Nicht alle vorbeifahrenden Autos erfüllen die bereits gültigen Abgasnormen und wenn man den Lavendel noch in der Nase hat, riecht so ein Stinker gleich doppelt stark. Da ist es dann Zeit in eine der verkehrsarmen Nebengassen zu gehen und den Weg zur **Cathédrale Saint-Jérôme** zu suchen. Sie liegt auf einer Anhöhe nur 300 Meter vom **Boulevard Gassendi** entfernt. Die Kathedrale wurde Ende des 15. Jahrhunderts im gotischen Stil erbaut. Eine weitere befindet sich am Ortsausgang in Richtung BRIANÇON. Die **Cathédrale Notre-Dame-du-Bourg** ist wesentlich älter.

Die Cathédrale Saint-Jérôme.

Sie entstand im 13. Jahrhundert und weist interessante religiöse Wandmalereien auf. Den Erkenntnissen von **Alexandra David Néel** über die buddhistische Religion kann man in dem Wohnhaus der Reiseschriftstellerin nachspüren. Es liegt nur 400 Meter vom Stellplatz P3 entfernt in der Avenue du Maréchal Juin. Sie war die erste Europäerin, die die verbotene

(125) Offizieller WOMO-Badeplatz: Thermes de Digne les Bains

GPS: N44°04'47.2" E6°15'40.7"; Avenue des Thermes, 04000 Digne-les-Bains
max. Womos: 50, maximale Länge 10 m
Ausstattung: ebener asphaltierter, baumloser Platz, mit Wasserver- und Abwasserentsorgung mit Bodeneinlass, Kassettenentleerung, Behälter für die Müllentsorgung, ganzjährig geöffnet.
Lage: Direkt an der D20, einer wenig befahrenen Straße in Richtung Entrages, 300 Meter bis zur Therme.
Preise: kostenlos, Wasserentsorgung sowie Kassettenentleerung kostenlos, Wasserversorgung 2,00 € funktioniert nur mit Jetons, die an der Rezeption der Therme erhältlich sind.

Zufahrt: Vom großen Kreisverkehr am Rande der Altstadt der Beschilderung zur Therme folgen. Die D19 fahren, die in ihrem weiteren Verlauf in die D20 übergeht und an der Therme vorbeiführt. Vom Kreisverkehr bis zum Stellplatz sind es ca. 3 km.

Stadt LHASA in **Tibet** besuchte. 1927 veröffentlichte sie das Buch **Voyage d'une Parisienne à Lhassa** und wurde damit weltberühmt. Das wird uns vermutlich mit dem Buch über die französischen Alpen nicht gelingen.

Die Therme in Digne-les-Bains.

Vom Stellplatz P3 bis zur **Therme** sind es etwa 5 Kilometer. Sie ist spezialisiert für die Behandlung von Rheumaerkrankungen, bietet aber auch sehr viele Anwendungen im Wellnessbereich mit Bädern und Massagen an. Ob für Sie etwas dabei ist, können Sie hier nachschauen http://thermesdigne-lesbains.com/.

Ammonitenfelsen nördlich von Digne-les-Bains.

Tunneleinfahrt in der Clues de Barles.

Nun begeben wir uns zu einem besonderen Naturdenkmal. Wenn Sie diese Koordinaten in ihr Navi eingeben (**GPS:** N44°07'07.1" E6°14'02.2"), gelangen Sie auf den kleinen Parkplatz an der D900A, Route de Barles. Von dort gehen Sie 100 Meter weiter und dann stehen Sie vor einem riesigen **Ammonitenfelsen**.

Die Erdgeschichte zeigt sich hier auf eindrucksvollste Weise. Wir stehen hier vor einem 200 Millionen Jahre alten Ozeanboden. Ammoniten waren mehrfach einem Massensterben ausgesetzt, dass erklärt die Menge der Fossilien an einem Platz. Die Gründe für dieses Massensterben sind nicht vollends geklärt, klar ist nur, es ging schnell, denn sonst wären sie nicht in der Menge in einer Schicht zu finden. Ein heftiger **Meteoriteneinschlag** könnte den Massentod erklären. Nun muss der Ozeanboden an dieser Stelle waagerecht gewesen sein, hätte er eine Muldenform gehabt, wären die **Ammoniten** sicher in die Hohlform zusammenge-

Felsüberhang in der Clues de Barles.

In der Clues de Barles.

ruscht. Weitere Formungsvorgänge unseres Planeten ließen den Ozean verschwinden, die Ammoniten wurden durch Sedimente zugedeckt und versteinerten durch den Druck des darüberliegenden Materials. Mit der **alpidischen Gebirgsbildung** wurden diese Gesteinsplatten gehoben, gekippt und verbogen. Davon war auch diese Ammonitenplatte betroffen, der wir heute gegenüberstehen. Die Hebung und Verkantung der Gesteinsmassen sieht man auch in den Felswänden der Schlucht, in der wir jetzt unsere Fahrt fortsetzen. Dort, wo durch Aufbrechen angehobener Gesteinsplatten Risse und Schwachstellen im Gestein entstehen, setzt das Wasser sofort mit seiner Erosionskraft ein. Wir haben auf unserer Reise ja schon einige enge Schluchten in den vorangegangenen Kapiteln beschrieben. Die **Gorges du Fier** in Tour2 und die **Gorges du Pont du Diable** in Tour1 konnten wir nur zu Fuß durchschreiten. Hier in der **Clues de Barles** können wir eine sehr enge Schlucht durchfahren. Es ist eine spannende Fahrt.

An der Bès, dem Fluss in der Clues de Barles.

Das **Massif des Monges** zeigt sich hier von seiner interessantesten Seite. Achten Sie auf die Durchfahrtshöhe, wenn Sie dieses Erlebnis auch einmal genießen wollen. Höher als 3,2 Meter sollte ihr Fahrzeug nicht sein. Die Straße lässt sich gut fahren, auch wenn es wie auf den Bildern erkennbar, manchmal sehr eng zugeht. Da muss der eine oder andere eben zu einer Ausweichstelle zurück. Wir haben damit kein Problem gehabt.

Anhalten lässt es sich nur an ganz wenigen Stellen, um am Fluss **Bès** der die **Clues de Barles** durchfließt ein Picknick zu machen. Manchmal reicht der Platz nur für ein Fahrzeug, da können wir Ihnen keinen sicheren Platz nennen.

Vom **Ammonitenfelsen** bis zur Abzweigung auf die D900 hinter VERDACHES sind es rund 29 Kilometer. Auf dieser Straße fahren wir jetzt 14 Kilometer weiter bis nach SEYNE, dessen Festungsmauern recht spät zu erkennen sind. Für eine Besichtigung der Zitadelle parken Sie am Besten in der Mitte des Ortes (**GPS:** N44°21'08.6" E6°21'23.1") und gehen dann zu Fuß den ausgeschilderten Weg zur Festung weiter.

Die strategische Lage dieser Stadt an der **Blanche**, zwischen **Durance, Ubaye, Bès** und **Bléone** an der Nordgrenze der **Provence** war für **Vauban** den großen Festungsbaumeister **Ludwig XIV.** von entscheidender Bedeutung für den Bau eines Forts.

Das **Ubaye-Tal** mit der Grafschaft Barcelonnette, das sich vom heutigen **Lac de Serre-Ponçon** gen Osten über die Stadt BARCELONNETTE und darüber hinaus erstreckt, ist

Blick von der Festung auf Seyne.

Ruinen auf der Festungsanlage in Seyne.

noch in der Hand des **Herzogtums Savoyen**. Überfälle der Franzosen in dieses Tal führen kurzfristig zum Erfolg, jedoch holt sich das Herzogtum die verlorenen Gebiete zurück und zieht sogar bis nach GAP, unterwirft und zerstört diese Stadt. Dies konnte geschehen, weil die französische Armee an anderen Orten gebunden war und die Truppen in SEYNE und Umgebung stark reduziert worden waren. Eine Demütigung für **Ludwig XIV.** der mit einer Antwort nicht lange auf sich warten ließ und **Vauban** mit dem Auftrag herschickte, die Grenzsicherung vorzunehmen. Der sogleich seine Vorstellungen formulierte, die aber nicht in dem Umfang realisiert wurden, wie er sich das gewünscht hatte. Die ausführenden Offiziere bauten die Zitadelle nicht bis auf den höchsten

Die Ortsmitte von Seyne.

Punkt des Berges aus. Sie konnte also von oben angegriffen werden, was **Vauban** sehr erzürnte und weitere Skizzen anfertigte, wie die Anlage zu erweitern sei. Diese Skizzen können Sie bei einem Rundgang durch die Anlage auch heute noch sehen. Die Erweiterungen wurden allerdings nicht mehr vorgenommen, denn im **Frieden von Utrecht** (1713) am Ende des **Spanischen Erbfolgekrieges** wurde vereinbart, dass die **Grafschaft Barcelonnette** und damit das **Ubaye-Tal** Frankreich zugesprochen wurde. Damit verlor die Zitadelle ihre militärische Bedeutung, diente mal als Gefängnis, mal als Warenlager und verfiel im Laufe der Jahrhunderte.

Von Seyne geht es mit dem WOMO weiter nach SELONNET. Das sind rund 5 Kilometer. Den Ort suchen wir nur wegen der Versorgungsstation auf, an der man zu unserem Er-

(126) Offizieller WOMO-Stellplatz: Selonnet

GPS: N44°22'06.4" E6°18'54.9"; Saint-Domitien, 04140 Selonnet.
max. Womos: 10, maximale Länge 8 m
Ausstattung: ebener befestigter baumloser und leicht staubiger Platz, mit Wasserver- und Abwasserentsorgung mit Bodeneinlass, Kassettenentleerung, Waschbürste, Hochdruckreiniger, Reifenluftkompressor, Behälter für die Müllentsorgung, ganzjährig geöffnet.
Lage: am Ortsrand, ruhig. Bis zur Mitte des kleinen Ortes sind es 500 Meter.

Preise: kostenlos, Wasserentsorgung sowie Kassettenentleerung kostenlos, Wasserversorgung und Stromanschluss (eine Steckdose an der Versorgungssäule) 2,00 €. Bezahlung mit Jetons, die im Office de Tourisme sowie in dem kleinen Supermarkt des Ortes erhältlich sind.
Zufahrt: Von der D900C in die Ortsmitte von Selonnet abbiegen, nach 100 Metern geht es links ab zum Stellplatz (500 m).

staunen auch das WOMO waschen kann, wenn man es denn will.

Von SELLONET fahren wir die **Gorges de la Blanche** hinunter. Eine schmale Straße mit steilem Gefälle. Wer gern auf einer komfortableren, breiteren Straße nach SAVINES-LE-LAC fahren möchte, der bleibt besser auf der D900. Die Straße ist für Fahrzeuge bis 9 Metern Länge und einem zulässigem Gesamtgewicht von 19 t zugelassen. Wir hoffen darauf, dass uns kein LKW entgegenkommt. Damit hatten wir Glück. Nur ein WOMO hatten wir im Gegenverkehr. Im 10-Zentimeter-Abstand hat ein langsames aneinander vorbeifahren ge-

Die tiefe Schlucht der Blanche.

Die Abfahrt entlang der Blanche in das Tal der Durance.

klappt. Puh, das war ganz schön eng zwischen Felswand und Absturzsicherung aus Beton. Nach 14 Kilometern haben wir es geschafft und sind im Tal der **Durance** angekommen. Über eine Brücke mit Stauwehr überqueren wir den Fluss und nehmen die erste Ausfahrt im Kreisverkehr in Richtung **Lac de Serre-Ponçon (Barrage)** und befinden uns damit auf der gut ausgebauten D3 und brauchen vor Gegenverkehr keine Angst mehr zu haben. Diese Straße ist breit genug.

Es dauert nicht lang, bis wir nach einigen Serpentinen den Aussichtspunkt oberhalb des Sees erreichen. (**GPS:** N44°28'29.8" E6°16'09.6").

Es ist ein gewaltiger Damm, den wir da am **Belvédère Ivan-Wilhelm** zu sehen bekommen. Und es ist ein riesiger See, der mit dieser Talsperre Ende der 50er und Anfang der 60er Jahre des letzten Jahrhunderts geschaffen wurde. Die Sperre ist ein Erdschüttdamm mit einer Kerndichtung aus Ton und Schlackenzement. Er ist 123 Meter hoch und 600 Meter lang. Am Fuß misst er in der Breite 650 Meter. Der Damm hat ein Volumen von 14 Mio. m^3, das entspricht in etwa 160.000 LKW-Ladungen. Aufgestaut werden damit 1270 Mio. m^3 Wasser der **Durance** und der **Ubaye**. Es hat sicher eine Weile gebraucht, bis diese Menge auf einer Länge von 20 und einer Breite von maximal 3 Kilometern zusammenkam und damit eine Seefläche von rund 29 Quadratkilometern gebildet wurde. Das Kraftwerk am Fuße des Dammes erzeugt 720 Mio. kWh pro Jahr. Wenn eine Stadt nur aus Einfamilienhäusern bestehen würde, die, wie bei uns üblich, einen durchschnittlichen Verbrauch von 5000 kWh hätten, dann könnte diese Stadt aus 144.000 Häuser bestehen und von diesem Kraftwerk versorgt werden.

Lac de Serre-Ponçon.

Der Staudamm des Lac de Serre-Ponçon.

Genug der Zahlenspielereien. Der See ist nicht nur Energielieferant, er ist auch eine touristische Attraktion. Mit großem Aufwand wird die Geschichte des Staudammbaus im **Museoscope du Lac** (mehr hier: http://museoscope-du-lac.com/fr/) mit Modellen, Panoramabildern und Filmen erläutert (Eintritt heftige 14,50 € p.P.).

Wir fahren weiter über den 1110 Meter hohen **Col Lebraut** nach Chorges. Auf dieser Fahrt ergibt sich immer wieder die Möglichkeit anzuhalten und auf den See zu blicken. Auch wenn es sich um eine Pass-Straße handelt, ist sie gut und einfach zu fahren. Nach 13 Kilometern erreichen wir CHORGES.

Die Stadt gehört nicht zu den Orten, die man unbedingt auf einer Reise in die französischen Alpen gesehen haben muss. Den Stellplatz betrachten wir als Ausweichplatz und sehen hier in erster Linie eine gute Wasserver- und Abwasserentsorgungsmöglichkeit.

(127) Offizieller WOMO-Stellplatz: Chorges

GPS: N44°32'45.6" E6°16'48.3"; Place du Champ de Foire, 05230 Chorges.
max. Womos: 10, maximale Länge 8 m.
Ausstattung: ebener befestigter baumloser und leicht staubiger Platz, mit Wasserver- und Abwasserentsorgung mit Bodeneinlass, Kassettenentleerung, Behälter für die Müllentsorgung, ganzjährig geöffnet.
Lage: am Ortsrand zwischen großem Spielplatz und Kindertagesstätte. Bis zur Mitte des Ortes sind es 500 Meter.

Preise: 5,00 € für 24h, Wasserver- und Abwasserentsorgung sowie Kassettenentleerung kostenlos. Die Parkgebühren werden von einem Angestellten der Gemeinde kassiert.
Zufahrt: Von der Ortsmitte zur Festhalle (Salle des Fêtes) in Richtung Embrun/Lac de Serre-Ponçon fahren. Dort weisen Schilder auf den nur noch ca. 200 Meter entfernten Stellplatz hin.

Ist es in CHORGES durch seine Lage abseits des Sees noch sehr ruhig, der Stellplatz nahezu verwaist, ändert sich dies auf den folgenden Plätzen deutlich. Der hintere Teil des Sees ist nämlich Bade-, Surf-, und Segelrevier. Da zieht es viele Menschen in den Sommermonaten hin und es kann dann auch schon mal zu langen Staus auf der N94 führen. Von CHORGES bis nach SAVINES-LE-LAC sind es 12 Kilometer.

(128) Offizieller WOMO-Badeplatz: Savines-le-Lac

GPS: N44°31'29.9" E6°24'03.2"; D954, 05160 Savines-le-Lac.
max. Womos: 19, maximale Länge 8 m.
Ausstattung: ebener asphaltierter, mit schmalen Plätzen angelegte Einrichtung, mit Wasserver- und Abwasserentsorgung mit Bodeneinlass, Kassettenentleerung, Behälter für die Müllentsorgung, ganzjährig geöffnet.
Lage: am Ortsrand an der Durchgangsstraße (D954) nach Barcelonnette. Straßenverkehr deutlich hörbar. Bis zum Badestrand am Lac de Serre-Ponçon sind es 300 Meter.

Preise: 9,50 € für 24h (zahlbar mit EC-Karte und PIN), Wasserversorgung 2,00 für 120l (zahlbar mit Euromünzen). Grauwasserentsorgung, Kassettenentleerung und Stromversorgung kostenlos.
Zufahrt: Hinter der Brücke über den Lac de Serre-Ponçon gleich rechts Richtung Barcelonnette fahren. Nach weiteren 150 Metern ist der Platz erreicht.

Neben den Stellplätzen für Wohnmobile gibt es hier am hinteren Teil des Sees ca. 20 Campingplätze, manche direkt am See, manche etwas abseits. In den Sommermonaten herrscht hier also ein großer Trubel. Wer glaubt hier am See ein schönes, ruhiges und verträumtes Plätzchen zu finden, der irrt gewaltig. Von den drei "blauen" Plätzen die wir Ihnen hier präsentieren, hat uns der an der **Plage de Chanterenne**

Die Plage de Chanterenne.

(129) Offizieller WOMO-Badeplatz: Crots, Plage de Chanterenne

GPS: N44°32'17.9" E6°27'17.7"; Chanterenne, 05200 Crots.
max. Womos: 40, maximale Länge 10 m.
Ausstattung: ebener asphaltierter baumloser Platz, mit Wasserver- und Abwasserentsorgung mit Bodeneinlass, Kassettenentleerung, Behälter für die Müllentsorgung, kostenlosem WiFi, ganzjährig geöffnet.
Lage: am Ortsrand zwischen zwei Campingplätzen. Bis zum Badestrand am Lac de Serre-Ponçon sind es ca. 250 Meter.
Preise: 10,80 € für 24h, Wasserver- und Abwasserentsorgung, Kassettenentleerung sowie Stromversorgung sind in diesem Preis enthalten. Die Bezahlung kann nur über EC-Karte mit PIN oder VISA bzw. Mastercard erfolgen. Mit der Bezahlung erwirbt man gleichzeitig einen "Pass'Etapes", eine Karte, die man auch an anderen Orten dieser Stellplatzbetreiberkette verwenden kann. Wenn Sie schon in Pont du Fossé eine erworben haben, dann können Sie diese hier verwenden.
Zufahrt: Auf der N94 an der Kreuzung zum Ort Crots auf der linken Seite den Hinweisschildern zur Plage de Chanterrene, Air de Camping-Cars folgen (ca. 1 km).

Rafting auf der Durance bei Embrun.

noch am Besten gefallen, auch wenn man hier auf Asphalt steht und keinen Schatten hat, ist er noch der ruhigste. Schattig ist nur der Platz in EMBRUN, dafür geht es hier zu wie im Taubenschlag. Dieser Platz ist aber auch gleichzeitig der

(130) Offizieller WOMO-Badeplatz: Embrun, Base de Loisirs

GPS: N44°33'01.4" E6°28'45.0"; Avenue du Lac, 05200 Embrun.

max. Womos: 20, maximale Länge 8 m.
Ausstattung: ebene schattige Plätze, ganzjährig geöffnet.
Lage: am Ortsrand in unmittelbarer Nähe zum Aquaparc embrun.
Preise: kostenlos.
Zufahrt: Nach der Überquerung der Durancebrücke in Richtung Ortsmitte Embrun die erste Straße links fahren, dann sind es noch 200 Meter bis zu den Stellplätzen.

familienfreundlichste. Im seichten Wasser am Strand können kleine Kinder gefahrlos baden und es gibt allerlei Spielgeräte im Wasser, wo die Kleinen herumtollen können. **Raftingangebote** gibt es in EMBRUN auch. Es werden kurze, mittlere und lange Strecken angeboten. Auf den kurzen ist man eine dreiviertel Stunde unterwegs, mittlere dauern zwei bis drei Stunden und die langen Strecken sind dann auch schon gleich Tagestouren, die bei MONT-DAUPHIN unserem letzten Ziel in diesem Kapitel starten und nach 25 Kilometern am See enden. Darüber hinaus gibt es eine ganze Reihe weiterer Angebote für die sportliche Betätigung auf dem Wasser. Nähere Informationen dazu finden Sie vor Ort oder auch schon mal hier http://www.rafting-durance.fr/, oder hier http://bleuablanc.pagesperso-orange.fr/.

Badebereich in Embrun am Nordrand des Lac de Serre-Ponçon.

Das Leben in EMBRUN spielt sich in den Sommermonaten hauptsächlich am Wasser ab. Da kann man in aller Ruhe die **Cathédrale Notre-Dame-du Réal** die Ende des 12. Anfang des 13. Jahrhunderts erbaut wurde besichtigen. Vom Stellplatz sind das zu Fuß 2 Kilometer. Wenn Sie hinfahren wollen: Auf der **Esplanade Résistance** (**GPS:** N44°33'44.6" 6°29'32.5") finden Sie einen Parkplatz in Sichtweite der Kathedrale. Besonders sehenswert sind das Königsportal **Portail le Real** als ein schönes Beispiel des lombardischen Architektureinflusses und die Reste des **Kirchenschatzes (Trésor)**, der vor den Religionskriegen und Plünderungen durch die Hugenotten einer der reichsten Frankreichs war.

Das Bild unseres letzten Zieles benötigt keine Bildunterschrift. Das Schild erklärt wo es hingeht.

Einer der Scharwachttürmchen (französisch: Échauguette) der Festung Mont-Dauphin.

Von EMBRUN bis nach MONT-DAUPHIN sind es auf der N94 24 Kilometer. Die Stadt liegt auf einem Felsvorsprung am Zusammenfluss von **Durance** und **Guil** auf 1030 Metern Höhe. Sie ist eine der neun Festungen, die **Vauban** zur Verteidigung gegen die einfallenden savoyischen Truppen im Auftrag **Ludwig XIV.** errichten ließ.

Parken und übernachten können Sie auf dem großen Platz vor der Festung. Folgen Sie bei der Anfahrt bitte der Zufahrtsbeschreibung im folgenden Kasten. Eine reine Anfahrt nach den GPS-Koordinaten könnte eine Wegweisung nach sich ziehen, die Sie mit dem WOMO nicht fahren sollten.

(131) WOMO-Stellplatz: Mont-Dauphin

GPS: N44°40'17.6" E6°37'34.7"; D137, 05600 Mont-Dauphin.
max. Womos: 10, maximale Länge 8 m.

Ausstattung: ebener befestigter Besucherparkplatz der Feststungsstadt Mont-Dauphin, ganzjährig geöffnet.
Lage: am Ortsrand, nachts absolut ruhig. Bis zur Ortsmitte sind es ca. 300 Meter.
Preise: kostenlos.
Zufahrt: Von der N94 in Richtung Briançon der D37 nach Mont-Dauphin 3 km folgen. Der Parkplatz befindet sich vor der Festungsstadt.

Nun ist der Name **Vauban** in diesem Buch schon mehrfach gefallen. Eigentlich höchste Zeit sich einmal mit dem Militärgenie und Festungsbaumeister des Sonnenkönigs etwas näher zu befassen.

Sébastien Le Prestre de Vauban

Vauban wurde im Mai 1633 geboren, stammte aus einfachen Verhältnissen, verwaiste früh und ging im Alter von 17 Jahren in die Armee. Mit 22 Jahren trat er in den Dienst des Königs und wurde Ingenieuroffizier. Er nahm an vielen Belagerungen teil und erwarb sich rasch den Ruf eines "Stadteinnehmers". Wer weiß was zu tun ist, um eine Festung einzunehmen, weiß auch wie eine Festung erbaut werden muss, damit sie nicht eingenommen werden kann. So kam Vauban zu der Ehre den Festungsbau Frankreichs zu organisieren und zu leiten. 56 Berufsjahre verbrachte er damit 33 neue Festungen zu bauen und mehr als 160 Festungen umzugestalten und zu erneuern. Darüber hinaus betätigte er sich als Architekt und Städtebauer. Er entwarf unzählige öffentliche Gebäude Brücken und Kanäle. Das alles ohne Telefon, CAD-Zeichnungen, Videokonferenzen und Firmenflugzeug, um von einer Baustelle zur nächsten zu jetten. Beschwerlich waren die Wege mit der Kutsche, mit der Basterne oder zu Pferd. Einfach waren die Zeichnungen auf Pergament, einfach die Werkzeuge, um die Pläne zu erstellen und mit einfachsten Mitteln wurden natürlich auch die Bauvorhaben durchgeführt. Er war ständig unterwegs von Arras im Norden Frankreichs nach Villfranche-de-Conflent in den Pyrenäen, von Camaret-sur-Mer in der Bretagne nach Briançon in den Alpen. Alles mit der Kutsche oder der Basterne, die einen Tisch enthielt, um auch unterwegs arbeiten zu können. Der Vorläufer eines mobilen Büros, nur geländegängiger. Natürlich reiste er immer mit Begleitern, die ihn vor Übergriffen zu schützen hatten.

Vauban-Statue in der Zitadelle von Besançon.

Eine von Pferden getragene Basterne wurde von Vauban häufig genutzt.

Um die Baupläne anfertigen oder begutachten zu können brauchte er Regionalkenntnis, musste die jeweiligen Geländeverhältnisse sehen und ließ relativ genaue Topographische Karten für die Umgebungsbereiche der Forts erstellen. Mit Hilfe der Triangulation war das zu seiner Zeit der Stand der Technik. Einen Bauplan "von der Stange" gab es nicht und Serienfertigung auch nicht. Zwar wiederholen sich die Elemente seiner Architektur bei den Festungsbauten, aber es ist schon ein Unterschied, ob in einer Ebene gebaut wird, wie in Neuf-Brisach oder auf einem Bergrücken wie in Besançon oder hier in Mont-Dauphin oder weiter nördlich in Briançon.

Es ist schon eine außerordentliche Leistung die **Sébastien Le Prestre de Vauban** vollbracht hat. 1707 stirbt er im Alter von 74 Jahren im Range eines Maréchal.

Zum UNESCO-Welterbe zählen seine Bauwerke in: Arras, Besançon, Blaye, Briançon, Camaret-sur-Mer, Longwy, Mont-Dauphin, Mont Louis, Neuf-Brisach, Saint-Martin-de-Ré, Saint-Vaast-la-Hougue und Villefranche-de-Conflent.

Das Tor Briançon.

Man betritt die zwischen 1694 und 1704 erbaute Anlage durch das **Tor Briançon**. Im Eingangsbereich erhalten Sie Pläne und Informationen der Anlage, die für die Orientierung in dieser befestigten Stadt hilfreich sind. Bis 1980 wurde diese Anlage, die nie eine Belagerung erfahren hat und damit nie ihrer eigentlichen Zweckbestimmung diente, noch vom Militär genutzt. Danach begann man damit die Stadt für eine zivile Nutzung umzugestalten, ohne äußerlich in die Bausubstanz einzugreifen. Pläne diesen Ort zu einem Luxushotel auszubauen wurden wieder verworfen. Heute hat die Festung etwa 150 Einwohner, die hier teilweise Restaurants, Bistros und Bars eingerichtet haben und betreiben. In der **Campana-Kaserne** haben sich Handwerker und Künstler niedergelassen und die Stadtverwaltung hat hier ihren Sitz. MONT-DAUPHIN ist eine selbständige Gemeinde, die vom Nachbarort EYGLIERS vollständig umschlossen ist. Das Gemeindegebiet beschränkt sich

Eskarpen (Mauern) und Gräben in Mont-Dauphin.

Die Rue Catinat, die zentrale Achse in Mont-Dauphin.

auf das Festungsgelände. Haupteinnahmequelle der Stadt ist der Tourismus. Die Ernennung der Vauban-Festungen zum UNESCO-Weltkulturerbe hat zu steigenden Besucherzahlen geführt. Man ist hier aber noch weit davon entfernt, ähnlich attraktiv für Besucher zu sein wie CARCASSONNE, MONT-SAINT-MICHEL oder das nördlich gelegene BRIANÇON. Das ist vielleicht auch ganz gut so, denn an den anderen Orten kann man sich kaum mehr in der Masse der Menschen bewegen. Hier kann man sich die Festung mit ihren Mauern, die Kasernen, das Pulvermagazin, das Arsenal, den Offizierspavillon und die nie vollends fertig gestellte **Kirche Saint-Louis** in aller Ruhe anschauen ohne durch die Gassen geschoben zu werden.

Die Église Saint-Louis.

Damit wollen wir es hier bewenden lassen und uns der nächsten Tour zuwenden. Wir bieten dazu zwei Möglichkeiten. Die erste (Tour 8) führt auf einen Rundkurs durch die **französischen Seealpen** und den höchsten befahrbaren Pass der Alpen, die zweite (Tour 9) über BRIANÇON und den **Col du Galibier** in das **Haute-Maurienne** zum **Lac du Mont Cenis**.

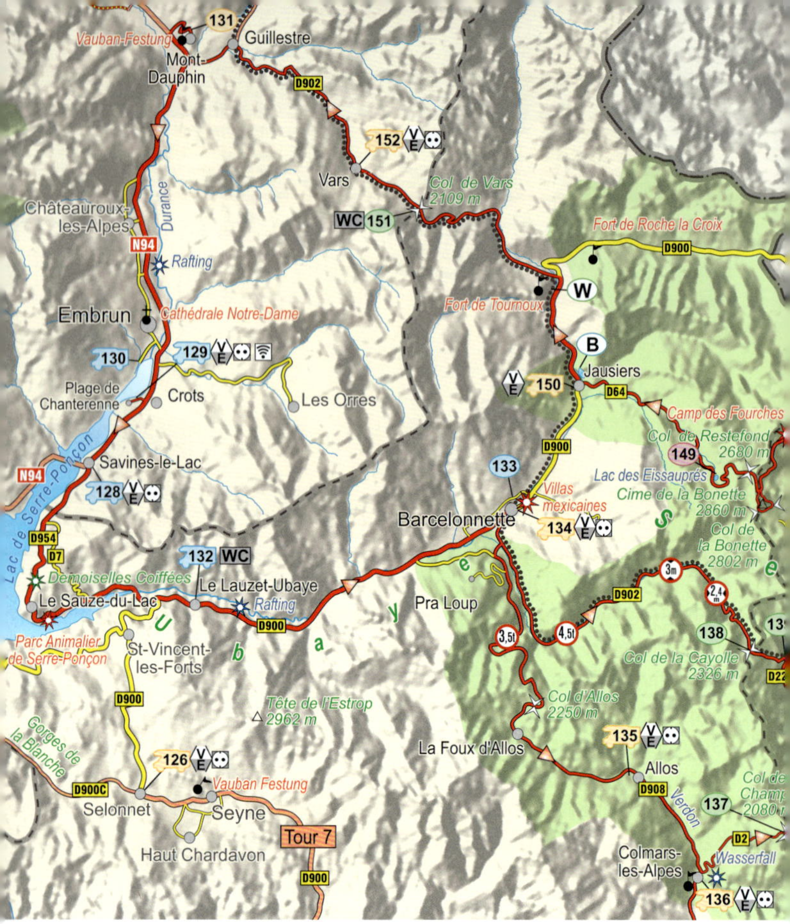

TOUR 8 (ca. 350 – 390 km)

Le Lauzet-Ubaye – Barcelonnette – Col de la Cayolle – La Foux d'Allos – Allos – Colmars-les-Alpes – Saint-Martin-d'Entraunes – Guillaume – Valberg – Roubion – Saint-Martin-Vésubie – Leo Boreon – Isola – Saint-Étienne-de-Tinée – Col de la Bonette – Jausiers – Les Claux – Mont-Dauphin

Freie Übernachtung:	Barcelonnette, Col des Champs, Col de la Cayol-le, Le Boreon, Lac des Eissauprés, Col de Vars, Mont-Dauphin.
Stellplätze:	Le Lauzet-Ubaye, Barcelonnette, La Foux d'Allos, Allos, Colmars-les-Alpes, Guillaumes, Valberg, Roubion, Saint-Martin.Vésubie, Isola, Saint-Étienne-de-Tinée, Jausiers.

Campingplätze:	keine.
Ver-/Entsorgung:	Le Lauzet-Ubaye, Barcelonnette, La Foux d'Allos, Allos, Colmars-les-Alpes, Guillaumes, Valberg, Roubion, Saint-Martin-Vésubie, Isola, Saint-Étienne-de-Tinée, Jausiers.
Besichtigungen:	Barcelonnette (Stadt), Colmars-les-Alps (Festung und Stadt), Guillaumes (Stadt), Le Boreon (Parc Alpha Loups - Wolfspark), Jausiers (Kirche), Mont-Dauphin (Vauban-Festung).
Wandern:	Le Lauzet-Ubaye (See), Colmars-les-Alps (Quelle Nebenfluss Verdon), Var-Quelle, Col de Vars.
Baden/Wellness:	Le Lauzet-Ubaye (See), Barcelonnette (Freibad), Jausiers (Badesee).

Von MONT-DAUPHIN fahren wir die N94 zurück nach SAVINES-LE-LAC, überqueren dort aber nicht die Brücke über den **Lac de Serre-Ponçon**, sondern biegen davor ab und fahren auf die D954 in Richtung BARCELONNETTE weiter. Nach 7,5 Kilometern machen wir einen kleinen Zwischenstopp und schauen uns die **Demoiselles coiffées de Pontis** an. Vom Parkplatz (**GPS:** 44°29'39.3"N 6°20'29.7") dorthin sind es nur wenige Meter. Die "Edelfräulein mit Kopfputz", besser bekannt als "Feenkamine", sind geologische Erscheinungen, die durch Erosion entstanden sind. Sie haben die Form von Säulen die aus verschiedenen Konglomeraten bestehen und mehr oder weniger sperrige Steine als Kopfbedeckung tragen, der die Säulen vor weiterer Erosion schützt. Ein Weg mit Schautafeln ist hier angelegt, den Sie bitte nicht verlassen sollten.

Nach dem kurzen Besuch fahren wir weiter nach LE SAUZE-DU-LAC, verwerfen den Gedanken den sicher interessanten **Parc Animalier de Serre-Ponçon** (nähere Infos http://www.parcanimalierdeserreponcon.com/fr) mit Greifvögeln und anderen heimischen Tieren zu besuchen und kommen nach 18 Kilometern in LE LAUZET-UBAYE an.

Blick auf den 2962 Meter hohenTête de l'Estrop mit dem Glacier de la Blanche an seiner Nordflanke.

(132) Offizieller WOMO-Badeplatz: Le Lauzet-Ubaye

GPS: N44°25'41.2" E6°26'03.0"; Le Village, 04340 Le Lauzet-Ubaye.

max. Womos: 10, maximale Länge 8 m.
Ausstattung: ebener, befestigter sonniger Platz, mit WC, ganzjährig geöffnet.
Lage: zwischen dem Ort und dem See.
Preise: kostenlos.
Zufahrt: In Le Lauzet-Ubaye von der D900 zur Post fahren, dann scharf rechts abbiegen und der Platz ist schon in Sichtweite.

Der See in Le Lauzet-Ubaye.

Der kostenlose Stellplatz liegt direkt zwischen dem See und dem Dorf mit 224 Einwohnern. Gegenüber befindet sich das **Relais du Lac** mit Außenterrasse. Ein gutes, klassisches französisches Restaurant mit moderaten Preisen.

Das Restaurant Relais du Lac.

Wenn Sie nur die GPS-Koordinaten des Stellplatzes eingeben wollen, führt Sie ihr Navi u.U. ab SAVINES-LE-LAC über die D7 und den Ort PONTIS hierher. Der Weg ist zwar kürzer, aber nicht unproblematisch. Hinauf kommen Sie gut, hinunter ins **Ubaye-Tal** allerdings schlecht, insbesondere dann, wenn Ihr Fahrzeug einen langen Überhang hat. Die Serpentinen im letzten Teil der Strecke sind dermaßen eng und steil, dass Sie Gefahr laufen mit dem Heck in den Kurven aufzusetzen und je nachdem wie Ihr Fahrzeug gebaut ist, zu Beschädigungen führen kann. Zudem schaffen Sie einige der Spitzkehren mit einem langen Fahrzeug nicht zu durchfahren, ohne in der Kurve vor- und zurücksetzen zu müssen. Die Radien sind verflixt eng. Also Vorsicht!

Um den See herum führt ein Spazierweg von höchstens 800 Metern Länge. Am Westufer gibt es einen kleinen Badestrand, eher für Kinder als für Erwachsene. Die Schlucht der **Ubaye** befindet sich nördlich des Ortes. Auf dem Fluss ist **Rafting** möglich. Nähere Informationen dazu und zu anderen Wassersportmöglichkeiten auf dem Fluss finden Sie hier http://www.crazywater-rafting.com/ oder hier https://www.anacondarafting.com/en/.

Die Straße weiter von LE LAUZET-UBAYE nach BARCELONETTE ist sehr gut ausgebaut, hat teilweise sogar getrennte Fahrbahnen. Die 20 Kilometer lassen sich leicht und ohne Probleme fahren, die leichte Steigung (250 Meter Höhenunterschied) spürt man kaum.

In BARCELONETTE sehen wir zwei Möglichkeiten das Fahrzeug abzustellen. Zum einen oben auf der Höhe am Schwimmbad, von der man diesen schönen Blick auf die Stadt hat, zum anderen auf dem offiziellen Stellplatz hinter dem Fußballstadion. Es gibt zwar noch weitere Parkplätze innerhalb des Ortes, aber

(133) WOMO-Badeplatz: Barcelonnette
Piscine municipale

GPS: N44°23'23.7" E6°39'08.6"; 5 Boulevard de l'Adroit, 04400 Barcelonnette.
max. Womos: 10, maximale Länge 8 m.
Ausstattung: Asphaltierter Platz mit leichten Gefälle, ganzjährig geöffnet.
Lage: Parkplatz am Freibad Piscine municipale, oberhalb der Stadt mit schöner Aussicht auf den Ort und die umliegenden Berge.
Preise: kostenlos.
Zufahrt: Von der D900 am dritten Kreisverkehr des Ortes in die Avenue René Chabre und dann weiter auf den Boulevard de l'Adroit fahren.

(134) Offizieller WOMO-Stellplatz: Barcelonnette
Aire de Camping-Car Jacques Villain

GPS: N44°22'55.9" E6°39'29.0"; 1 La Gravette, 04400 Barcelonnette.
max. Womos: 20, maximale Länge 8 m.
Ausstattung: ebener befestigter Platz teilweise schattig, mit Wasserver- und Abwasserentsorgung mit Bodeneinlass, Kassettenentleerung, Behälter für die Müllentsorgung, geöffnet vom 1. April bis 31. Oktober.
Lage: am Ortsrand, hinter dem Fußballplatz Stade Municipal Léon Signoret.
Preise: 8,00 € incl. Frischwasser und Strom, Bezahlung mit EC-Karte und PIN.
Zufahrt: Von der D900 am zweiten Kreisverkehr des Ortes in Richtung Cuneo (Coni) fahren, dann die erste Brücke rechts über die Ubaye nehmen und danach scharf links am Ufer des Flusses bis zum Fußballplatz weiterfahren.

da wird es mit unseren großen Kisten schwer, einen geeigneten Platz zu finden. Vom Schwimmbad sind es zu Fuß rund 500 Meter in die Innenstadt, vom Stellplatz hinter dem Stadion rund 1000 Meter, also keine gewaltigen Entfernungen.

BARCELONETTE ist die Hauptstadt des **Ubaye-Tales**. Sie liegt in einer weiten Beckenlandschaft und ist von Wäldern und Wiesen umgeben. Sie strahlt mit ihren pastellfarbenen Häusern und ihren schönen blumengeschmückten Plätzen bereits ein mediterranes Flair aus.

Tour de l'horloge an der Place Manuel.

Gegründet wurde die Stadt zu Beginn des 13. Jahrhunderts. Sie gehörte, wie das gesamte **Ubaye-Tal** zum Herzogtum Savoyen. Erst mit dem Frieden von Utrecht kam es 1713 zu Frankreich.

Die Stadt hat im Gegensatz zu allen anderen Bergdörfern dieser Region einen schachbrettartigen Grundriss. Sie wurde als **Bastide** gegründet. Das ist eine Bezeichnung für die im Mittelalter vielfach gegründeten und weitgehend in einem

Place Valle de Bravo vor dem Rathaus.

Place Manuel.

Zug erbauten Städte im Süden und Südwesten Frankreichs. Kennzeichnendes Merkmal für die rund 400 hauptsächlich zwischen 1222 und 1373 entstandenen Dorf- und Stadtanlagen ist ein streng rechtwinkliges Straßenraster mit einem zentralen Marktplatz, der von Häusern mit Arkadengängen gesäumt wird. Das finden wir auch hier mit Ausnahme der Arkaden vor. Die **Rue Manuel** bildet die Hauptachse dieses Städtchens. Sie verbindet den Platz vor dem Rathaus mit dem **Platz Manuel** mit seinen Cafés und Restaurants. An diesem Platz befand sich ehemals ein Kloster, von dem nur noch der Glockenturm zu sehen ist. Wer die Fußgängerzone verlässt und geradeaus in die Avenue de la Libération weitergeht, der gelangt zum Park **Sapinière** in dem sich das **Musée de la Vallée** befindet. Hier finden Sie eine umfangreiche Ausstellung über die Geschichte des **Ubaye-Tales**.

Werbetafel eines Kunstgewerbeladens.

Auffallend sind die vielen Villen in dieser Stadt. Das ist ganz untypisch für die Bergdörfer dieser Region. Wie das zu erklären ist lesen Sie jetzt:

Die Villa Anita an der Place Aimé Gassier.

Barcelonnettes in Mexiko

Traditionell wurde in Barcelonnette Handel mit den hier erzeugten Waren getrieben. Produziert wurden vor allem Textilien aus Leinen und Wolle, die in die Provence, ins Piemont, nach Flandern und anderen Orten exportiert wurden. Dann kam man im späten 18. Jahrhundert auf die Idee, es auch in Übersee zu versuchen. New Orleans in Louisiana war noch eine französische Kolonie und das erste Ziel. Da die Kolonie nach der Jahrhundertwende aufgegeben wurde und in die USA überging, versuchte man es in Mexiko. Hier schaffte man es innerhalb kürzester Zeit den Handel zu dominieren. 1846 hatte man allein in Mexiko-Stadt schon 20 Geschäfte. 40 Jahre später, 1886, gab es mehr als 110 Niederlassungen, in den Städten Puebla, Morelia, Guadalajara, Durango, Tampico und anderen. Darauf bedacht nicht nur den Handel zu dominieren, sondern auch die Produktion zu steuern sind die Barcelonnettes bald im Besitz von vier Fabriken, die Baumwolle spinnen, weben und bedrucken. Als einige zu Reichtum gekommene Händler in ihre Heimatstadt zurückkehrten und von den Möglichkeiten in Mexiko berichteten, löste diese einen wahren Exodus im Ubaye-Tal aus. Jeder wollte sein Glück in der neuen Welt versuchen. Die Tätigkeiten in Mexiko wurden dabei auch auf andere Wirtschaftszweige ausgedehnt. Es gab Papierfabriken, eine Zigarettenfabrik, Brauereien, Eisen- und Stahlgießereien sowie Konservenfabriken für die Verarbeitung von Lebensmitteln. Insgesamt gab es mehr als 133 Fabriken mit mehr als 30.000 Arbeitern, die von Barcelonnettes gegründet oder geleitet wurden.

Unterstützung fanden die Barcelonnettes durch **Porfirio Diaz**, der als Präsident von 1876/77 bis 1880 und von 1884 bis 1911 Mexiko regierte. In seinem repressiven und autoritären Regierungsstil förderte er ausländische Investitionen und zögerte nicht, mit großer Härte gegen die eigene aufbegehrende Bevölkerung vorzugehen. Mit dem ersten Streik der Textilarbeiter in Rio Branco, dem "Manchester" Mexikos, begann 1907 das Ende der Ära von **Porfirio Díaz**, die schließlich in der Revolution 1911 ihr Ende fand. Er starb 1915 im Exil in Paris.

Die Barcelonnettes kehrten vermögend zurück und ließen sich in prunkvollen Villen in ihrer Heimatstadt nieder. In der Avenue **Porfirio Díaz** können Sie einige dieser Villen bewundern.

Für die weitere Fahrt bitten wir Sie, doch noch einmal auf die Karte zu schauen, mit der dieses Kapitel begonnen wurde. Wenn Sie mit einem Kastenwagen oder einem kleinen Wohnmobil unterwegs sind, dann haben Sie mit den Zulassungsbeschränken, die auf der Karte verzeichnet sind, sicher kein Problem. Wenn Ihr Fahrzeug über 3,5t liegt, dann können Sie die Pass-Straße über den **Col d'Allos** nicht fahren. Das entsprechende Schild sehen Sie aber erst, wenn Sie in Richtung des Ski-Ortes PRA LOUP gefahren sind und vor Erreichen des Ortes in Richtung des Passes fahren wollen. Außerdem ist diese Straße in den Monaten Juli und August freitags für den motorisierten Verkehr gesperrt und nur den Radfahrern vorbehalten.

Die **Route des Grandes Alpes** über den **Col de la Cayolle** können Sie nur fahren, wenn Ihr Fahrzeug unter 4,5t liegt und nicht höher als 3 Meter ist. Dass es auch noch eine Durchfahrtsbeschränkung auf 2,4 Meter Breite gibt, dürfte die Mehrzahl der Fahrzeuge nicht betreffen. Wir sind diese Strecke komplett durchgefahren und müssen sagen oder warnen, dass man hier mit einem großen Fahrzeug an die Grenze des Machbaren kommt, auch wenn man auf dem Papier mit den Zulassungsbeschränkungen kein Problem hat. Wer mit einem Fahrzeug unterwegs ist, das über 4,5t liegt, dem bleibt für den weiteren Weg nach Süden nur die Strecke über den **Col de la Bonette** übrig, den wir uns für den Rückweg aufgehoben haben. Diese Strecke, das sei hier schon gesagt, ist sehr gut zu bewältigen, auch wenn es hier über den höchsten befahrbaren Pass der Alpen geht. Genug der Warnhinweise, fahren wir los! Wir nehmen zunächst die Route über den **Col d'Allos** und beschreiben dann etwas später den Weg von BARCELONNETTE über den **Col de la Cayolle.**

(135) Offizieller WOMO-Stellplatz: Allos Parking Val d'Allos

GPS: N44°14'34.0" E6°37'19.6"; 04260 Allos.
max. Womos: 35, maximale Länge 10 m.
Ausstattung: weitgehend ebener, asphaltierter Platz mit Wasserver- und Abwasserentsorgung mit Bodeneinlass, Kassettenentleerung, Behälter für die Müllentsorgung, ganzjährig geöffnet.
Lage: am Ortsrand, in unmittelbarer Nähe einer Freizeitanlage.
Preise: keine Parkgebühren, Wasser- und Stromversorgung müssen mit Jetons bezahlt werden. An einem Automaten an der Einfahrt des Platzes kann man die Jetons mit EC-Karte und PIN erwerben. Ein Jeton kostet 2,00 € , dafür kann man einmal Wasser tanken oder 4 Stunden Strom von einer der zahlreichen Stromsäulen auf dem Platz bekommen.

Zufahrt: Von der D908 noch außerhalb von Allos nach einer Tankstelle und einer Brücke der Beschilderung zum "Parc de Loisirs" 350 Meter folgen.

Von BARCELONNETTE bis zum 2250 Meter hohen **Col d'Allos** sind es ungefähr 20 Kilometer. Der Stellplatz an der großen Freizeitanlage in ALLOS weiter unten im Tal erreicht man nach weiteren 8 Kilometern. Die Freizeitanlage in 500 Metern Entfernung des Stellplatzes bietet unter anderem einen Badesee, einen Klettergarten, Sportplätze, Minigolf- und Skateranlagen. Der Ort mit Ladengeschäften und Restaurants liegt nur wenige 100 Meter weiter. Weiterhin gibt es hier eine Ferienhauskolonie. Insgesamt betrachtet ein Ort der organisierten Freizeitgestaltung.

Wir fahren 8 Kilometer weiter nach COLMARS-LES-ALPES. Der Stellplatz gefällt uns. Unter Bäumen steht man hier schön schattig, die kleine Parkanlage ist sehr angenehm und die Ortsmitte nur 300 Meter entfernt.

(136) Offizieller WOMO-Stellplatz: Colmars-les-Alpes Aire Municipale

GPS: N44°10'45.1" E6°37'39.0"; La Bourgade, 04370 Colmars-les-Alpes.
max. Womos: 20, maximale Länge 8 m.
Ausstattung: asphaltierter Platz zu einem Teil mit schönen schattigem Baumbestand, Wasserver- und Abwasserentsorgung mit Bodeneinlass, Kassettenentleerung, Behälter für die Müllentsorgung, einer Stromsteckdose an der Versorgungssäule System "Flot Bleu", WC, ganzjährig geöffnet.
Lage: am Ortsrand, in unmittelbarer Nähe des Flüsschens Lance, kleine Parkanlage.
Preise: keine Parkgebühren. Wasser- und Stromversorgung sowie Kassettenentleerung kosten 3.00 €, nur mit EC-Karte und PIN zahlbar.
Zufahrt: Am Ende des Ortes in einer scharfen Rechtskurve an einer Tankstelle/Werkstatt links abbiegen. Vor der Überquerung einer Brücke die zur Feuerwehr führt erneut links abbiegen.

"In 1250 Metern Höhe, am Ufer des wilden Verdon, liegt die mittelalterliche Stadt Colmars mit ihrem malerischen Charme. Die Stadt wird von einer alten Festungsmauer schützend umgeben. Wenn man durch eines der drei großen Stadttore schreitet, entdeckt man eine malerische Altstadt mit kleinen Gassen umgeben von hohen Häusern, die Kirche Saint-Martin und ihre Kapellen im gotischen provenzalischen Stil, hübsche Brunnen und einen Wehrgang.

Außerhalb der Festungsmauern wachen zwei Trutzburgen aus dem 17. Jahrhundert schützend über die Stadt."

So wird die Stadt in einem Tourismusprospekt beschrieben. Stimmt das auch? Ja, es stimmt, wir hätten es nicht treffender formulieren können. Dem Ort kam eine große strategische Bedeutung zu, als Savoyen den Oberlauf des **Verdon** rund um ALLOS eroberte. Die schon bestehenden Stadtbe-

Die Grand Rue in Colmars-les-Alpes.

Die Rue de Goin mit dem Maison Musée in Colmars-les-Alpes.

festigungen wurden durch **Vauban** ausgebaut. Er ließ zwei kleine Forts außerhalb der Stadt errichten, die durch Grabenwehre mit dem Ort verbunden wurden. Sie sind, wie die Stadtbefestigung selbst gut erhalten. Lang benötigt man nicht um den kleinen Ort mit 400 Einwohnern kennenzulernen. Viele Gassen gibt es nicht und touristisch überlaufen ist dieser Ort nun wahrlich nicht. Hier freut man sich über Besucher und auch ein Plausch mit den Einwohnern, die hier vor ihren Häusern sitzen ist durchaus möglich. Der Ort hat eine ruhige und authentische Ausstrahlung und ist ganz weit weg von den mittelalterlichen Städten, für die altes Gemäuer eigentlich nur noch eine schöne Kulisse für eine mittelmäßige Gastronomie und Hotellerie darstellt, die auf einen hohen Kundendurchsatz hoffen.

Wenn Sie sich hier auf der **Place Neuve** in der Nähe des Museums zu dem einzigen Restaurant des Ortes begeben erleben Sie das ganz anders. Es ist kein Feinschmeckerlokal, es ist von den angebotenen Speisen eher das, was man gemeinhin "gut bürgerlich" nennen würde, nur mit klassischer französischer Küche. Ganz zwanglos und sehr freund-

Vauban-Fort zum Schutz des Ortes Colmars-les-Alpes.

lich. Für das in Frankreich üblicherweise zu den Mahlzeiten gereichte Wasser geht der Chef ganz kurz vor Ihren Augen mit einer leeren Flasche zum gegenüberliegenden Brunnen, füllt sie dort auf und stellt sie auf den Tisch. Dann wird die Bestellung aufgenommen, nicht ohne zu fragen woher man den kommt, wenn man staunend den Vorgang des Wasserholens beobachtet hat und das am Gesichtsausdruck auch zu erkennen ist. Uns hat das Restaurant sehr gut gefallen, das Lammfleisch war von ausgezeichneter Qualität.

Vom Stellplatz führt ein Fußweg zum Wasserfall **Cascade de la Lance**. Hin und zurück benötigt man durch den duftenden Kiefernwald bis zu der engen Schlucht 40 bis 50 Minuten. Der Wasserfall ist 20 Meter hoch und stürzt in die **Lance**, einem kurzen Bach, der in COLMARS in den **Verdon** fließt. Der **Verdon** ist der Fluss, der in seinem Verlauf die große berühmte Schlucht ausgebildet hat und die Sie im Band 38 der WOMO-Reihe dieses Verlages beschrieben finden. Wir fahren dort nicht hin, sehen aber auch schon

Cascade de la Lance.

Der Col des Champs.

eine schöne Schlucht, wenn man COLMARS-LES-ALPES in südliche Richtung auf der D908 verlässt.

Für den weiteren Weg zum 2080 Meter hohen **Col de Champs** müssen wir an dieser Stelle wieder Bedenken vortragen. Die ersten Kilometer von COLMARS-LES-ALPES in Richtung des Passes sind sehr eng und sehr steil. Einige Spitzkehren sind mit einem Fahrzeug, wie wir es haben, nur durch vor- und zurücksetzen in der Kurve zu bewältigen. Bei

Blick vom Col des Champs nach Norden.

Gegenverkehr ganz unangenehm! Auch hat die Metallquerstrebe am Ende des Hecks mehrfach Bekanntschaft mit dem Asphalt gemacht. Das hörte sich nicht gut an.

Also wenn Sie auch ein Fahrzeug mit einem so langen Hintern haben wie wir, meiden Sie besser diesen Weg und nehmen einen Umweg in Kauf. Der Umweg führt von COLMARS-LES-ALPES nach SAINT-ANDRÉ-LES-ALPES (D908 und D955, 29 km), dann 31 Kilometer über die N202 bis nach SAINT-BENOÎT. Hier bleiben Sie auf der Route National bis kurz vor der Brücke über den **Var**. Dort biegen Sie links ab. Sie fahren auf die D2202. An dieser Kreuzung ist ausgeschildert: **Barcelonette par Col de la Cayolle, Guillaumes** und **Gorges de Daluls**. Dlese Straßen lassen slch sehr gut und problemlos fahren und die Fahrt durch die **Gorges de Daluis** wird Sie begeistern und für den verpassten Weg über den **Col des Champs** entschädigen (siehe Seite 246). In GUILLAUMES treffen Sie wieder auf unsere Route.

Was gibt es zum **Col des Champs** noch zu sagen? Die Erreichbarkeit haben wir ausreichend angesprochen und ein Bild sagt manchmal mehr als 1000 Worte. Sie stehen hier [**137:** N44°10'30.2" E6°41'52.5"] in einer fantastischen Landschaft, des Nachts vollkommen unbehelligt. Tagsüber kommt mal ein Radler oder Motorradfahrer vorbei. Dieser abseits gelegene Pass ist nicht sehr stark frequentiert. Was beim nächsten Pass schon etwas anders ist.

Wir machen einen Sprung zurück und fahren nun von BARCELONNETTE auf den 2326 Meter hohen **Col de la Cayolle**. Um Ihnen einen Eindruck zu vermitteln haben wir eine Leiste mit Bildern angelegt, die wir während der Fahrt gemacht haben. Sie erkennen die Breite der Straße, Sie sehen klassische Ausweichstellen für den Gegenverkehr und Sie erahnen, das kann ja knifflig werden! Was man nicht sieht, sind Radfahrer, die mit einem Affenzahn den Hang hinuntergeschossen kommen. Die gibt es aber auch. Haben wir oft gesehen und erlebt und wenn wir talwärts gefahren sind, oftmals rechts ran gefahren und vorbeifahren lassen, weil sie schneller waren als wir. Ein echter Rennradler betrachtet so ein WOMO vermutlich nur als bewegliches Verkehrshindernis.

Die 30 Kilometer lange Fahrt hinauf gewährt nur wenige spektakuläre Blicke in die Landschaft. Eine bizarre Felsenszenerie wie bei anderen Auffahrten gibt es hier nicht. Es gibt nur die am Hang klebende Straße, mit einer steilen Wand auf der einen Seite und einem steil abfallenden Hang auf der anderen Seite. Die Bilder in der Leiste am linken

Fast ist der Col de la Cayolle erreicht.

Rand zeigen das recht deutlich. Das wird zum Ende hin besser weicht auf der Passhöhe [**138:** 44°15'34.3" E6°44'38.2"] einem weiten Blick hinunter in das **Val d'Entraunes** und auf die nördlich von NIZZA liegenden SEEALPEN. Nach Norden schaut man auf die **Cottischen Alpen** und kann das **Ubaye-Tal** erahnen. Die Passhöhe ist mit einem einfachen Stein markiert. So stark besucht wie **Col du Glandon, Col de la Croix de Fer,** die wir schon beschrieben haben und **Col du Galibier** oder **Col du Lautaret** zu denen wir noch kommen werden, ist dieser Pass nicht.

Vom **Col de la Cayolle** lässt sich der höchstgelegene natürliche See in Europa auf einer Höhe von 2230 Metern über dem Meeresspiegel in einer zweistündigen Wanderung erreichen. Um zu diesem Schmelzwassersee zu gelangen, sind auf der Strecke von 7 Kilometern rund 400 Meter Höhenunterschied zu überwinden. Der See hat eine Größe

Die Passmarkierung auf dem Col de la Cayolle

von 54 Hektar und man benötigt noch einmal eine Stunde, um ihn zu umrunden. Am See gibt es eine bewirtschaftete Hütte. Man soll an diesem See gut Murmeltiere beobachten können. Was wir nicht beurteilen können, denn wir haben diese Wanderung noch nicht gemacht. Das werden wir für eine der nächsten Auflagen dieses Buches nachholen. Für weitere Informationen schauen Sie doch bitte einmal auf diese website: https://refugedulacdallos.com/. Wenn Sie sich da durchklicken, können Sie sich einige Bilder anschauen und auch ein mehrseitiges PDF-Dokument herunterladen. Das sieht doch vielversprechend aus.

Bis nach GUILLAUMES unserem nächsten Ziel sind es vom **Col de la Cayolle** 32 Kilometer. Die Strecke hinunter, die wir nun vor uns haben, ist viel bequemer, als die, die wir hoch gefahren sind. Die Straßen im **Val d'Etraunes** werden zusehends breiter und Begegnungen mit dem Gegenverkehr sind nicht mehr problematisch.

Einen ersten Zwischenstopp legen wir nach wenigen Kilometern ein. Von einem Wanderparkplatz am rechten Rand der Straße lassen sich große und kleine Wanderungen in diesem Teil des **Mercantour-Nationalparks** unternehmen. Die kürzeste geht in einem Rundkurs durch einen Alpengarten,

Parkplatz am Col de la Cayolle.

(139) WOMO-Wanderparkplatz: Cabanes de Sanguinière

GPS: N44°14'40.7" E6°45'25.2"; D2202, 06470 Entraunes.
max. Womos: 2, maximale Länge 8 m
Ausstattung: asphaltierter Platz mit leichtem Gefälle, Tische und Bänke oberhalb des Platzes unter Bäumen.
Lage: 6 Kilometer unterhalb des Col de la Cayolle.
Preise: kostenlos.
Zufahrt: Über die D2202.

für den längsten benötigt man schon gleich 6 Stunden oder mehr und führt tief in den Nationalpark hinein. Ohne Hüttenübernachtung wird das nur den sehr gut durchtrainierten Wanderern hin und zurück gelingen. Eine Reihe von mittleren Strecken führen von diesem Platz in Seitentäler und dort jeweils ans Ende bis zu einem Pass oder Sattel. Die Gehzeiten variieren zwischen 2 und 3 Stunden für einen Weg. Die Höhenunterschiede sind teilweise beträchtlich. Sie variieren zwischen 500 und 800 Meter. Wenn Sie einen Hund dabei haben, dann dürfen Sie diese Wege nicht gehen, selbst wenn Sie ihn an der Leine führen. Dies ist in allen Nationalparken in Frank-

Lac d'Estenc an der Var-Quelle in Blickrichtung Col de la Cayolle..

reich so. Wir können das immer nur wiederholen. Mit dem WOMO abseits der Straße über Feldwege ein noch stilleres Plätzchen zu suchen, ist ebenfalls untersagt. Bleiben Sie auf der Straße bzw. auf den Parkplätzen direkt an der Straße und lassen am Besten Tisch und Stühle im Auto, solange Sie im Nationalpark unterwegs sind.

Schmetterling am Lac d'Estenc.

Ein kurzer Weg vom Wanderparkplatz führt an der Schutzhütte **Cantonnière** vorbei über einen Wiesenweg zum **Lac d'Estenc**. Es sind nur 1,5 Kilometer der Höhenunterschied beträgt rund 100 Meter. An dem See befindet sich die Quelle des **Var**, der 114 Kilometer weiter südlich bei NIZZA ins Mittelmeer fließt. Der See ist im Prinzip ein kleiner Stausee, die Ufermauer am Abfluss ist befestigt und zur Quelle des **Var** wurde ein Steg aus Holzbohlen angelegt. Den See kann man bequem umrunden. 200 Meter vom See entfernt wartet ein Restaurant mit Außenterrasse auf Gäste.

Das sieht doch alles sehr nach einem netten Ausflugsort für Nizzaer aus, die hier nach einer Fahrt von der Mündung bis zur Quelle des **Var** eine Rast einlegen. Sie durchfahren dabei die **Gorges de Daluis**, der wir uns nunmehr widmen werden.

Gasthaus unterhalb des Lac d'Estenc.

Ganz gleich, ob Sie über den **Col de Champs** oder über den **Col de la Cayolle** nach GUILLAUME kommen, eine Fahrt entlang dieser Schlucht sollten Sie nicht versäumen. Die Fahrt vom Wanderparkplatz **Cabanes de Sanguinière** bis nach GUILLAUME dauert 40-45 Minuten, die Fahrtzeit vom **Col de Champs** ist etwas länger. Es klingt ja schon etwas verrückt nur für die Fahrt rauf und runter einen Umweg zu machen, aber Sie werden sehen, es lohnt sich.

Fahren Sie von dort, wo in GUILLAUME auf einer Brücke die Straße nach VALBERG abzweigt in Richtung DIGNE/NICE/DALUIS bis zu diesem Punkt (**GPS:** N44°01'17.4" E6°48'32.2"). Das sind exakt 11,5 Kilometer. Hier finden Sie eine sehr bequeme Möglichkeit Ihr Fahrzeug zu wenden, um nach GUILLAUME zurückzufahren. Alternativ fahren Sie ganz hinunter bis zur N202 (19 km), fahren dann weiter über ENTREVAUX Richtung NIZZA, biegen nach 20 Kilometern auf die D28 nach BEUIL ab und fahren über 22 Kilometer die **Gorges du Cians** hoch nach BEUIL. Das ist auch eine schöne Schlucht. Diese Route ist auf unserer Karte vorne am Anfang des Kapitels nicht dargestellt, weil sie außerhalb unseres Reisegebietes liegt.

Straße oberhalb der Schlucht Gorges de Daluis

Zurück zur **Gorges de Daluis**. Wenn Sie rauf und runter fahren, haben Sie den doppelten Genuss. Runter fahren Sie die hangseitige Strecke, fahren immer wieder durch Tunnels und werden von der atemberaubenden Landschaft begeistert sein. Die tiefe Schlucht des **"Colorado Niçois"**, den eine Laune der Natur durch die Verwitterung von Vulkanasche und eisenhaltigen klastischen Feinsedimenten so schön rot färbte und der **Var** sich so tief hineinschnitt und dabei senkrecht abfallende Steilwände entstehen ließ, ist einfach grandios. Das Grün der Büsche und Bäume die unterschiedlichsten Verwitterungsformen des Gesteins am Rande der Straße und am Rande des Abgrunds intensivieren das Erlebnis. Die Sonne bringt so manchen Hang, auf den man zufährt, zum leuchten. Wenn sie bei der Fahrt hinunter nicht günstig steht, dann vielleicht wenn Sie wieder hochfahren und dabei an der Talseite immer wieder um die Felsvorsprünge herumfahren, die sie beim runterfahren durch Tunnels passiert haben. Der Blick in diese Landschaft ist beim Hochfahren ein anderer. Bei der Fahrt zurück haben Sie mehr Möglichkeiten auch einmal anzuhalten, um den Blick in diese Schlucht nicht nur im vorbeifahren zu erleben.

Gorges de Daluis

Einen Wanderweg am Talboden gibt es nicht. Um die Schlucht von unten zu erleben, müssen Sie schon auf **Rafting** ausweichen. Nähere Informationen gibt es dazu hier http://www.rafting-verdon-bsn.com/canyoning/Rafting-Vallee-du-Var.html. Wenn Sie noch einen Adrenalinstoß brauchen, dann können Sie auch mit einen Gummiseil um den Bauch in die Schlucht springen. Nähere Informationen dazu finden Sie hier https://www.saut-elastique.com/18509-top-jump.

(140) Offizieller WOMO-Stellplatz: Guillaumes Aire Municipale

GPS: N44°05'18.7" E6°51'10.6"; Place de Provence, 06470 Guillaumes.
max. Womos: 10, maximale Länge 10 m.
Ausstattung: befestigter Platz, teilweise mit schönen schattigem Baumbestand, Wasserver- und Abwasserentsorgung mit Bodeneinlass, Kassettenentleerung, Behälter für die Müllentsorgung, zwei Stromsteckdosen an der Versorgungssäule, ganzjährig geöffnet.
Lage: Ortsrand am Ufer des Var.
Preise: keine Parkgebühren. Wasser- und Stromversorgung kosten jeweils 2.00 €, nur erhältlich mit Jetons die es im Laden "Tabac de Guillaume Stephane" in 200 Metern Entfernung an der Hauptstraße zu kaufen gibt. Kassettenentleerung und Grauwasserentsorgung ist kostenfrei.
Zufahrt: Dort wo die D28 nach Valberg abzweigt, befindet sich schräg gegenüber die Zufahrt zum Stellplatz. Ein Hinweisschild weist den Weg.

GUILLAUMES ist ein malerisches Städtchen mit rund 650 Einwohnern. Nach der Gründung im Mittelalter erlangte es schnell eine strategische Bedeutung hoch über den Schluch-

Place de Provence in Guillaumes.

Brunnen auf der
Place de Provence in Guillaumes.

Blick von der Place Vauban auf die Ruine des Châteaus Reine Jeanne. Rechts das Portal der Église Saint-Étienne.

ten am Zusammenfluss des **Var** und des **Tuébi**. Auf einem Felssporn wurde eine Burg errichtet, von der die Täler überwacht werden konnten. Hier hatte auch **Vauban** zu tun, der diesen Ort auf seinen Reisen mehrfach aufsuchte. Die teilweise unübersichtliche Grenzsituation führte zwischen Savoyen und Frankreich immer wieder zu Konflikten, die man unter anderem mit dem **Vertrag von Turin** zu entschärfen versuchte. Grenzbegradigungen und neue Zuordnungen wurden geschaffen. So kam 1760 GUILLAUME zu Savoyen, die Franzosen zogen ab, allerdings nicht ohne vorher die Burg zu zerstören. Seitdem ist sie eine Ruine. Der Wanderweg dorthin führt teilweise entlang einer wenig befahrenen Straße (D75). Mit dem WOMO hoch zu fahren macht keinen Sinn, Sie werden keine Parkmöglichkeit finden.

Da der Ort nicht groß ist, ist ein Rundgang durch die Gassen nicht zeitaufwändig. Er ist durchaus zu empfehlen, der Ort hier auf 800 Metern Höhe hat einfach Charme. Die Auswahl an Restaurants ist sehr übersichtlich, es gibt nur zwei. Dazu können wir aber nichts Weiteres sagen, da wir sie nicht ausprobiert haben.

Blick in die Fußgängerzone von Valberg.

Rund 15 Kilometer weiter und rund 1000 Meter höher steht VALBERG als nächster Ort auf unserer Rundreise durch die Seealpen auf dem Programm. Er dient in erster Linie dem Wintersport für die nur eine Autostunde entfernt wohnenden Nizzaner. Er ist eine der ältesten Skiorte der Seealpen.

(141) Offizieller WOMO-Stellplatz: Valberg
Aire de Camping-Cars

GPS: N44°05'45.9" E6°56'12.2"; D528A, 06470 Péone.
max. Womos: 21, maximale Länge 10 m.
Ausstattung: asphaltierter Platz, schattenlos, mit Wasserver- und Abwasserentsorgung mit Bodeneinlass, Kassettenentleerung, Behälter für die Müllentsorgung, 21 Stromsteckdosen, ganzjährig geöffnet.
Lage: Ortsrand.
Preise: pro Tag 10,00 € pro Fahrzeug, plus 0,70 € Kurtaxe pro Person. Barzahlung mit Angabe von Name, Adresse und KFZ-Kennzeichen. Das Geld mit den Angaben in einen Briefumschlag legen und in die bereitgestellte Box werfen.
Zufahrt: Auf der D28 im Ort mit dem ersten Kreisverkehr die Fußgängerzone umfahren, dem Straßenverlauf folgen und beim zweiten Kreisverkehr (Ende der Fußgängerzone) die zweite Ausfahrt nehmen, dann links halten. Nach einem Kilometer ist der Platz erreicht.

Das Sommerangebot ist mit dem Sentier Planétaire (Planetenweg), Hochseilgarten, historischen Lehrpfad, Ponyreiten, Schwimmbad schon recht vielfältig. Hinzu kommen noch Sommerrodelbahn und viele Wanderwege, für die auch in den Sommermonaten Sessellifte in Betrieb sind, um die Höhenunterschiede leichter zu überbrücken. Natürlich fehlen auch hier die VTT-Strecken nicht. Die 10 markierten Wanderwege haben unterschiedlichen Schwierigkeitsstufen und Längen.

Nähere Informationen dazu gibt es im Office de Tourisme in der Fußgängerzone des Ortes oder hier http://www.valberg.com/.

Das Bergstädtchen Roubion.

Auf den nächsten 18 Kilometer geht es den Berg hinunter nach ROUBION. Wie ein Adlerhorst klebt das mittelalterliche Städtchen auf einer Klippe über steil abfallende Felsen. Reste einer Burg zeugen auch hier von den kriegerischen Auseinandersetzungen zwischen Frankreich und Savoyen.

(142) Offizieller WOMO-Stellplatz: Roubion
Aire d'Accueil de Camping-Cars

GPS: N44°05'02.5" E7°02'34.2"; Clogaglia, 06420 Roubion.
max. Womos: 10, maximale Länge 8 m.
Ausstattung: asphaltierter Platz, schattenlos, mit Wasserver- und Abwasserentsorgung mit Bodeneinlass, Kassettenentleerung, Behälter für die Müllentsorgung, ganzjährig geöffnet, maximale Aufenthaltsdauer 5 Tage.

Lage: Ortsrand, am Rande eines Skigebietes.
Preise: kostenlos.
Zufahrt: Ca. 11 km hinter dem Skiort Beuil in einer Spitzkehre auf der M30 rechts abbiegen, dann links halten, 500 Meter bis zum Ziel. Der Stellplatz befindet sich hinter dem PKW-Parkplatz.

Hauptattraktion des Ortes ist die **Chapelle Saint-Sébastien**, die 900 Meter vom Stellplatz entfernt über einen markierten Wanderweg zu erreichen ist (Höhenunterschied 120 Meter). Hier beeindrucken die Wandmalereien eines unbekannten Künstlers aus dem 16. Jahrhundert.

Vom Stellplatz lassen sich zahlreiche Wanderungen in die umliegende Bergwelt unternehmen. Nähere Informationen gibt es dazu etwas oberhalb des Platzes auf einer großen Tafel oder auch hier http://www.roubion.com/rando/. Wer sich die Tafel anschaut kommt an diesem kleinen Restaurant vorbei.

Restaurant in Stellplatznähe bei Roubion.

Heftig rauf und runter geht es die nächsten 44 Kilometer auf der M30, M2205 und M2565 weiter. Zunächst geht es hinunter in das Tal der **Tinée**, dann hoch nach SAINT DALMAS und von dort runter nach SAINT-MARTIN-VÉSUBIE.

Blick von der M2565 in das Tal der Tinée.

Der Besuch hier fällt kurz aus. Der pittoreske mittelalterliche Kern des Ortes hinter dem Rathaus ist klein, die Hauptgasse die hindurchführt sehr schmal. Wir sind in der Hauptsache hergefahren, um die Versorgungsstation anzuschauen und abzulichten, denn unser eigentliches Ziel ist der **Wolfspark Alpha**, der 9 Kilometer weiter nördlich liegt. Da man zwischendurch immer wieder die Ver- und Entsorgung erledigen muss, wollen wir hier den

Das Rathaus von Saint-Martin-Vésubie.

Hinweis auf diesen Platz geben. Übernachten würden wir hier nicht, da gibt es oben am **Wolfspark** schönere Plätze, die wir Ihnen empfehlen können. Die Übernachtung bei den Wölfen ist unproblematisch und erlaubt, wie wir extra erfragt haben.

(143) Offizieller WOMO-Stellplatz: Saint-Martin-Vésubie Parking du Touron

GPS: N44°03'38.5" E7°15'35.0";
548 Route de Nice, 06450 Saint-Martin-Vésubie.
max. Womos: 6, maximale Länge 8 m.
Ausstattung: asphaltierter Platz, schattenlos, mit Wasserver- und Abwasserentsorgung mit Bodeneinlass, Kassettenentleerung, Behälter für die Müllentsorgung, WC, ganzjährig geöffnet, maximale Aufenthaltsdauer 5 Tage.

Lage: Ortsrand, zwischen Sägewerk und stark befahrener Ausfallstraße nach Nizza, laut.
Preise: kostenlos, Frischwasser 2,00 €, erhältlich nur mit EC-Karte und PIN oder VISA-Karte.
Zufahrt: Über die M2565 in Richtung Nizza. Etwa 1,5 Kilometer vom Stadtzentrum entfernt.

Bevor wir dort hinfahren sei noch erneut der Hinweis auf den Band 38 der WOMO-Reihe von Ralf Gréus gestattet, der hier im Osten der Provence unterwegs ist und diesen Ort als einen seiner Endorte auserkoren hat. Wenn Sie mögen, können Sie hier sozusagen nahtlos mit seinem Buch in sein Reisegebiet weiterfahren.

Wir bewegen uns jetzt zum **Wolfspark**, der einfach zu finden ist und 8 Kilometer von SAINT-MARTIN-VÉSUBIE entfernt liegt. Folgen Sie den Hinweisschilder an der Straße mit der Aufschrift **alpha** oder tippen Sie einfach die GPS-Koordinaten dieses Stellplatzes in Ihr Navi ein.

(144) WOMO-Wanderparkplatz: Alpha, Lac du Boreon

GPS: N44°06'38.2" E7°17'58.2"; D189, 06450 Saint-Martin-Vésubie.

max. Womos: 2, maximale Länge 9 m.
Ausstattung: befestigter Platz, schattig. Nachts sehr ruhig, gelegentlich Wolfsgeheul vernehmbar.
Lage: Im Wald in unmittelbarer Nähe des Eingangs zum Wolfspark.
Preise: kostenlos.
Zufahrt: Über die D189, ca. 1 Kilometer hinter dem Lac du Boreon.

Dieser Platz ist dem Eingang am nächsten, ein weiterer Platz befindet sich etwas weiter hangaufwärts.

(145) WOMO-Wanderparkplatz: Cabanes Perchées

GPS: N44°06'35.9" E7°18'26.9"; D189, 06450 Saint-Martin-Vésubie.

max. Womos: 2, maximale Länge 9 m.

Ausstattung: befestigter Platz, schattig. Nachts sehr ruhig, gelegentlich Wolfsgeheul vernehmbar.

Lage: Waldrand in unmittelbarer Nähe des Restaurants L'Alpage.

Preise: kostenlos.

Zufahrt: Über die D189, ca. 2 Kilometer hinter dem Lac du Boreon.

Wölfe, Hunde und der Wolfspark alpha

Wer kennt sie nicht die Geschichte vom Rotkäppchen und dem Wolf. Von frühesten Kindesbeinen an wachsen wir damit auf, einen Wolf als **"Böse"** anzusehen. Kaum ein Tier polarisiert so stark wie der Wolf. Seit seiner Rückkehr in die Wälder Mittel- und Südeuropas streiten sich Gegner und Freunde des Isegrims bis aufs Blut. Eine sachliche Diskussion ist da oft nicht möglich, bei dem Gesprächsthema kochen einfach nur die Emotionen hoch. Das ist hier im Mercantour, wo der Wolf beiderseits der französisch-italienischen Grenze schon längst wieder heimisch geworden ist nicht anders, als bei uns im Schwarzwald oder anderen Regionen Deutschlands. Die Angst vor diesem Tier ist in unseren Seelen tief verwurzelt. Der Wolfspark **alpha** versucht dem entgegen zu wirken.

Das ist gar nicht so einfach, denn macht man es artgerecht, müssten die Gehege sehr viel größer sein, als sie es hier sind. Größere Gehege bedeuten aber, dass die Tiere sich verstecken und man sie nur zu den Fütterungszeiten beobachten kann. Denn die Tiere wollen mit dem Menschen eigentlich nichts zu tun haben. Hier, so erscheint es uns, hat man versucht einen Mittelweg zu finden. Man kann sie von verschiedenen Beobachtungsstationen im Wald oder auf Lichtungen erkennen. Sehr aktiv sind die Wölfe nicht, sie dösen in der Sonne oder liegen im Schatten. Was sollen sie auch sonst tun, auf die Jagd gehen müssen sie nicht, denn jedes der drei Rudel bekommt pünktlich seine Fleischration für den Tag zugeteilt. Vor den Fütterungszeiten kommt dann ein wenig Bewegung in die Meute, denn längst haben sie sich so an die Zeiten gewöhnt, dass ihnen die innere Uhr sagt wann die nächste Ladung Frischfleisch kommen wird. Dies kann nur regelmäßig erfolgen, weil dies eine der Hauptattraktionen für die Besucher ist und man diese natürlich mit Publikationen entsprechend

Aufmerksamer, beobachtender Blick.

Zum Aufsprung bereit.

Wolf auf der Pirsch.

bekannt macht. Die Fütterung kann man aus einem Raum hinter Sicherheitsglas beobachten. Unter großen Ooohhs und Aaaahs staunen die Kinder und die Kameras der Eltern klicken unaufhörlich. Nach kurzer Zeit ist die Aktion vorbei und die Wölfe trollen sich zum Verdauungsschlaf in den Wald zurück.

In der freien Wildbahn geht das bekanntlich nicht so. Hier muss der Wolf um seine Nahrung kämpfen. Er tut das im Rudel und das sucht sich das Tier aus, was es am besten fangen kann, ein krankes oder altes Wild oder natürlich auch gern einmal ein Schaf oder Lamm aus einer Herde. Nach dem darwinschen Prinzip des "Survival of the Fittest" hat er dabei eine wesentliche ökologische Funktion. Das diese Tiere nicht nur hochintelligent sondern auch ausgesprochen soziale Wesen sind, sieht man auch an seinen Abkömmlingen, den Hunden. Welches andere Tier schafft es schon in so einer vielfältigen Form dem Menschen zu dienen. War er zunächst nur Jagdbegleiter und Helfer, spürt er heute verschüttete Menschen auf, führt blinde Menschen, erschnüffelt Rauschgift oder lindert als Therapiehund menschliche Not. Ganz nebenbei ist er als Familienhund auch noch ein geselliger Kumpel. Alles nicht denkbar ohne seinen Vorfahren, dem Wolf. Wir sollten uns aus Respekt vor der Natur die Wölfe in freier Wildbahn erhalten.

Der Lac du Boréon vor dem Wolfspark.

Der Ticketschalter für den Wolfspark mit einem darüberliegenden Restaurant und einem Souvenirshop befindet sich kurz hinter dem **Lac du Boréon**. Der Eintritt kostet 12,00 € p.P. für den Erwachsenen, 10,00 € pro Kind unter 12 Jahre. Für Kleinkinder unter 4 Jahren muss kein Eintritt entrichtet werden. Weitere Informationen gibt es hier https://www.alpha-loup.com/.

Bleibt noch zu erwähnen, dass es hier in der Umgebung des Parkes eine ganze Reihe von Wanderwegen gibt, die Sie ganz gefahrlos gehen können, ohne Angst haben zu müssen, einem Wolf zu begegnen.

Wir treten die Rückreise an. Zunächst geht es zurück nach SAINT SAUVEUR-SUR TINÉE. Den Ort durchfahren wir und halten uns kurz hinter dem Ortsende bei der Gabelung der Straße rechts und fahren in Richtung ISOLA 2000 und **Col de la Bonette**. Von der Gabelung bis nach Isola 2000 sind

Die Straßen sind breit im Val de la Tinée.

(146) Offizieller WOMO-Stellplatz: Isola, Relais Flot Bleu

GPS: N44°11'16.3" E7°02'36.7"; M2205, 06420 Isola.
max. Womos: 8, maximale Länge 12 m.
Ausstattung: asphaltierter Platz, schattenlos, mit Wasserver- und Abwasserentsorgung (System Flot Bleu) mit Bodeneinlass, Kassettenentleerung, Behälter für die Müllentsorgung, WC, ganzjährig geöffnet.
Lage: Ortsrand, zwischen Campingplatz und Fußballplatz. 750 Meter von der Ortsmitte entfernt.
Preise: kostenlos, Frischwasser 2,00 €, erhältlich nur mit EC-Karte und PIN.
Zufahrt: Direkt an der M2205 in Richtung Saint-Étienne-de-Tinée und Col de la Bonette.

es 14 Kilometer. Hier wird die Möglichkeit einer Ver- und Entsorgung angeboten, die man vielleicht nutzen sollte, denn bei der nächsten Möglichkeit im 14 Kilometer entfernt liegenden SAINT-ÉTIENNE-DE-TINÉE ist man abhängig von den Öffnungszeiten des Freizeitparks und danach gibt es über viele Kilometer keine weiteren Einrichtungen.

Schon aus großer Entfernung sieht man SAINT-ÉTIENNE-DE-TINÉE in der grünen Tallandschaft der oberen **Tinée** liegen. Von der mittelalterlichen Stadt ist nichts mehr zu sehen,

(147) Offizieller WOMO-Stellplatz: St-Étienne-de-Tinée Parking du Chambot

GPS: N44°15'19.8" E6°55'39.0"; 06660 Saint-Étienne-de-Tinée.
max. Womos: 10, maximale Länge 10 m.
Ausstattung: Grasplätze, schattenlos, Behälter für die Müllentsorgung, ganzjährig geöffnet, maximale Aufenthaltsdauer 7 Tage.

Lage: Ortsrand, am Ufer der Tinée.
Preise: kostenlos.
Zufahrt: Nachdem man den Ort erreicht hat gegenüber der Apotheke rechts abfahren in Richtung Parkplatz Centre Ville, dann vor der Kirche rechts abbiegen, weiterfahren bis zu einem Kreisverkehr, dort die zweite Ausfahrt nehmen, dann sind es noch ca. 250 Meter.

(148) Offizieller WOMO-Badeplatz: St-Étienne-de-Tinée Aire de Camping-Car Plan d'Eau

GPS: N44°15'30.8" E6°55'23.7"; Cartel, 06660 Saint-Étienne-de-Tinée.
max. Womos: 6, maximale Länge 8 m
Ausstattung: befestigter Platz, mit Wasserver- und Abwasserentsorgung mit Bodeneinlass, Kassettenentleerung, Behälter für die Müllentsorgung, WC, geöffnet vom 1.6. - 30.9., maximale Aufenthaltsdauer 4 Tage.

Lage: Ortsrand, neben dem Zugang zur Freizeitanlage Petit Bois des Lutins.
Preise: 8,40 € pro Fahrzeug mit 2 Personen, Frischwasser 3,00 €, Strom 2,50 €, zahlbar an der Rezeption der Freizeitanlage.
Zufahrt: Den Ort in Richtung Col de la Bonette durchfahren und kurz vor der Brücke über die Tinée links abbiegen.

was die zahlreichen Kriege zwischen Frankreich und Savoyen nicht zerstörten, schaffte eine verheerende Feuersbrunst im Jahr 1929, die nur der **Glockenturm der Église Saint-Étienne** überstand. Dieser romanische Turm mit seiner oktogonalen Spitze im lombardischen Stil ist auch gleichzeitig die Hauptsehenswürdigkeit des Ortes. Mit der Station AURON, seinen Bettenburgen und Skiliften ist die Gemeinde in ers-

Saint-Étienne-de-Tinée aus der Ferne.

ter Linie ein Ort des Wintersports. Für die Sommergäste wird auch einiges bereit gehalten, aber längst nicht in dieser Spannbreite, wie wir das in VALBERG gesehen haben. Neben dem kleinen Badesee und den auch hier vorhanden VTT-Strecken liegt hier der Schwerpunkt auf Wanderangebote. Hauptattraktion sind dabei die Wege zu den Seen **Lacs de Vens** und **Lac de Rabuons**, Wanderungen, die durch die fantastische Gebirgslandschaft im **Nationalpark Mercantour** fast bis an die Grenze nach Italien führen. Nähere Informationen und Karten gibt es dazu im Office de Tourisme in der Nähe der Kirche. Wir werden uns bei einem der nächsten Besuche eine dieser Wanderungen vornehmen. Die Bilder, die man hier sehen kann, sind doch einfach zu verlockend https://www.altituderando.com/Les-lacs-de-Vens-2380m-par-le-col.

Wir machen uns nunmehr auf den Weg zum höchsten Punkt dieser Reise, den wir mit dem WOMO erreichen können, dem 2802 Meter hohen **Col de la Bonette**.

Glockenturm der Église Saint-Étienne.

Von SAINT-ÉTIENNE-DE-TINÉE haben wir dazu 25 Kilometer zurückzulegen und werden dabei einen Höhenunterschied von 1652 Metern überwinden! Diese Straße ist in unseren Augen um ein vielfaches spektakulärer als die etwas weiter westlich, quasi parallel verlaufende **Route des Grandes Alpes** über den **Col de la Cayolle**. Für uns WOMO-Fahrer kommt noch hinzu, dass diese Straße problemlos zu fahren ist. Sie ist so breit, dass entgegenkommenden Fahrzeuge kein Problem darstellen und die Kehren der Serpentinen haben so große Radien, dass ein Rangieren in der Kurve, wie wir das an anderen Stellen schon beschrieben haben, nirgendwo notwendig ist.

Da ist genug Platz, um bequem aneinander vorbeizukommen.

Wie so oft haben Pässe eine besondere strategische Bedeutung, so ist es auch hier. Schon die spanischen Truppen überquerten diesen Pass im österreichischen Erbfolgekrieg 1740-1748. Sichtbar sind auch Ruinen neuerer militärischer Anlagen. Die Rui-

Das Camp des Fourches.

Blick zurück in Richtung Saint-Étienne.

Plausch von Rad-, Motorrad-, und WOMO-Fahrern am höchsten Punkt des Col de la Bonette.

nen des Camps der renommiertesten Korps der französischen Armee durchfahren wir im **Camp des Fourches.** Der Bau dieser Anlagen wurde 1896 abgeschlossen und bestand aus 26 Baracken und beherbergte ein Bataillon von 4 Kompanien oder etwa 1000 Mann. Die Infrastruktur dieses Camps war auf Autonomie ausgerichtet.

Waren sie lange Zeit nach dem Ende der Nutzung durch das französische Militär dem Verfall preisgegeben, hat man in jüngerer Zeit damit begonnen, wenigstens durch Dächer die noch erhaltenswürdigen Mauern einiger Gebäude zu sichern. Die Ruinen sind teilweise begehbar. Zu sehen gibt es Wandmalereien von Soldaten. Eine dieser verwitterten, aber noch gut erkennbaren Bilder stellt **Josephine Baker** auf einer Banane dar.

Weitere Ruinen militärischer Anlagen sehen Sie am **Restefonds**, vier Kilometer unterhalb des **Col de la Bonette**.

Der Menhir am höchsten Punkt des Col de la Bonette trägt eine Tafel mit Daten zur Geschichte des Passes.

Vom **Camp des Fourches** bis zu dem höchsten befahrbaren Pass der Alpen sind es noch 8 Kilometer. Wenn Sie sich ihm nähern wird die Aussicht immer atemberaubender. Kurz vor dem Erreichen der Passhöhe wird eine Abkürzung nach JAUSIERS unten im Tal der **Ubaye** angeboten. Fahren Sie dran vorbei. Auch wenn Sie glauben, dass eine Steigerung der Aussicht nicht mehr möglich ist, so werden Sie die weiteren zwei Kilometer für die Umrundung des **Cime de la Bonette** sicher nicht bereuen und die Aussicht garantiert nicht vergessen. Es gibt zwar keinen großen Parkplatz hier, aber genug Platz, um am Straßenrand zu parken und vielleicht auch noch über den kurzen Fußweg von 500 Metern noch einmal 58 Meter höher zu gehen, um sich anhand der dort installierten Orientierungstafel einen Überblick zu verschaffen. Der Blick über die **Südalpen** und in die Täler ist einfach fabelhaft. Ganz sicher und im wahrsten Sinne des Wortes treffend, einer der Höhepunkte unserer Reise.

Jeder der diesen Pass aufsucht, wird hier auch anhalten. Einfach drum herum fahren und den Weg weiter fortsetzen, das macht man vielleicht bei regnerischem Wetter oder wenn er in Wolken gehüllt ist, was natürlich auch vorkommen kann.

Am Col de la Bonette.

Radler steigen hier ab, müssen verschnaufen. Hier hochzustrampeln, alle Achtung! Das nötigt Respekt ab. Motorradfahrer versammeln sich hier und ein paar WOMOs werden eingerahmt von schicken Cabrios. Ja, es kann schon eng werden, aber hier hat es keiner eilig. Wer schnell wieder runter muss, der nimmt die Abkürzung. Verkehrstechnisch hat diese Straße ohnehin keine große Bedeutung. Sie lockt in erster Linie die Touristen und wird so dann und wann auch in die **Tour de France** eingebunden.

Wenn Sie außerhalb der Saison unterwegs sind, haben Sie allerdings keine Chance diesen Pass zu befahren. Er ist in der Regel nur zwischen Juli und September befahrbar. Wenn Sie Glück haben und ihn Ende Juni schon passieren können, dann haben Sie die Möglichkeit hier oben noch eine Schneeballschlacht zu machen oder einen Schneemann zu bauen.

Ewig kann man hier oben nicht stehen bleiben, denn andere wollen auch parken und etwas von diesem Ausblick haben. Für die nächste längere Pause bietet sich ein Bergsee 8 Kilometer unterhalb des **Col de la Bonette** an. Wenn man diesen See, den **Lac des Eissauprés** erreicht hat, ist man auch schon gleich fast 500 Meter tiefer. Es geht also auf dieser

(149) WOMO-Picknickplatz: Lac du Eissauprés

GPS: N44°20'34.0" E6°47'02.2";
Route du Col de Restefond, 04850 Jausiers.
max. Womos: 6, maximale Länge 8 m
Ausstattung: Befestigter Platz, schattenlos, mit Tischen und Bänken.
Lage: Acht Kilometer unterhalb des Col de la Bonette.
Preise: kostenlos.
Zufahrt: Über die D64 von Jausiers (Ubaye-Tal) oder Col de la Bonette.

Strecke recht schwungvoll und serpentinenreich wieder hinunter. Schön liegt der See in der baumlosen Gebirgslandschaft. Eingerahmt von bizarren Felsen und Almwiesen ein klassisches Motiv für einen Landschaftsmaler. Der Platz ist ideal für ein Picknick, das sehen auch andere so. Im Sommer ist man hier nicht allein. Und wenn die Tische und Bänke schon belegt sind, dann nehmen Sie halt Ihre eigenen kurz raus, um am See einen Kaffee zu trinken oder eine Kleinigkeit zu essen.

Eine Schafherde kreuzt die Straße auf den Weg nach Jausiers.

Seien Sie nicht überrascht, wenn Sie dabei Besuch bekommen und Schafe neugierig schauen, ob es für sie nicht auch mal etwas anderes geben könnte, als das trockene Gras der Almwiesen.

Wenn Sie mal wieder etwas anderes Essen möchten, als das, was Ihre Bordküche hergibt, dann fahren Sie 16 Kilometer weiter bis nach JAUSIERS. Hier finden sich im Ortskern eine Pizzeria und etwas weiter außerhalb in Richtung BARCELONNETTE ein Restaurant (Le Sans Souci) mit klassischer regionaler Küche. Wenig weiter befindet sich der hiesige Stellplatz, der sich zwar sehr gut für alle Versorgungsdinge eignet, für eine Übernachtung allerdings wenig geeignet erscheint, wie das Stellplatzfoto erahnen lässt.

Ortsmitte von Jausiers mit Pizzeria und Tabakladen.

(150) Offizieller WOMO-Stellplatz: Jausiers

GPS: N44°24'43.7" E6°43'44.9"; D900, 04850 Jausiers.
max. Womos: 10, maximale Länge 10 m.
Ausstattung: geschotterter Platz, schattenlos, mit Wasserver- und Abwasserentsorgung mit Bodeneinlass, Kassettenentleerung, zwei Stromanschlüsse (System Flot Bleu), Behälter für die Müllentsorgung, ganzjährig geöffnet, maximale Aufenthaltsdauer 7 Tage.
Lage: Ortsrand, Richtung Barcelonnette, direkt an der D900, laut.
Preise: kostenlos, Frischwasser und Kasssettenentleerung 3,00 €, erhältlich nur mit EC-Karte und PIN.
Zufahrt: Über die D900 in Richtung Barcelonnette. Etwa ein Kilometer vom Stadtzentrum entfernt.

Portal der Église Saint Nicolas de Myre.

Altar der Église Saint Nicolas de Myre.

Für die Freunde von Naturbädern gibt es hier (**GPS:** N44°25'26.6" E6°44'21.7") einen Badesee mit einem großen Strand, für den allerdings Eintritt zu entrichten ist.

JAUSIERS ist der Geburtsort der **Arnaud-Brüder**, die in erheblichem Maß zu der Auswanderungswelle nach **Mexiko** aus dem **Ubaye-Tal** beigetragen haben (siehe BARCELONETTE in diesem Kapitel). Sie starteten mit ihren Handelsniederlassungen in Louisiana. Nach ihnen wurde ARNAUDVILLE benannt, eine kleine Gemeinde, mit der JAUSIERS heute noch eine Städtepartnerschaft unterhält.

Überraschend ist die **Église Saint Nicolas de Myre**. Außen relativ schlicht, nur das Portal beeindruckt, entfaltet es im Inneren barocke Pracht. Zwar nicht so überladen, wie man das von anderen berühmten Barockkirchen kennt, aber doch überraschend vielfältig. Die zwischen 1681 und 1685 erbaute Kirche zählt zu den bedeutendsten Barockkirchen im Gebiet der oberen **Durance**.

Wir verlassen JAUSIERS und fahren weiter in nördliche Richtung. CONI lesen wir des Öfteren auf den Fahrtrichtungshinweisen. Das ist die französische und auch piemontesische Fassung von CUNEO, das im **Piemont** in **Italien** liegt. Wenn Sie denken, ooh, **Piemont** eigentlich auch ein schönes Reiseziel, wenn wir hier schon so nah dran sind, dann empfehlen wir Ihnen den Band 73 aus der WOMO-Reihe, dort finden Sie alles was Sie als WOMO-Fahrer über das Piemont wissen müssen.

Passmarkierung Col de Vars, 2109 m.

Kurz bevor sich die Straße in die Richtungen CUNEO und **Col de Vars** gabelt, befindet sich das **Fort de Tournoux** (**GPS:** N44°27'55.7" E6°45'14.4"). Wir heben uns den Besuch für einen späteren Zeitpunkt auf. Interessant erscheint uns bei dieser sehr großen Anlage die Festungsgeschichte zu sein, die man hier über mehrere Jahrhunderte verfolgen kann, von **Vauban** bis zur **Maginot-Linie**, wenn man das 7 Kilometer entfernte **Fort de Roche-la-Croix** dazu nimmt. Das wäre Programm für einen ganzen Tag, das machen wir jetzt nicht. Im nächsten Kapitel haben wir mit BRIANÇON schon eine der ganz großen und berühmten Festungsanlagen auf dem Programm. Jetzt fahren wir zum **Col de Vars** weiter.

(151) WOMO-Wanderparkplatz: Col de Vars

GPS: N44°32'20.9" E6°42'08.1"; D902, 05560 Vars.
max. Womos: 6, maximale Länge 10 m
Ausstattung: befestigter Platz, schattenlos, Bergrestaurant, Behälter für die Müllentsorgung, WC, befahrbarkeit ist im Winter witterungsabhängig.
Lage: Passhöhe, zwischen Guillestre (Durance-Tal) und Jausiers (Ubaye-Tal).
Preise: kostenlos.
Zufahrt: Über D902.

Hier am Pass lassen sich zahlreiche Wanderungen unternehmen. Achten Sie dabei auch auf die Warntafeln, die darauf hinweisen, wie man sich idealerweise bei der Begegnung mit Schafherden und deren Hütehunde verhält. Den eigenen

Wanderweg am Col de Vars.

Hund hier frei laufen zu lassen ist keine gute Idee. Man hört sie ja fast immer irgendwo schreien, die Murmeltiere, die im gesamten Alpenraum jenseits der Baumgrenze beheimatet sind. Hier scheint eine große Kolonie zu leben, Ihr Hund wäre vermutlich nicht mehr zu stoppen, würde er eine der vielen Fährten aufnehmen, die er mit seiner feinen Nase hinter jedem Stein aufnehmen kann.

Nicht immer gelingt es die Tiere zu fotografieren. Den kaum hat man sich bewegt und die Kamera hochgenommen, ist der Nager auch schon laut schreiend wieder verschwunden. Die Laute die diese putzigen Tierchen von sich geben könnte man auch als Vogelschreie interpretieren. Beobachten kann man sie am Besten morgens oder abends. Hitze mögen sie nicht und verkriechen sich tagsüber, bei starker Sonnenein-

Murmeltier (Marmota) in Frankreich Marmotte genannt am Col de Vars.

strahlung in einem ihrer weitverzweigten Bauten. Hier hatten wir das Glück relativ nah an den neugierigen kleinen Kerl ranzukommen. Mit dem Teleobjektiv kann dann auch mal so eine Aufnahme in freier Wildbahn gelingen.

Wenn es nicht gelingt, kann man sich immer noch mit einem Heidelbeer-Crêpes in dem kleinen Restaurant am Pass trösten. Schmeckt gut, achten Sie nur drauf, genug Bargeld dabei zu haben. Den hier können Sie mit einer EC-Karte ausnahmsweise nicht zahlen. Die Stromversorgung in diesem kleinen Restaurant erfolgt über einen Diesel-Generator, den man tagsüber im Hintergrund hören kann. Wenn die letzten Gäste abends gegangen sind, wird er abgeschaltet und eine herrlich Stille legt sich über den Pass. In der Nacht haben wir nicht ein Auto über den Pass fahren hören.

Für die nächste Ver- und Entsorgung steuern wir nun VARS an. Vom Pass hierher sind das nur 5 Kilometer.

(152) Offizieller WOMO-Stellplatz: Les Claux

GPS: N44°34'30.3" E6°40'39.6"; Allée Trub Charles, 05560 Vars.
max. Womos: 20, maximale Länge 12 m.
Ausstattung: geschotterter Platz, schattenlos, mit winterfester Wasserver- und Abwasserentsorgung mit Bodeneinlass, Kassettenentleerung, Behälter für die Müllentsorgung, WC, ganzjährig geöffnet, max. Aufenthaltsdauer 7 Tage.
Lage: Ortsrand, am Hang Nähe Skilift, nachts leise.
Preise: Nutzung des Platzes incl. Wasserver- und Abwasserentsorgung kostenlos. Stromversorgung 5,00 € für 3 Stunden Strom, zahlbar mit Jetons die es im Office de Tourisme in 500 Meter Entfernung zu kaufen gibt.
Zufahrt: Von der D902 in der Ortsmitte am Office de Tourisme links abfahren.

Unter sehr vielen Wanderzielen und VTT-Strecken können Sie in der Gemeinde VARS wählen. Das Office de Tourisme hält dafür Informationen und Karten bereit. Vorab können Sie sich auch hier informieren https://www.vars.com/ete/.

Um diese Tour abzuschließen, fahren wir nach MONT-DAUPHIN zurück, wo wir mit dieser Runde durch die **Seealpen** begonnen haben. Das sind rund 20 Kilometer.

Die Tour 9 wird uns abwechslungsreich über Pässe zu Gletschern, Seen und Festungen führen.

Massif de la Vanoise
Dôme de l'Arpont 3599 m
Lanslebourg-Mont-Cenis
Tour 10
Pointe de Ronce 3612 m
Fort de Ronce
Termignon
Les Menuires
Val Thorens (2300 m)
Aiguille de Peclet 3561 m
Monolithe de Sardières
Col de Mont Cenis 2081 m
Lac du Mont Cenis
Fort de Variselle
Cime de Caron 3195 m
Seilbahn im Sommer nicht in Betrieb
Aussois
Avrieux
Les forts de l'Esseillon
Redoute Marie-Thérèse
Fort du Sapey
Modane
Haute Maurienne
St-Michel-de-Maurienne
Francoz
Fort du Replaton
Saint-Martin-d'Arc
Tunnel du Fréjus
Col du Telegraphe 1566 m
Notre Dame de l'Assomption
Valloire
Band 73: Mit dem Wohnmobil durchs Piemont und das Aosta-Tal
Bardonecchia
ITALIEN
Cottische
Lac Rond
Pte. de Cerces 3097 m
Col du Galibier 2642 m
Névache
Vallée de la Clarée
Col du Lautaret 2058 m
Jardin Alpin du Lautaret
Cesana Torinese
Le Monêtier-les-Bains
Glacier du Lautaret
Ref. de Chamoissière
La Salle-les-Alpes
Montgenèvre
Fort de Têtes
Fort de l'Infernet
Cité Vauban
Briançon
Fort Randouillet
Glacier Blanc
Serre Chevalier 2491 m
Barre des Écrins 4102 m
Ref. Pré de CarleMme
Sommet du Prorel 2566 m
Pic de Rochbrune 3320 m
Pelvoux
Glacier Noir
Ailefroide
Saint-Antoine
Saint-Martin-de-Queyrières
Alpen
Col d'Izoard 2360 m
Mont Pelvoux 3943 m
Vallouise
Vallée de la Haute Durance
Durance
Château Queyras
Massif des Écrins
Cascade du Casset
L'Argentière-la-Bessée
Freissinières
La Biaysse
Vallée de Freissinières
Gouffre de Gourfouran
Saint Crépin
Wasserfälle
Vauban-Festung
Combe du Queyras
Mont-Dauphin
Guil
Guillestre
Tour 7
Tour 8
Châteauroux-les-Alpes
Vars
10 km
Route des Grande Alpes
A43
D1006
D902
D994G
D1091
N94
D204T
D994E
3,5t
099
100
131
152
153
154
155
156
157
158
159
160
161
162
163
164
165
166
167
168
169
170
171
172
282

TOUR 9 (ca. 250 - 310 km)

Col d'Izoard – Saint Crepin – Vallouise – Pelvoux – Briançon – Névache – La Salle-les-Alpes – Le Monêtier-les-Bains – Col du Lautaret – Col de Galibier – Valloire – Col du Telegraphe – Saint-Martin-d'Arc – Modane – Avrieux – Aussois – Lanslebourg-Mont-Cenis – Lac du Mont Cenis.

Freie Übernachtung:	Col d'Izoard, Col du Lautaret, Col du Galibier, Avrieux, Lac due Mont Cenis.
Offizielle Stellplätze:	Saint Crépin, Vallouise, Ailefroide, Briançon, Névache, La Salle-les-Alpes, Le Monêtier-les-Bains, Valloire, Saint-Martin-d'Arc, Lanslebourg-Mont-Cenis.
Campingplätze:	Aussois.
Ver-/Entsorgung:	Saint Crépin, Vallouise, Briançon, Névache, La Salle-les-Alpes, Le Monêtier-les-Bains, Valloire, Saint-Martin-d'Arc, Aussois, Lanslebourg-Mont-Cenis.
Besichtigungen:	Briançon (Festungen), Col du Lautaret (Jardin Alpin), Avrieux (Redoute Marie-Thérese), Aussois (Forts), Lac du Mont Cenis (Ancien Fort de Ronce).
Wandern/Radtour:	Col d'Izoard, Freissinières, Pelvoux (Glacier Noire und Glacier Blanc), Névache, Lac du Mont Cenis.
Baden/Wellness:	Briançon (Freibad), Pelvoux (Freibad).

Für den weiteren Weg nach BRIANÇON stehen zwei Wege zur Wahl. Der eine führt über die **Route des Grandes Alpes** und damit über **den Col d'Izoard**, der andere durch das Tal der **Durance** mit einem lohnenswerten Abstecher in das **Massif des Écrins**. Wir sind beide Routen gefahren, jede hat etwas für sich. Beginnen wir mit dem **Col d'Izoard**.

Von MONT-DAUPHIN geht es zunächst nach GUILLESTRE. Dort treffen wir schon auf die **Route des Grandes Al-**

pes, deren Beschilderung wir folgen. Wir fahren die D902, die hier entlang des **Guil** verläuft in Richtung Italien. **Combe du Queyras** heißt die Tallandschaft. Ein zweifellos schönes Tal, das wir nicht weiter beschreiben wollen. Irgendwann setzt ein Gewöhnungsprozess ein und der Anblick von markanten Felsvorsprüngen und engen Schluchten wird als "normal" empfunden. Der **Guil** wird hier gern für Wildwasserfahrten genutzt. Das machen wir nicht, aber falls es Sie interessiert hier finden Sie nähere Informationen und Angebote https://www.queyraft.com/. Kurz vor dem Ort CHÂTEAU QUEYRAS (man kann das Fort schon in der Ferne erkennen), geht es links ab, bleiben dabei aber auf der D902. Nun geht es über 14 Kilometer 1000 Höhenmeter bergan, bis zum 2360 Meter hohen **Col d'Izoard**. Verkehrstechnisch hat diese Straße nur eine geringe Bedeutung. Wer in dieser Region beruflich unterwegs sein muss, der nimmt die weiter westlich gelegene und sehr viel breiter ausgebaute N94. Touristisch ist sie dafür von großer Bedeutung, schließlich zählt sie zu den höchsten Alpenpässen und ganz sicher auch zu den malerischsten, was in erster Linie an den Felsformationen und Geröllwüsten,

Die Casse Déserte

die **Casse Déserte**, in Passnähe liegt. Die einen gehen dieser sehr atypischen mineralischen Umgebung auf den Grund, die sich aus der Natur der vorhandenen Gesteine, den **Cargneules** ergibt. Schauen in geologischen Büchern nach und sehen, das während der Alpenbildung die am Boden der **Tethys** liegenden Kalkschichten, die auf die **Trias** (250 Millionen Jahre) und die **Kreidezeit** (140 Millionen Jahre) zurückgehen, umgekehrt wurden, die Kalksteine vor 40 Millionen Jahren übereinander geschoben und zermalmt wurden, so dass diese unzerkleinerten und bröckeligen Gesteine entstanden. Das sulfatreiche Wasser löste dann die Trias-Kalksteine auf, und die Ionen in Lösung fielen aus, um einen Zement zu bilden, der diese Gesteine verfestigte. Härtere Gesteine hielten der Verwitterung stand und blieben in Form von Felsnadeln stehen. Für den, der sich für die Geologie nicht sonderlich interessiert ist dies nur einfach eine fantastische Mondlandschaft, die es sich anzuschauen lohnt. Punkt. Das der Hang immer noch in Bewegung ist, sieht man an den Spuren der Rutschungen am Rande der Straße, die sich insgesamt sehr gut befahren lässt und von vielen Rad- Motorrad- und Cabrio-

fahrern genutzt wird. Die Parkplätze am Straßenrand vor der Geröllwüste sind ausreichend groß dimensioniert. Da kann man auch mit dem WOMO halten. Hier (**GPS:** N44°48'27.4 E6°44'09.8") oder 250 Meter weiter aufwärts findet man Platz. Übernachten können Sie in aller Ruhe in unmittelbarer Nähe des Monuments, das Sie sehen können, wenn Sie zwei Seiten zurückblättern. Wir standen hier mit zwei anderen Mobilen in himmlischer Ruhe **[153:** N44°49'10.6" E6°44'06.7"]. Etwas unterhalb des Platzes in Richtung BRIANÇON befindet sich ein Restaurant, darauf sei noch hingewiesen. Wandermöglichkeiten gibt es hier oben einige. Zum Beispiel führt eine kurze zum **Col Perdu** auf 2490 Meter Höhe (rund 1 km), eine längere in die Nähe des 3320 Meter hohen **Pic de Rochbrune** (rund 5 km).

Mit dem WOMO geht es weiter auf der gut ausgebauten, sogar mit einer Fahrradspur versehenen Straße hinunter nach BRIANÇON. Das sind rund 20 Kilometer.

Wir kehren jetzt erst einmal zurück nach MONT-DAUPHIN und widmen uns der zu Anfang genannten, zweiten Variante die nach BRIANÇON führt.

Rund 6 Kilometer hinter MONT-DAUPHIN in Richtung BRIANÇON liegt der Ort SAINT-CRÉPIN. Der Stellplatz des Ortes ist nicht schwer zu finden. Der Ort selber hat nicht sonderlich viel zu bieten, was einen längeren Aufenthalt sinnvoll erscheinen lässt. Aber eine **Radtour** haben wir schon lange nicht mehr gemacht und die bietet sich hier in der Tat an. Folgen Sie, wenn Sie die Brücke der **Durance** mit dem Rad überquert haben, dem Richtungshinweis nach FREISSINIÈRES. Der Ort in dem gleichnamigen Tal befindet sich in 12 Kilometern Entfernung. Unterwegs kommen Sie an der

(154) Offizieller WOMO-Stellplatz: Saint-Crépin

GPS: N44°42'19.6" E6°36'06.3", D138, 05600 Saint-Crépin.
max. Womos: >10, maximale Länge >10 m.
Ausstattung: Befestigter Platz mit Wasserver- und Abwasserentsorgung (mit Bodeneinlass), Kassettenentleerung, Behälter für die Müllentsorgung, geöffnet von Mai – September.
Lage: Ortsrand, an der Durance in der Nähe des Flugplatzes.

Preise: 8,80 € pro Fahrzeug mit 2 Personen, Abwasserentsorgung, Frischwasser kostenlos, Strom 3,80 €.
Zufahrt: Im Kreisverkehr in der Ortslage von Saint-Crépin der Beschilderung "Aerodrome" folgen. Versorgung kann angefahren werden ohne den Stellplatz zu nutzen, dazu die schmale Brücke über die Durance nutzen und gleich nach der Überquerung links fahren.

Schlucht **Gouffre de Gourfouran** vorbei. Biegen Sie dazu nach dem Kilometerstein 14 auf der D38 den nächsten Feldweg rechts ab, die Schlucht ist dann nach wenigen Metern auf der linken Seite erkennbar. Mit dem Fahrrad kommen Sie da allerdings nicht ganz ran. Die letzten 100 Meter müssen Sie gehen. Zurück auf der D38 folgen Sie der Straße bis zur nächsten Kreuzung und fahren dann links durch das **Vallée de Freissinières**. Fahren Sie die Straße bis zum Ende durch, dort gelangen Sie zu den Wasserfällen. Hin und zurück sind das insgesamt ca. 40 Kilometer. Eine schöne, meist schattige Radtour in einem abseits gelegenen Tal.

Von SAINT-CRÉPIN fahren wir auf der N94 in Richtung BRIANÇON weiter. Nach 11 Kilometern geht es in L'ARGENTIÈR-LA-BESSÉE links ab in Richtung PELVOUX. Der Stellplatz in PELVOUX ist nach weiteren 12 Kilometern erreicht.

(155) Offizieller WOMO-Stellplatz: Pelvoux

GPS: N44°51'56.9" E6°29'11.9", Le Freissinet d'Aval, 05340 Pelvoux.
max. Womos: >10, maximale Länge >10 m.
Ausstattung: Asphaltierter Platz mit Wasserver- und Abwasserentsorgung (mit Bodeneinlass), Kassettenentleerung, Behälter für die Müllentsorgung, geöffnet von Juni – September.
Lage: Am Ufer der Gyr, am Fuße eines Skiliftes.
Preise: Kostenlos, Frischwasser 2,00 €, Strom 2,00 €, max. Aufenthaltsdauer 3 Tage. Bezahlung mit EC-Karte.
Zufahrt: Der Platz liegt an einer Nebenstraße der D994E. In der Ortslage von Pelvoux Vallouise der Beschilderung "Station La Blanche" folgen.

Es ist einer dieser gemischten Plätze, der gleich mehrere Funktionen erfüllt. Festplatz, Lagerplatz, Parkplatz für das Freibad, Parkplatz der Seilbahnstation und anderes mehr. Mag auf den ersten Blick erschreckend klingen, ist es aber nicht. Er ist um ein vielfaches ruhiger als dieser Wanderparkplatz der im weiteren Verlauf der Straße anzutreffen ist.

(156) Offizieller WOMO-Wanderparkplatz: Ailefroide, Pelvoux

GPS: N44°53'24.5" E6°26'47.8", D204T, 05340 Pelvoux.
max. Womos: 5, maximale Länge >10 m.
Ausstattung: Befestigter Parkplatz, Behälter für die Müllentsorgung.
Lage: Waldrand, hinter dem Weiler Ailefroide.
Preise: Kostenlos.
Zufahrt: Über die D204T.

Neben dem Stellplatz in AILEFROIDE befinden sich Campingplätze im Wald. Praktisch erscheint der Wald rings um den Weiler mit Zelten übersät. Der Ort bildet das Basislager für Bergtouren zur **Barre des Écrins**, zum **Mont Pelvoux** und deren Gletscher und ist um ein vielfaches stärker belebt als LA BÉRARDE auf der anderen Seite des **Barre des Écrins**, von dem wir Luftlinie nur 13 Kilometer entfernt sind. Sie erinnern sich an Tour 6? LA BÉRARDE ist nur schwer zu erreichen, haben wir dort festgestellt. Von dieser Seite kommt man sehr viel bequemer in diese wunderbare Gebirgswelt mit den Gletschern.

Marmotte am Glacier Noir.

Steinkraut am Wegesrand.

Der Wanderparkplatz am Fuße der Gletscher füllt sich morgens rasch. Die Hütte **Pré de Madame Carle** ist der Startpunkt sowohl zum **Glacier Noir** wie zum **Glacier Blanc**. Ganze Wandergruppen traben hier fröhlich hinein in die Berge. Es ist schon fast eine Wanderauto-

Glacier Noir im Vordergrund, im Hintergrund die Barre des Écrins.

Seitenmoräne und der Abfluß des Torrent de Glacier Noir. In der Mitte des Bildes ist der Wanderparkplatz hinter einem Wäldchen erkennbar.

bahn. Die ersten Kilometer des Weges sind für **Glacier Noir** wie **Glacier Blanc** identisch, irgendwann weiter am Hang gabelt er sich. Die Mehrzahl der Wanderer ziehen zum **Glacier Blanc** weiter, denn dort winkt am Ende des Weges eine bewirtschaftete Hütte. Nach 4,5 Kilometern und 700 Metern Höhenunterschied warten hier kühle Getränke, Kaffee und Kuchen. Wer weiter auf dem Weg zum **Glacier Noir** geht, hat nur einen schmalen steinigen Weg auf einer Seitenmoräne vor sich und keine Aussicht auf einen leckeren Kuchen. Da heißt es dann irgendwann umkehren. Belohnt wird der Ausflug mit einer schönen Sicht in das Tal, einer Sicht auf die

Glacier Blanc im Massif des Écrins.

Gletscher und natürlich zeigen sich die putzigen Murmeltiere so dann und wann. Wenn man einfach mal eine Weile still sitzen bleibt, schauen sie auch mal wieder hinter einem Stein hervor. Die Wege zum **Glacier Noir** und **Glacier Blanc** sind etwa gleich lang. Hin- und zurück benötigt man vom Wanderparkplatz 3 Stunden ohne Ruhepausen. Wer also richtig fit ist, macht beide Gletscher an einem Tag.

Nach soviel Naturerlebnissen besuchen wir mal wieder eine Stadt, und zwar die zweithöchste in Europa. Rang 1 der höchsten Städte belegt DAVOS in der Schweiz. BRIANÇON dürfte aber wohl Rang 1 in der Zahl der Festungen innehaben. Nach BRIANÇON zu finden ist nicht schwer, die Wegweisung an den Straßen ist eindeutig. Um das WOMO abzustellen gibt es den großen Platz am **Parc des Sports**, da findet man sicher eine Parkmöglichkeit, der zweite Platz oben an der **Cité Vauban** ist deutlich kleiner und schnell belegt.

(157) Offizieller WOMO-Stellplatz: Briançon – Parc des Sports

GPS: N44°53'24.9" E6°37'47.2", 26 Rue Georges Bermond-Gonnet, 05100 Briançon.
max. Womos: >10, maximale Länge >10 m.
Ausstattung: Asphaltierter Platz mit Wasserver- und Abwasserentsorgung (mit Bodeneinlass), Kassettenentleerung, Behälter für die Müllentsorgung, geöffnet von Jan. – Dez.

Lage: Ortslage an der Durance. 2 Kilometer bis zur Altstadt. Diverse Sportstätten und ein Hallen- und Freibad in unmittelbarer Nähe. Nachts unruhig.
Preise: Kostenlos, Frischwasser 2,00€, Strom 2,00€, Entsorgung kostenlos.
Zufahrt: Der Platz liegt an einer Nebenstraße der D36B in Richtung Briançon.

(158) Offizieller WOMO-Stellplatz: Briançon – Cité Vauban

GPS: N44°54'04.9" E6°38'47.4", Parking du Champ de Mars, 05100 Briançon.

max. Womos: 8, maximale Länge 7 m.
Ausstattung: Asphaltierter Platz, WC, Behälter für die Müllentsorgung, geöffnet von Jan. – Dez.
Lage: 500 Meter bis zur Cité Vauban. Nachts unruhig.
Preise: 2 Stunden 2,40 €, jede weiter 1/4 Stunde 0,30 €.
Zufahrt: Der Platz liegt an N94 in Richtung Italien.

Briançon, Porte de Pignerol.

Strategisch sehr bedeutsam liegt die Stadt im Schnittpunkt der Täler von **Guisane**, **Durance**, **Cerveyrette** und **Clarée**. Der Pass **Montgenèvre** nach Italien liegt nur 12 Kilometern entfernt. Die **Via Domitia**, eine wichtige Verbindung zwischen dem mittleren Rhonetal und der Po-Ebene führte bereits über diesen Pass und machte **Brigantium,** wie die Römer diesen Ort nannten, zu einem wichtigen befestigten Stützpunkt in ihrem Reich.

In den folgenden Jahrhunderten wurde die Festungsstadt immer wieder umgebaut, erweitert und den jeweils geltenden militärischen Erfordernissen angepasst. Im Jahre 1692 brannte ein großer Teil der Stadt nieder und da auch fast gleichzeitig die kriegerischen Auseinandersetzungen zwischen Frankreich und Savoyen zunahmen wurde (wer sonst?) **Vauban** von **Ludwig XIV.** beauftragt die Stadt neu aufzubauen und zu befestigen.

Er ließ eine Sternschanze rings um die steilen Felswände der Stadt bauen und legte einen Ring kleinerer Forts zum Schutz der großen Festungsstadt an. **Fort des Salettes** plante er noch selbst, die anderen Forts entstanden zu späterer Zeit unter Ludwig XV. und weitere nach dem deutsch-französischen Krieg 1870/71. Fertig gestellt waren die BRIAN-

Briançon. Blick von Norden, links das Fort des Têtes, rechts die Cité Vauban.

ÇON umgebenden Forts erst 1875. In der Summe lassen sich neben der **Cité Vauban** aufzählen: **Fort des Salettes, Fort des Têtes, Fort du Randouillet, Fort de Granon, Fort de Janus, Fort l'Infernet** und **Fort du Gondran**. Die Anlagen befinden sich alle östlich von BRIANÇON in Richtung italienischer Grenze. Wir werden sie nicht alle besuchen, wir konzentrieren uns auf die **Cité Vauban** und auf die in Sichtweite der Cité liegenden Festungsanlagen, das ist mehr als genug. Diese gehören seit 2008 zum Welterbe der UNESCO.

Militärisch wurde die Stadt nie erobert. Sie erwehrte sich 1815 den Angriffen der zahlenmäßig größeren Truppen der österreichisch-sardischen Armee nach dem Sturz Napoleons ebenso erfolgreich, wie den italienischen Attacken im Jahre 1940. Die Stadt blieb auch nach dem Zweiten Weltkrieg ein Militärstützpunkt. Das Kasernengelände im Norden der Neustadt wurde jedoch vor geraumer Zeit aufgegeben und wird nun städtebaulich neu gestaltet.

Touristen besuchen natürlich die **Cité Vauban**, die von Festungsmauern eingefasste Altstadt, in dessen Randbereichen es auch klassische neuere Wohnbebauung gibt und auch mit Fahrzeugen durchfahren wird. Um Ihnen die Orientierung zu erleichtern, haben wir einen Stadtplan hinzugefügt.

D1091
D402
Hypermarché Géant
P
N94
Route de Grenoble
Avenue du Lautaret
Avenue du Professeur Forgues
Avenue du Dauphiné
Avenue
Av. de la Libération
Chemin de la Tour
D902
Avenue du Général Barbot
Altes Kasernengelände (im Umbau)
Avenue de Provence
Guisane
Av. du 159e R.I.A.
Avenue de la République
Télécabine du Prorel
Avenue René Froger
Jardin de Rosenheim
Chemin Vieux
Rue Centrale
Av. M. Petsche
Avenue Maurice Petsche
Rue Alphand
Lac de la Schappe
Ruine
Sainte-Catherine
Durance
Rue de la Soie
Avenue du Col d'Izoard
Chemin de la Croix du Frene
Rue Pasteur
Avenue Jean Moulin
Route de Puy-St-Pierre
Route de Gap
D136
D36B
(Cité Nouveau)
Rue Georges Bermond Gonnet
Avenue Général de Gaulle
Rue des Touzanes
157
R. G. Bermond Gonnet
Gare SNCF
Parc des Sports

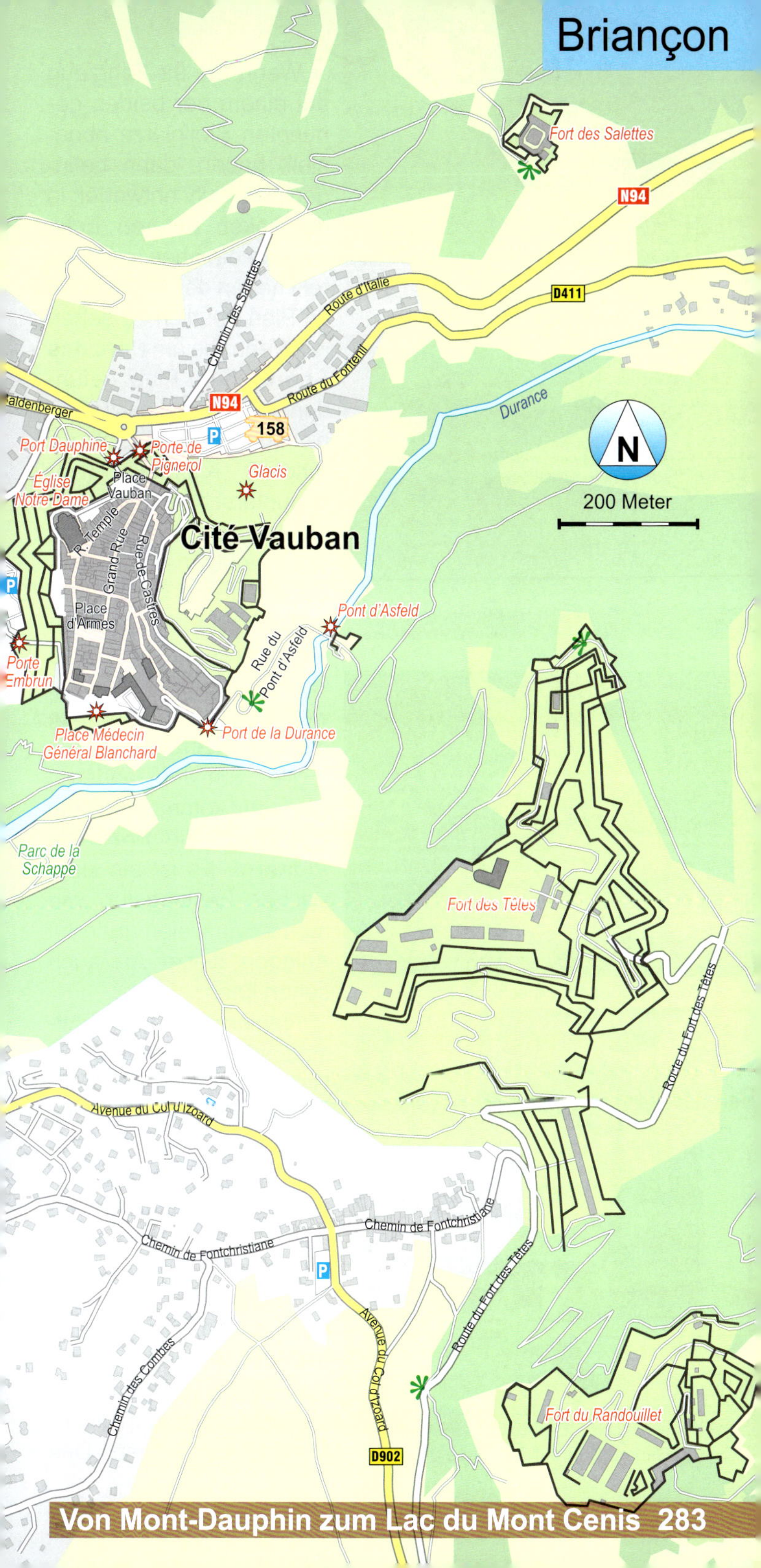

Briançon
Fort des Salettes
N94
D411
Chemin des Salettes
Route d'Italie
Route du Fontenil
Durance
N94
158
200 Meter
Port Dauphine
Porte de Pignerol
Glacis
Église Notre-Dame
Place Vauban
Cité Vauban
R. Temple
Grand Rue
Rue de Castres
Place d'Armes
Pont d'Asfeld
Rue du Pont d'Asfeld
Porte Embrun
Port de la Durance
Place Médecin Général Blanchard
Parc de la Schappe
Fort des Têtes
Route du Fort des Têtes
Avenue du Col d'Izoard
Chemin de Fontchristiane
Chemin de Fontchristiane
Route du Fort des Têtes
Avenue du Col d'Izoard
Chemin des Combes
Fort du Randouillet
D902

Blick auf die Sternschanze im Süden.

Die Pont d'Asfeld.

Etwas Süßes für zwischendurch.

Straßenmusiker auf der Place d'Armes.

Wenn Sie Ihr Fahrzeug auf einem der beiden genannten Stellplätze abgestellt haben, dann befinden Sie sich entweder in der linken unteren Ecke des Stadtplanes oder direkt neben der Altstadt, die im Plan deutlich zu sehen ist. Wenn Sie am **Parc des Sports** Ihren Platz gefunden haben, sind es zu Fuß bis zur **Porte d'Embrun** rund 2 Kilometer (Höhenunterschied rund 100 Meter). Sie können an einer Industrieruine vorbeigehen und am **Lac de la Schappe** die **Durance** überqueren. Durch eine Grünanlage geht es dann weiter hoch, bis die **Porte d'Embrun** erreicht ist.

Wer von dem anderen Stellplatz kommt betritt die Cité durch die **Porte de Pignerol**. Es ist ein klassisches Festungstor, wie man es an vielen anderen Anlagen dieser Art auch sehen kann.

Flaniermeile der Altstadt ist die **Grand Rue**. Hier sind die Souvenirshops, die Restaurants, Straßencafés und anderes mehr. Dicht gedrängt gehen hier die Besucher und Fähnchen schwingende Reiseleiter führen große Reisegruppen durch die Gassen. Das ist nun mal der Touristenrummel wie wir ihn von den stark beworbenen "attraktiven" Reisezielen kennen. Das hat seinen eigenen Reiz. Hier geht es also ganz anders zu wie in MONT-DAUPHIN (siehe Tour 7).

Man kann es aber auch ruhiger haben. Dazu geht man in die sehenswerte **Église Notre Dame** und schaut sich die reiche Innenausstattung an und betrachtet die außen angebrachten Sonnenuhren oder man verlässt die Cité durch das **Durance-Tor.** Hier geht es hinunter zur **Pont d'Asfeld**, überquert diese und geht hoch zum **Fort des Têtes** und genießt von dort den Blick auf die **Cité Vauban**.

Hier finden Sie kein Restaurant, Café oder dergleichen. Noch nicht muss man vielleicht sagen, denn es bestehen Pläne hier zwei kleine luxuriöse Hotels einzurichten und auch Restaurants und Cafés zu betreiben. Eine Seilbahn soll die Cité vom Parkplatz mit dem Fort verbinden. So hoffen die Investoren noch mehr Touristen anzulocken.

Ob die Pläne tatsächlich umgesetzt werden, wissen wir nicht. Das wird die Zukunft zeigen.

Beim nächsten Ziel führen wir Sie gleich in das krasse Gegenteil dessen, was wir soeben beschrieben haben.

Sie mögen es ganz einsam an einem Bachufer stehen zu können, ganz

Die Grand Rue mit zahlreichen Läden, Eisdielen, Cafés und Restaurants.

Fort des Salettes.

Einer der Scharwachttürmchen (französisch: Échauguette) in der Cité Vauban.

ungestört, niemand sonst weit und breit? Dann folgen Sie uns in das **Vallée de la Clarée**, einem verschwiegenen Tal in den **Cottischen Alpen**.

Wir verlassen BRIANÇON in Richtung Italien. Schon nach 3 Kilometern weisen große Schilder auf das **Vallée de la Clarée** hin. Hier biegen wir links ab und folgen der Straße nach NÉVACHE. Je weiter wir fahren umso einsamer wird es. Bald ist von Dörfern und Gehöften nichts mehr zu sehen. Bergfichten und Lichtungen begleiten die Straße, die Hänge links und rechts im Hintergrund kommen näher und werden höher. Sie werden links und rechts immer wieder ein Plätzchen entdecken, wo Sie ein geruhsames Picknick machen können, so wie hier [**159:** N45°00'49.0" E6°39'21.7"].

Picknick im Valée de la Clarée.

Man ist nicht weit weg von der Straße, was aber nicht stört, denn erstens ist die Straße nicht sehr stark befahren und zweitens ist das Rauschen der **Clarée** lauter als die Geräusche der vorbeifahrenden Fahrzeuge.

Beschaulich ist auch der Stellplatz in NÉVACHE nur 2 Kilometer weiter. Ein Naturcampingplatz, wo Wohnmobile, Zelte und Wohnwagen kreuz und quer durcheinander stehen. Auch dieser Platz liegt direkt an der **Clarée** und ist das Basislager für die Wanderungen in das obere Tal des Flusses.

(160) Offizieller WOMO-Wanderparkplatz: Névache

GPS: N45°01'00.2" E6°37'53.7", D994G, 05100 Névache
max. Womos: >10, maximale Länge >10 m
Ausstattung: Befestigter Naturplatz (Mischung aus Camping- und Wohnmobilstellplatz) mit Dusche, WC, Behälter für die Müllentsorgung, geöffnet von Ende Mai – Ende September.

Lage: Ortsrand, am Ufer der Clarée.
Preise: 4,50 € pro Fahrzeug mit 2 Personen, Frischwasser kostenlos, Dusche 1,50 €.
Zufahrt: Der Platz liegt direkt an der D994G vor Névache, 14 Kilometer nach der Abfahrt von der N94.

Die Versorgungsmöglichkeiten im Dorf sind bescheiden. Es gibt nur einen Tante-Emma-Laden, der neben frischem Baguette regionale Produkte und Konserven anbietet. Wer

Bergbauerndorf Névache.

früh auf den Beinen ist, kann die ersten 11 Kilometer bis zu dem Wanderparkplatz noch mit dem WOMO fahren (**GPS:** N45°03'34.0" E6°31'34.1"). Ab 9.00 Uhr morgens verhindert eine geschlossene Schranke den Zugang und man kann nur noch mit dem Pendelbus (Navette) den Wanderparkplatz erreichen, der 450 Meter höher liegt als der Ort selbst (1500m). Übernachten darf man auf dem Wanderparkplatz übrigens nicht. Im oberen **Clarée-Tal** locken eine Reihe Bergseen die sich im Umkreis von 4 - 6 Kilometern vom Wanderparkplatz befinden und Anstiege zwischen 300 und 600 Meter erfordern.

Wir verabschieden uns von diesem schönen Tal und machen uns nunmehr auf den Weg zurück zur **Route des Grandes Alpes**. Der **Col du Lautaret** ist das nächste Ziel. Über

(161) Offizieller WOMO-Badeplatz: La Salle-les-Alpes, Aire Municipale

GPS: N44°56'52.0" E6°33'19.3", 5 Chemin des Charrières, 05240 La Salle-les-Alpes.
max. Womos: >10, maximale Länge >10 m.
Ausstattung: Asphaltierter Platz mit Wasserver- und Abwasserentsorgung (mit Bodeneinlass), Kassettenentleerung, Behälter für die Müllentsorgung, geöffnet von Jan. – Dez.
Lage: Ortsmitte, am Flüsschen Guisane.
Preise: 8,00 € pro Fahrzeug mit 2 Personen, Abwasserentsorgung und Frischwasser kostenlos. Bezahlung im Office de Tourisme, Centre Commercial Prélong, 150 Meter vom Stellplatz entfernt.
Zufahrt: Der Platz liegt am Chemin des Charrières einer Nebenstraße der D1091 in Richtung Briançon.

Badesee in La Salle-les-Alpes.

BRIANÇON geht die Fahrt nach LA SALLE-LES-ALPES. Hier legen wir den ersten Zwischenstopp ein. Die Strecke mit dem WOMO misst 29 Kilometer, Luftlinie ist der Ort nur 9 Kilometer entfernt.

Konnte man im letzten Ort nur reinen "Naturtourismus" mit Wanderungen erleben, lockt dieser Ort im Sommer mit allerlei Freizeiteinrichtungen. Badesee, Hochseilgarten, Bungee-Springen, Wildwasserfahrten mit Kanu, Kajak oder Schlauchboot auf der **Guisane**, das Angebot ist vielfältig. Zwei Stellplätze stehen zur Wahl. Einer befindet sich am Badesee, der andere befindet sich in der Nähe eines Skilifts.

Wie Sie das dargebotene Angebot nutzen können, erfahren Sie im Office de Tourisme direkt neben dem Stellplatz am Badesee oder schauen auch schon mal hier https://www.serre-chevalier.com/ete/.

(162) Offizieller WOMO-Stellplatz:
La Salle-les-Alpes, Serre Chevalier

GPS: N44°56'38.7" E6°33'21.7",
21 Chemin du Marquis, 05240 La Salle les Alpes
max. Womos: >10, maximale Länge >10 m.
Ausstattung: Asphaltierter Platz mit Wasserver- und Abwasserentsorgung (mit Bodeneinlass), Kassettenentleerung, Behälter für die Müllentsorgung, geöffnet von Jan. – Dez.

Lage: Ortsrand, in der Nähe des Skilifts.
Preise: 10 € pro Fahrzeug mit 2 Personen im Sommer, 18 € im Winter. Abwasserentsorgung und Frischwasser kostenlos.
Zufahrt: Der Platz liegt am Chemin du Marquis einer Nebenstraße der D1091 in Richtung Briançon.

Angelseen hinter Le Monêtier-les-Bains.

Rafting auf der Guisane.

Der nächste Ort offeriert im Prinzip dasselbe Angebot (die Orte haben sich in einem Tourismusverband zusammengeschlossen), nur das es hier noch ein großes schickes Thermalbad mit Sauna, Whirlpools und Solebad gibt, das nur 750 Meter vom Stellplatz entfernt liegt.

Die Thermalquellen wurden zwar schon von den Römern genutzt, gerieten aber in Vergessenheit und/oder man schenkte ihnen keine Beachtung. Erst seit einigen Jahren sieht man hier die Chance durch eine Revitalisierung der 44 Grad heißen Quellen mehr Touristen in den Ort zu locken,

(163) Offizieller WOMO-Badeplatz: Le Monêtier-les-Bains

GPS: N44°58′16.6" E6°30′44.4",
570 Route des Bains, 05220 Le Monêtier-les-Bains.
max. Womos: >10, maximale Länge >10 m.
Ausstattung: Asphaltierter Platz mit Wasserver- und Abwasserentsorgung (mit Bodeneinlass), Kassettenentleerung, Behälter für die Müllentsorgung, WiFi.
Lage: Ortsrand, am Flüsschen Guisane in der Nähe des Skilifts.
Preise: 4,80 € pro Fahrzeug mit 2 Personen, Abwasserentsorgung und Frischwasser kostenlos, max. Aufenthaltsdauer 7 Tage.
Zufahrt: Der Platz liegt an der Route des Bains einer Parallelstraße der D1091 in Richtung Briançon.

die hier bislang auf der Route des Grandes Alpes achtlos an dieser 1000-Seelen-Gemeinde vorbeigefahren sind. Die Wellnessangebote will man in den nächsten Jahren laufend verbessern und vergrößern.

Wir fahren weiter Richtung **Col du Lautaret** und nähern uns nun dem wohl schönsten Abschnitt der **Route des Grandes Alpes**. Mit 2058 Metern ist der **Col du Lautaret** relativ hoch, doch wirkt diese Höhe nicht so gravierend. Die Straße ist breit, man muss nicht endlose Serpentinen rauf und runter fahren, auf Ausweichstellen muss man nicht achten. Auch der breiteste Brummi kommt ganz bequem an einem vorbei. Zum Fahren ist diese Pass-Straße ein Genuss. Man kann auch als Fahrer die Landschaft genießen, muss die Augen nicht nur auf die Straße richten, sondern kann auch mal den Blick auf die Gebirgsszenerie werfen, die malerischer kaum sein kann. Plätze zum Halten findet man hier genug, doch lang mag man an der Straße auch nicht stehen bleiben. Denn sie ist nicht nur gut zu befahren, sie ist auch vielbefahren. Sie ist die Hauptverbindung zwischen GRENOBLE und TURIN. Im Winter ist sie eine der wenigen Pass-Straßen, die solange es irgend geht befahrbar gehalten werden.

Ist der Winter vorbei verwandelt sich die raue Bergwelt mit ihren großen Almwiesen in ein Blütenmeer aus Narzissen,

Anemonen, Berglilien und anderen farbfrohen Frühlingsblumen. Die botanische Vielfalt können Sie im **Jardin alpin du Lautaret** oder auch hier anschauen https://www.jardinalpindulautaret.fr/.

Mit einer nicht allzu schwierigen Wanderung an die Grenze des **Parc National des Écrins** lassen sich diese vielen visuellen Eindrücke noch intensivieren, erriechen und erfühlen. Der Weg zur **Refuge de Chamoisssière** ist leicht zu gehen. Hin und zurück sind es nur rund 13 Kilometer und die 100 Meter Höhenunterschied sind nicht so gravierend und anstrengend wie auf anderen Wegen. Wenn Sie Glück haben, können Sie unterwegs Murmeltiere und Birkhühner beobachten. Der **Gletscher Lautaret** scheint zum Greifen nah. Die familiär geführte Hütte ist mit ihren draußen eingerichteten Sitzgelegenheiten recht einladend. Einen Rundweg gibt es nicht, Sie müssen denselben Weg, den Sie gekommen sind, auch wieder zurückgehen.

Wer keine Wanderung unternehmen mag, der wird sich vielleicht über ein "Fondue Savoyarde aux 3 Fromages", ein "Raclette au Lait Cru" oder einen "Salade au Chèvre Chaud" in einem der beiden Restaurants auf dem Pass freuen. Was auch immer Sie hier auf dem Pass tun, es lohnt sich ein wenig zu verweilen. Der Platz, der uns Wohnmobilisten dafür zur

Glacier du Lautaret unterhalb der Meije.

Hotel/Restaurant auf dem Col du Lautaret.

Verfügung steht, ist groß genug. Er befindet sich hinter dem Hotel an dem Sie, so wie Sie das Hotel jetzt auf dem Foto sehen, rechts vorbeifahren.

(164) WOMO-Wanderparkplatz: Col du Lautaret

GPS: N45°01'58.4" E6°24'25.2", D1091, 05480 Villar-d'Arène
max. Womos: >10, maximale Länge >10 m
Ausstattung: Befestigter, grob geschotterter Platz mit Behälter für die Müllentsorgung, geöffnet von Jan. – Dez.
Lage: Am Col du Lautaret.
Preise: Kostenlos.
Zufahrt: Der Platz liegt direkt neben der D1091.

War die Fahrt zu diesem Pass ohne große Lenkradarbeit möglich, ändert sich dies nun auf dem Weg zum **Col du Galibier**. Wie der **Col du Lautaret** auch, ist er ein beliebter Pass der **Tour de France** und deshalb auch eine vielbefahrene Trainingsstrecke der Radsportler aus aller Herren Länder. Acht Kilometer trennen die beiden Pässe voneinander. Er liegt rund 600 Meter höher als der **Col du Lautaret**, das heißt der Motor muss sich ein wenig anstrengen auf diesem Weg. Auch hier wieder der Hinweis, die Straße lässt sich ausgezeichnet fahren, sie ist nicht zu eng, es sind keine Ausweichstellen nötig, gar kein Vergleich zum **Col de la**

Der Scheitelpunkt Col du Galibier.

Blick vom Col du Galibier in Richtung Col du Lautaret.

(165) WOMO-Picknickplatz: Col du Galibier

GPS: N45°04'00.5"N 6°24'31.0"
max. Womos: 5, maximale Länge 7 m
Lage: Am Scheitelpunkt der Passstraße auf 2642 Metern Höhe.
Ausstattung: Befestigter Parkplatz.
Preise: Kostenlos.
Zufahrt: Der Platz liegt direkt an der D902.

Cayolle. Der letzte Teil der Pass-Strecke bleibt Fahrzeugen vorbehalten, die unter 3,5t zul. Gesamtgewicht haben. Wer drüber liegt, der fährt durch den Tunnel, der die Passhöhe unterquert. Parken kann man vor dem Tunnel, hinter dem Tunnel und oben auf der Passhöhe. Die ersten beiden Plätze sind relativ groß, der letzte ist sehr klein. Von oben bietet sich dieser herrliche Blick, wie Sie ihn oben auf dem Foto sehen. Der Platz vor dem Tunnel mit dem **Monument Henri Desgrange**, das an den **Gründer der Tour de France** erinnert, bietet sehr viel Platz, hat aber ordentlich Gefälle. Der Platz hinter dem Tunnel ist relativ waagerecht und eignet sich deshalb besser für eine Übernachtung. Hier wie dort findet sich jeweils ein kleines Restaurant. Beide bieten keine umfassende Karte und werben mit regionalen Produkten. Von beiden

(166) WOMO-Wanderparkplatz: Plan Lachat

GPS: N45°05'24.6" E6°26'09.3", D902, 73450 Valloire
max. Womos: 5, maximale Länge >10 m
Ausstattung: Befestigter Parkplatz.
Lage: 8 km hinter dem Col du Galibier.
Preise: Kostenlos.
Zufahrt: Der Platz liegt direkt an der D902.

Plätzen gibt es keinen Fußweg auf die Passhöhe. Wer wegen der Gewichtsbeschränkung nicht hochfahren kann, wird wohl oder übel der Straße entlang gehen müssen. Das ist aber aufgrund des geringen Verkehrs kein Problem.

Wir fahren mit dem WOMO die Pass-Straße weiter hinunter und stoppen beim nächsten Wanderparkplatz, denn wir schon von oben sehen können. Auch wenn es auf dem Foto vielleicht nicht so aussieht sind es 8 Kilometer vom Pass hierher. Der Wanderparkplatz liegt direkt an der Straße und hat ein relativ großes Gefälle. Von diesem Platz kann man Wanderungen unternehmen, die zu denselben Seen führen, die man auch vom Wanderparkplatz im **Valée de la Clarée** erreichen kann. Der **Lac Rond** ist 4,5 Kilometer von diesem Wanderparkplatz entfernt, Höhenunterschied rund 520 Meter. Der Weg ist also

Tallandschaft der Valloirette unterhalb des Col du Galibier.

nicht ganz anstrengungsfrei zu gehen, es geht stets bergauf. Da ist eine Wanderung im Tal vielleicht schon angenehmer. Wenn Sie hier (**GPS:** N45°06'45.7" E6°25'27.2") halten können und die Straße überqueren, dann können Sie ganz anstrengungsfrei die oben abgebildete Tallandschaft durchstreifen.

Kunst am Stellplatz in Valloire.

Auf dem weiteren Weg hinunter in das **Maurienne** entdecken wir am rechten Straßenrand einige Kunstobjekte. Ob die Skulpturen jährlich durch neue ersetzt werden, entzieht sich unserer Kenntnis. Diese aus Stroh, dürften den nächsten Winter kaum überdauern,

(167) Offizieller WOMO-Stellplatz: Valloire

GPS: N45°08'42.0" E6°25'12.0", 50 Route du Galibier, 73450 Valloire.
max. Womos: >10, maximale Länge >10 m.
Ausstattung: Befestigter Platz mit Wasserver- und Abwasserentsorgung (mit Bodeneinlass), Kassettenentleerung, Behälter für die Müllentsorgung, geöffnet von Jan. – Dez.

Lage: Am Ufer der Valloirette, zentrumsnah, keineswegs leise.
Preise: 12,00 € pro Fahrzeug mit 2 Personen, Abwasserentsorgung, Frischwasser, und Strom kostenlos, max. Aufenthaltsdauer 2 Tage. Bezahlung mit Euroscheckkarte.
Zufahrt: Der Platz liegt direkt neben der D902.

denn im Januar findet hier ein Eisskulpturen-Wettbewerb statt. Das ist sicher auch interessant aber außerhalb unserer Reisezeit. Bleibt noch die hiesige Barockkirche **Notre Dame de l'Assomption** zu erwähnen bevor es weitergeht. Sie zählt zu den schönsten und am reichsten ausgeschmücktesten Gotteshäusern in Savoyen. Um Sie zu besuchen können Sie hier (**GPS:** N45°09'54.1" E6°25'52.7") am Skilift (Rue des Grandes Alpes, 73450 Valloire) parken.

Die weitere Fahrt führt uns zu dem nahe gelegenen **Col du Telegraphe**. Es ist tatsächlich noch mal ein leichter Anstieg, obwohl wir uns ja schon im Tal befinden, bevor es dann endgültig in das Tal der **Arc** nach SAINT-MICHEL-DE-MAURIENNE hinuntergeht.

Auf jeder Passhöhe zu finden. Radler nach erfolgreicher Auffahrt.

Der folgende Stellplatz wäre für eine Übernachtung nur ein Notnagel. Wir betrachten ihn eher als Etappenplatz für die notwendige Wasserver- und Abwasserentsorgung nach einem langen Aufenthalt in den Bergen.

(168) Offizieller WOMO-Stellplatz: Saint-Martin d'Arc

GPS: N45°12'45.8" E6°28'02.4",
Rue du Galibier (D902), 73140 St-Martin d'Arc.
max. Womos: 4, maximale Länge 8 m

Ausstattung: Asphaltierter Platz mit Wasserver- und Abwasserentsorgung (mit Bodeneinlass), Kassettenentleerung, Behälter für die Müllentsorgung, geöffnet von Jan. – Dez.
Lage: Am Ortsrand, nachts einigermaßen ruhig.
Preise: Gebührenfrei, Ver- und Abwasserentsorgung kostenlos.
Zufahrt: Über die D902 (Rue du Galibier) vor der Kirche links.

Museumslok vor dem alten Tunnelportal des Fréjus-Eisenbahntunnels.

Von SAINT-MARTIN D'ARC fahren wir über SAINT-MICHEL-DE-MAURIENNE nach MODANE. Hier beginnt das **Haute-Maurienne,** der letzte Teil einer Tallandschaft, durch die einer der wichtigsten Verkehrswege **Savoyens** von CHAMBÉRY nach TURIN führte. Auch heute ist das Tal für den Verkehr zwischen Frankreich und Italien von größter Bedeutung. Zu Anfang über den **Col de Mont Cenis**, seit 1980 durch den **Tunnel du Fréjus**.

Der **Tunnel Ferroviaire du Fréjus** ist der erste große Eisenbahntunnel durch die Alpen. Er wurde noch von **Victor-Emmanuel II**, König von Sardinien-Piemont und Herzog von Savoyen 1857 in Auftrag gegeben. Wir erinnern uns: Eine Staatsgrenze gab es hier zu dieser Zeit nicht. Das Haus Sa-

Aussois, Kirche aus dem 17. Jahrhundert.

Fort Marie Christine zwischen Aussois und dem Fort Victor-Emmanuel.

voyen regierte auf beiden Seiten der heutigen Grenze. Als der Tunnel dann aber schließlich 1872 fertig gestellt wurde, gehörte Savoyen bereits zu Frankreich. Ein Museum am alten Tunnelportal in MODANE erzählt die ganze Geschichte. Parken können Sie (**GPS:** N45°11'26.7" E6°39'35.3") direkt vor der kleinen Museumsanlage.

Auf dem weiteren Weg Richtung **Lac du Mont Cenis** fallen mächtige Festungsanlagen auf, die **Forts de l'Esseillon**. Wer die Grenzen heute sieht mag schnell denken, klar, diese Forts dienten der Absicherung Frankreichs gegenüber Italien. Falsch! Auch hier gilt: Dieses Gebiet war das Hoheitsgebiet des Hauses Savoyen und die haben vorsorglich in diesem sehr engen Talabschnitt Festungsanlagen bauen lassen, um ihre Gebiete im Piemont vor den möglichen Angriffen Frankreichs zu schützen.

Monolithe de Sardières.

Es ist schon eine verrückte Festungswelt hier in den Alpen zwischen Italien und Frankreich. Schön ist, dass Sie direkt vor der **Redoute Marie-Therese** an einem Picknickgelände mit Hochseilgarten und Klettersteig ihr Fahrzeug abstellen können. Von hier aus lassen sich zahlreiche Wanderungen starten, zu den Forts auf der anderen Seite der Schlucht über die **Pont du Diable** zu dem malerischen Örtchen AUSSOIS mit seiner Kirche und anderem mehr. Den Platz finden Sie mit diesen Koordinaten [**169:** N45°12'28.9" E6°44'11.2"]. Tagsüber ist es auf diesem Platz sehr lebendig, erst am Abend kehrt Ruhe ein. Als Alternative für einen längeren Aufenthalt bietet sich der Campingplatz an, den sie bei Bedarf auch nur für Versorgungszwecke anfahren können. Die entsprechenden Einrichtungen befinden sich außerhalb vor dem Tor des Platzes.

Schön sind auch Rad- und Wandertouren im Nordosten von AUSSOIS, z.B. zu dem **Monolithe de Sandières**, der sich neben vielen kleinen anderen Felsformationen in einem Waldgebiet versteckt hält. Er ist ca. 5 Kilometer vom Campingplatz entfernt. Es gibt viel zu entdecken und viel zu unternehmen an diesen Orten.

Uns führt die weitere Fahrt nunmehr zur letzten Station dieser Tour zum **Lac du Mont Cenis** in 33 Kilometern Entfernung. Die D1006 lässt sich gut fahren und ist prima ausgebaut, wenn Sie vom Campingplatz kommen, geht es eine Weile über die D83. Die Straße hat einige Kurven mehr, ist nicht ganz so breit, lässt sich aber ebenfalls gut fahren. Nach

Redoute Marie-Thérese. Auf der anderen Seite der hier nicht sichtbaren tiefen Schlucht ist das Fort Victor-Emmanuel zu sehen.

(170) WOMO-Campingplatz-Tipp: Aussois

GPS: N45°13'27.9" E6°44'45.4", 24 Route de Cotteriat, 73500 Aussois.
max. Womos: >5, maximale Länge 8 m.
Ausstattung: Befestigter Platz, geöffnet von Jan. – Dez. Ver- und Abwasserentsorgungsstation für Womos außerhalb des Platzes direkt neben der Zufahrt.Sie kann angefahren werden, ohne den Campingplatz zu nutzen. Frischwasser 2,00 €, Abwasserentsorgung kostenlos.

Lage: Auf einer Anhöhe mit Panoramablick über Aussois und die Bergwelt der Umgebung, nachts absolut ruhig.
Preise: siehe: www.camping-aussois.com.
Zufahrt: Über die D215 nach Aussois hochfahren und der Beschilderung "Camping Municipal" folgen.

ein paar Kilometern trifft sie auf die D1006 und dann sind Sie auch schon schnell am Ortseingang von LANSLEBOURG-MONT CENIS. Sollten Sie Bedarf haben, Frischwasser zu tanken und Abwasser los zu werden, so können Sie das am Ortseingang erledigen [**171a:** N45°17'04.0" E6°52'17.2"]. Der eigentliche Stellplatz des Ortes befindet sich an der Straße zum **Col de Mont Cenis**, den finden wir nicht so überzeugend. Da fahren wir lieber hoch an den Stausee.

Blick auf den Lac du Mont Cenis.

(171b) Offizieller WOMO-Stellplatz: Lanslebourg-Mont-Cenis

GPS: N45°17'05.6" E6°53'01.8";
Chemin des Crueux, 73480 Lanslebourg-Mont-Cenis.
max. Womos: >10, maximale Länge 10 m.

Ausstattung: Befestigter Platz, geöffnet von Jan. – Dez.
Lage: Stadtrand neben Skilift. Laut. 500 Meter bis zur Ortsmitte mit Restaurants, Boutiqen und anderen Ladengeschäften.
Preise: Gebührenfrei.
Zufahrt: Über die D1006 in Richtung Italien 50 Meter hinter der Abzweigung zum Col de Mont Cenis.

(172) WOMO-Wanderparkplatz: Lac du Mont Cenis

GPS: N45°14'42.8" E6°55'52.2"
max. Womos: 5, maximale Länge 8 m.
Ausstattung: Befestigter Platz, geöffnet von Mai – November.

Lage: Direkt am Ufer mit Panoramablick über den See und in die Bergwelt, nachts absolut ruhig.
Preise: Gebührenfrei.
Zufahrt: Über die D1006 in Richtung Italien 500 Meter vor der Pyramide de Mont Cenis an einem Parkplatz scharf rechts abbiegen und etwas mehr als 1 km bis zum See hinunter fahren.

Blick vom Fort de Ronce auf den Lac du Mont Cenis

Der **Col de Mont Cenis** war im Mittelalter der am stärksten frequentierte Pass für die Handelsachse Lyon-Grenoble-Turin-Mailand. Der Handelsweg führte an einem Bergsee vorbei, der 1967 zu dem heute sichtbaren See mit einer riesigen Mauer aufgestaut wurde. Der See hat eine Fläche von 660 ha und dient in erster Linie der Gewinnung von Elektrizität. Die Geschichte des Staubeckens wird in einem Ausstellungsraum der **EDF** am Ufer des Sees erläutert.

Oberhalb des Sees ist auf der einen Seite das **Fort de Ronce**, auf der anderen Seite das **Fort de Variselle** zu sehen. Beide sind italienische Festungen, die von 1877 bis 1880 auf italienischem Gebiet erbaut wurden, um das neue Königreich Italien vor einer möglichen französischen Invasion am **Col de Mont Cenis** zu schützen. Nach 1947 kamen diese Gebiete rund um den See und die Festungen (insgesamt 82 km²), als Reparationsleistungen Italiens zu Frankreich. Rund um den See lassen sich zahlreiche Wanderungen auf gut ausgeschilderten Wegen unternehmen, wenn Sie keine Angst vor Kühen haben, die hier auf den Almwiesen weiden.

Tour 10

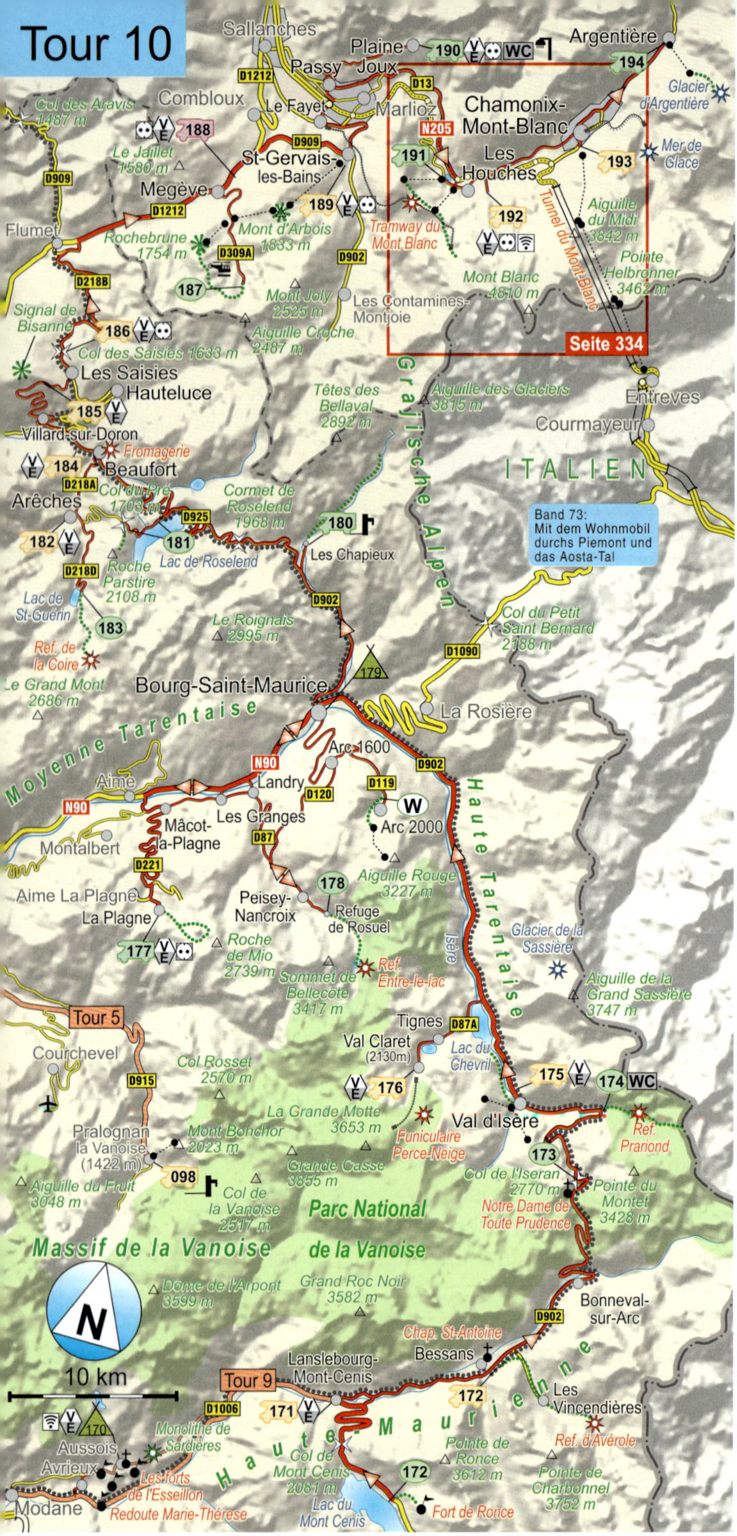

Sallanches
Plaine-Joux
190
WC
Argentière
194
Glacier d'Argentière
Passy
D1212
Le Fayet
Marlioz
D13
Chamonix-Mont-Blanc
N205
Col des Aravis 1487 m
Combloux
188
D909
Le Jaillet 1580 m
St-Gervais-les-Bains
191
Les Houches
193
Mer de Glace
Megève
D1212
189
Tramway du Mont Blanc
192
Tunnel du Mont-Blanc
Aiguille du Midi 3842 m
Flumet
Rochebrune 1754 m
Mont d'Arbois 1833 m
D309A
D902
Pointe Helbronner 3462 m
D218B
187
Mont Joly 2525 m
Les Contamines-Montjoie
Mont Blanc 4810 m
Signal de Bisanne
186
Aiguille Croche 2487 m
Seite 334
Col des Saisies 1633 m
Les Saisies
Hauteluce
Têtes des Bellaval 2892 m
Aiguille des Glaciers 3815 m
Entreves
185
Courmayeur
Villard-sur-Doron
Fromagerie
Grajische Alpen
184
Beaufort
D218A
Col du Pré 1703 m
ITALIEN
Arêches
Cormet de Roselend 1968 m
D925
180
182
181
Lac de Roselend
Les Chapieux
Band 73: Mit dem Wohnmobil durchs Piemont und das Aosta-Tal
D218D
Roche Parstire 2108 m
D902
Lac de St-Guérin
183
Le Roignais 2995 m
Col du Petit Saint Bernard 2188 m
Ref. de la Coire
D1090
179
Le Grand Mont 2686 m
Bourg-Saint-Maurice
La Rosière
Moyenne Tarentaise
Arc 1600
N90
D902
Aime
Landry
D119
W
N90
D120
Les Granges
Arc 2000
Mâcot-la-Plagne
Montalbert
D87
D221
Haute Tarentaise
Aiguille Rouge 3227 m
178
Aime La Plagne
Peisey-Nancroix
Refuge de Rosuel
La Plagne
Isère
Glacier de la Sassière
177
Roche de Mio 2739 m
Sommet de Bellecôte 3417 m
Ref. Entre-le-lac
Aiguille de la Grand Sassière 3747 m
Tour 5
Tignes
D87A
Val Claret (2130m)
Lac du Chevril
Courchevel
Col Rosset 2570 m
175
174
WC
D915
176
La Grande Motte 3653 m
Val d'Isère
Ref. Prariond
Pralognan la Vanoise (1422 m)
Mont Bonchor 2023 m
Funiculaire Perce-Neige
173
Grande Casse 3855 m
Col de l'Iseran 2770 m
098
Pointe du Montet 3428 m
Aiguille du Fruit 3048 m
Col de la Vanoise 2517 m
Notre Dame de Toute Prudence
Parc National de la Vanoise
Massif de la Vanoise
Dôme de l'Arpont 3599 m
Grand Roc Noir 3582 m
Bonneval-sur-Arc
D902
N
Chap. St-Antoine
Bessans
10 km
Lanslebourg-Mont-Cenis
Tour 9
172
Les Vincendières
D1006
171
Haute Maurienne
170
Monolithe de Sardières
Ref. d'Avérole
Aussois
Col de Mont Cenis 2081 m
Pointe de Ronce 3612 m
Pointe de Charbonnel 3752 m
Avrieux
Les forts de l'Esseillon
172
Modane
Redoute Marie-Thérèse
Lac du Mont Cenis
Fort de Ronce

TOUR 10 (ca. 365 km)

Bessans – Bonneval – Col de l'Iseran – Val d'Isère – Tignes – Val Claret – La Plagne – Refuge de Rosuel – Bourg-Saint-Maurice – Les Chapieux – Lac de Roselend – Arêches – Beaufort – Villard-sur-Doron – Les Saises – Megève – Saint-Gervais-les-Bains – Plaine Joux – Les Houches – Chamonix-Mont-Blanc – Argentière

Freie Übernachtung:	Col de l'Iseran, Isère, Refuge de Rosuel, Lac de Roselend, Lac de Saint-Guérin, Megève.
Offizielle Stellplätze:	Bessans, Val d'Isère, Val Claret, La Plagne, Les Chapieux, Arêches, Beaufort, Villard-sur-Doron, Les Saises, Megève, Plaine Joux, Les Houches, Chamonix-Mont-Blanc, Argentière.
Campingplätze:	Bourg-Saint-Maurice.
Ver-/Entsorgung:	Val d'Isère, Val Claret, La Plagne, Arêches, Beaufort, Villard-sur-Doron, Les Saises, Megève, Saint-Gervais-les-Bains, Plaine Joux, Les Houches.
Besichtigungen:	Bonneval (Bergdorf), Val d'Isère (Stadt), Bourg-Saint-Maurice (Stadt), Beaufort (Bergdorf), Chamonix-Mont-Blanc (Stadt, Aiguille du Midi).
Wandern/Seilbahnen:	Bessan (Vallée d'Avérole), Col de l'Iseran, Isère (Pont Saint Charles), Val Claret (La Grande Motte), La Plagne, Refuge de Rosuel, Bourg-Saint-Maurice, Les Chapieux, Lac de Roselend, Lac de Saint-Guérin, Megève, Saint-Gervais-les-Bains (Zahnradbahn: Tramway du Mont Blanc) , Plaine Joux, Les Houches (Seilbahn), Chamonix-Mont-Blanc (Seilbahn: Aiguille du Midi, Zahnradbahn: Mer de Glace).

Die letzte Tour dieses Buches führt uns zunächst in den hinteren Teil des **Haute-Maurienne**. Es liegt abseits aller Verkehrsströme. Wäre es nicht Teil der **Route des Grandes Alpes**, würde hier vermutlich noch weniger Verkehr herrschen. Nach dem **Haute-Maurienne** geht es bergan auf den 2770 Meter hohen **Col de l'Iseran** und danach hinunter in das **Haute Tarentaise** nach VAL D'ISERE. Auch hier wieder der Hinweis: Diese Straße über den Pass lässt sich gut fahren, es ist nicht zu eng, kein Vergleich mit dem **Col de la Cayolle**.

Nun der Reihe nach. Vom **Lac du Mont Cenis** geht es über den **Col de Mont Cenis** wieder hinunter nach LANSLEBOURG. Vor dem Ort haben Sie die Möglichkeit eine Abkürzung zu nehmen, es ist eine schmale Straße (auch gut zu fahren), **Col de l'Iseran** und LANSLEVILLARD ist ausgeschildert. Über LANSLEBOURG ist die Strecke rund 5 Kilometer länger, dafür vielleicht etwas bequemer zu fahren.

Einen ersten Zwischenstopp legen wir in BESSANS ein. Hier liegt der offizielle Stellplatz direkt an der Umgehungstraße des Ortes, man kann ihn also gar nicht verfehlen. Bis zur Ortsmitte sind es zu Fuß 800 Meter.

(172) Offizieller WOMO-Stellplatz: Bessans

GPS: N45°19'22.6" E7°00'05.3"; D902, 73480 Bessans

max. Womos: >10, maximale Länge > 10 m
Ausstattung: Befestigter Platz in der Nähe einer Biathlonanlage, geöffnet von Jan. – Dez.
Lage: Am Ortsrand direkt an der D902, nachts ruhig.
Preise: kostenlos.
Zufahrt: Am Ortsausgang von Bessans.

Im Ort gibt es einige kleine Restaurants und Ladengeschäfte für den täglichen Bedarf. Für Liebhaber religiöser Kunst ist ein Besuch der **Chapelle St-Antoine** sicher interessant. Nähere Informationen und Bilder gibt es hier http://www.hunza.pro/2015/11/l-art-sacre-haute-maurienne.html und im Office de Tourisme in der Mitte des Ortes.

Eine Wanderung in das **Vallée d'Avérole** führt an den typischen alten, sehr kleinen Bergdörfern dieser Region vorbei und ist schon deshalb reizvoll (8 Kilometer, 350 Meter Höhenunterschied). Hat man den letzten Anstieg zu Schutzhütte **Re-**

Bonneval-sur-Arc, Bergbauerndorf im Haute-Maurienne.

fuge d'Avérole geschafft, bietet sich ein wunderbarer Blick auf die umliegenden Berge und Gletscher.

Ein größeres Bergbauerndorf (immerhin rund 200 Einwohner) ist rund 7 Kilometer weiter zu besichtigen. Stellen Sie Ihr Fahrzeug hier (**GPS:** N45°22'19.6" E7°02'58.1") oder irgendwo an dem relativ breiten Randstreifen der D902 ab und gehen Sie die paar Meter in den Ort hinein. Im Vergleich zu den kleinen Dörfern im **Vallée d'Avérole** ist dieser Ort so richtig herausgeputzt. Im Prinzip ein Museumsdorf, ein schönes wohlgemerkt, mit Fromagerie, Charcutier, Boulangerie, Restaurants und Souvenirshops.

Der Col de l'Iseran.

Wir fahren weiter. Bis zum **Col de l'Iseran** sind es 14 Kilometer. Nach vielen großen Almwiesen wird die Gebirgslandschaft immer karger und unwirtlicher je höher wir kommen, bis fast nur noch Gestein, Schutt und Felsen das Landschaftsbild bestimmen. Es ist immer wieder überraschend wie wechselhaft das Wetter im Gebirge sein kann und wie schnell dieser Wechsel vonstatten geht. Da ist es doch gut, dass man eine Heizung an Bord hat, denn die kann man auf dem Pass selbst im Hochsommer schon mal in Betrieb nehmen. Nasskalt und sehr frisch kann es werden, nicht nur bei Nacht, auch am Tag. Da macht eine Wande-

Blick auf Val d'Isère.

rung wenig Freude und ist zudem gefährlich auf den ohnehin nicht einfachen Wegen hier oben. Da nehmen wir doch lieber die Empfehlung der über 4 Meter hohen Marienstatue an, die über dem Portal von **Notre Dame de Toute Prudence** angebracht ist und zur Vorsicht gemahnt. Wir fahren weiter hinunter Richtung VAL D'ISÈRE. Der Ort hat unter den Skitouristen einen klangvollen Namen und ist in den Wintermonaten stets gut besucht. Man muss nicht lang fahren, um zu erahnen, was hier im Winter wohl los sein mag. Es ist ein mächtiger Drahtverhau an Skiliftanlagen unter denen man hindurch oder dran vorbeifährt. Schön ist, dass verschwiegene fast unberührte Tallandschaften nicht weit sind. So zum Beispiel in der Nähe der Brücke **Pont Saint Charles**.

(174) WOMO-Wanderparkplatz: Pont Saint Charles

GPS: N45°27'17.5" E7°02'14.1"; D902, 73150 Val-d'Isère

max. Womos: 5, maximale Länge > 10 m
Ausstattung: Befestigter Platz mit Behälter für die Müllentsorgung, WC (ungeeignet um die Bordtoilette zu entleeren), geöffnet von Jan. – Dez.
Lage: 5 Kilometer vor Val-d'Isère, nachts ruhig.
Preise: kostenlos.
Zufahrt: Über die D902.

Der Wanderweg durch das Tal **Gorges du Malpasset** bis zu der in den Sommermonaten bewirtschafteten Hütte **Refuge Prariond** ist nur 3 Kilometer lang. Der Höhenunterschied von rund 250 Metern muss vor allem auf der ersten Hälfte der Wanderung bewältigt werden. Wer nach einer Rast noch genug Kraft hat, kann ab der Hütte noch einmal 3 Kilometer weiter gehen, um vom **Col de la Lose** (2957 m) nach Italien hinüberzuschauen. Hierfür sind dann aber gleich 600 Meter Höhenunterschied zu schaffen.

Gebirgsbach in der Gorges du Malpasset.

Nobel, chic, sehr gepflegt. So präsentiert sich VAL D'ISÈRE als sicher einer der renommiertesten Skiorte Europas. Zusammen mit TIGNES bildet es das Skigebiet **Espace Killy**, das nach dem französischen Olympiasieger **Jean-Claude Killy** benannt ist.

Überall Naturstein und Holz als Baumaterial.

In Anlehnung an die traditionelle Bauweise in den Bergbauerndörfern finden sich im Ort (zumindest an der Hauptdurchgangsstraße) fast nur Gebäude mit Mauern aus Naturstein (in vielen Fällen sicher nur Verkleidung) mit Holzbalkonen und Natursteindächern. Im Vergleich zu den vielen Bausünden in so manchem Skiort der französischen Alpen, ist das ein wohltuender Anblick. Im Ortskern gibt es die für Touristenorte dieser Größe übliche Mischung an Cafés, Restaurants, Souvenirshops etc. und die Touristinformation. Dort erfährt man, dass man in den Sommermonaten die Kabinenseilbahnen gratis nutzen kann. Die **Telecabine de Solaise** und der **Telepherique de l'Olympique** fahren zwischen 9.45h und 16.45h Spaziergänger und Wanderer unablässig nach oben und unten. Der Ort an dem beide Seilbahnen ihre Talstationen haben, ist 1,3 Kilometer vom Stellplatz entfernt. Man muss nur noch wählen, nimmt man den **Telepherique de l'Olympique** und erfreut sich eines Blickes auf den **Grande Motte** und

(175) Offizieller WOMO-Stellplatz: Val d'Isère

GPS: N45° 27' 17.5" E6° 58' 08.4", Avenue Olympique,73150 Val-d'Isère
max. Womos: >10, maximale Länge > 10 m
Ausstattung: Befestigter Platz mit Wasserver- und Abwasserentsorgung (mit Bodeneinlass), Kassettenentleerung, Behälter für die Müllentsorgung, geöffnet von Jan. – Dez.
Lage: Am Ortsrand direkt an der Isere, nachts ruhig.
Preise: 9,00 € pro Fahrzeug mit 2 Personen, Frischwasser und Entsorgung kostenlos. Die Gebühr wird von einem Bediensteten der Gemeinde eingesammelt.
Zufahrt: Am Ortsausgang von Val-d'Isère (D902) auf der linken Seite.

speist in dem noblen Restaurant, das es hier oben gibt oder nimmt man die **Telecabine de Solaise** und macht eine kleine Wanderung um den **Lac de l'Ouillette** auf 2500 Metern Höhe. Auch hier finden Sie ein Restaurant, nur nicht so nobel.

Der Stausee Lac du Chevril.

Durch das enge Tal der **Isère** und durch einige Tunnels geht es weiter am **Lac du Chevril** vorbei. Über die Staumauer des Sees fahren wir nach TIGNES oder genauer nach VAL CLARET, einem Teilort von TIGNES. Das sind insgesamt 14 Kilometer. Der Stellplatz ist nicht schwer zu finden, er liegt am Ortseingang an einem Kreisverkehr auf der rechten Seite. Den kann man gar nicht verfehlen. Schön ist sie nicht, die große Asphaltfläche auf der die WOMOs dichtgedrängt stehen. Da muss man den Blick stets nach oben in die Bergwelt richten.

(176) Offizieller WOMO-Stellplatz: Val Claret

GPS: N45°27'28.6" E6°53'53.1",
14 Avenue de la Grande Motte, 73320 Tignes.
max. Womos: >20, maximale Länge > 10 m.
Ausstattung: Asphaltierter Platz mit Wasserver- und Abwasserentsorgung (mit Bodeneinlass), Kassettenentleerung, Stromversorgung, Behälter für die Müllentsorgung, geöffnet von Mai – Nov.

Lage: Am Ortsrand, nachts sehr ruhig.
Preise: 7,00 € pro Fahrzeug mit 2 Personen, Frischwasser und Entsorgung kostenlos. Die Gebühr wird von einem Bediensteten der Gemeinde eingesammelt.
Zufahrt: Der D87A bis zum Ende folgen.

Der 3656 Meter hohe Grande Motte im Hochsommer (Mitte August).

Nun heißt es Jacke anziehen und hoch auf den Gletscher. Auch wenn im Hochsommer unten im Tal Temperaturen über 30° C keine Seltenheit sind, so liegen sie hier oben auf dem Gletscher in über 3000 Metern Höhe nur knapp über dem Gefrierpunkt. Es ist also frisch hier oben und man braucht die warme Kleidung schon während der Fahrt in der **Funiculaire Perce-Neige**, denn der Fahrtwind pfeift ganz schön kalt durch die Waggons. Die Talstation befindet sich auf 2100 Metern und ist nur einen kleinen Fußmarsch vom Stellplatz entfernt. Die Bergstation liegt auf 3032 Metern Höhe. Von hier geht es noch mit einer Seilbahn weiter auf 3456 Meter. Hier kann man die Aussicht auf die Gebirgslandschaft genießen und beobachten wie Bergsteiger die letzten Meter auf dem Gletscher des **Grande Motte** (3653m) in Schnee und Eis hochstapfen. Natürlich können Sie hier auch einen Schneemann bauen, wo kann man das auf der Nordhalbkugel sonst schon im August machen? Hinunter geht es entweder zu Fuß oder wieder mit der Standseil-

Waggons der Funiculaire Perce-Neige.

Bergsteiger auf den letzten Metern zur Spitze des Grande Motte.

Unendliche Wanderlandschaft in La Plagne.

bahn, die übrigens mit rund 3500 Metern die längste dieser Art in Frankreich ist und 1993 in Betrieb ging. Sie verläuft vollständig unterirdisch.

Oberirdisch und wesentlich wärmer geht es zu unserem nächsten Ziel nach LA PLAGNE. Wir fahren auf der D902 durch die Tallandschaft der **Haute Tarentaise** nach BOURG-SAINT-MAURICE und von dort gleich weiter auf die N90 und biegen nach ca. 12 Kilometern nach LA PLAGNE ab. Es dauert eine Weile, bis wir uns auf der sehr gut befahrbaren Straße wieder hochgeschraubt haben. Oben angekommen, ist es in der Tat am Einfachsten, Sie vertrauen den angegebenen GPS-Koordinaten, um den Platz zu erreichen. Die Hotellandschaft mit ihren Straßen, Plätzen und vielen Einfahrten ist ziemlich verwinkelt.

(177) Offizieller WOMO-Stellplatz: La Plagne Villages

GPS: N45°30'17.9" E6°41'21.3"; 73210 Mâcot-la-Plagne.
max. Womos: >10, maximale Länge > 10 m.
Ausstattung: Asphaltierter Platz mit Wasserver- und Abwasserentsorgung (mit Bodeneinlass), Kassettenentleerung, Stromversorgung für alle Plätze, Behälter für die Müllentsorgung, geöffnet von Jan. – Dez., videoüberwacht.
Lage: Parkplatz zwischen Hotelanlagen und Wandergebiet, im Sommer nachts sehr ruhig.
Preise: 10,00 € pro Fahrzeug mit 2 Personen, Frischwasser, Stromanschluss (10A), Abwasserentsorgung kostenlos. In den Sommermonaten ist die Schranke geöffnet, die Nutzung des Platzes aber nicht kostenlos. Der Betrag wird von der Police Municipale kassiert.

Zufahrt: Die D221 von Mâcot-la-Plagne bis nach Plagne-Village fahren und dort der Beschilderung "Caravaneige" folgen.

Haben Sie Ihr Fahrzeug einmal abgestellt, steht Ihnen eine ganze Reihe von Wanderwegen offen. Da stellt sich dem Wanderfreund nur die Frage: Wie lange bleiben wir? Für die Planung mag diese Übersicht helfen https://ete.la-plagne.com/activites/randonnee.html. Die Wanderwege sind, soweit wir das beurteilen können, sehr gut ausgeschildert. Es gibt alle Schwierigkeitsgrade, von der einfachen Wanderung über die Almwiesen bis zu einer Kombination mit Gebirgstouren ist alles dabei. Wenn Sie in LA PLAGNE hineinfahren und an der Halle **Salle Omnisports** vorbeikommen, halten Sie kurz an. Im rückwärtigen Teil des Gebäudes befindet sich das Office de Tourisme. Dort bekommen Sie Kartenmaterial und weitere Infos zu den vielfältigen Wandermöglichkeiten.

Nicht so vielfältig sind die Möglichkeiten bei unserem nächsten Ziel. Statt einer Hotellandschaft gibt es hier nur ein Haus, das Informationen über den **Parc National de la Vanoise** bereithält, an dessen Rand wir uns befinden. Hier bekommen Sie auch die richtige Wanderkarte für dieses Gebiet. Rund 15 Kilometer ist der Weg (hin- und zurück) bis zum **Lac de la Plagne**. Die Hütte an dem Bergsee ist in den Sommermonaten bewirtschaftet. Der Wanderweg dorthin ist einfach zu finden, den Trampelpfad kann man nicht verfeh-

(178) WOMO-Wanderparkplatz: Refuge de Rosuel

GPS: N45°31'07.9" E6°48'16.0"; D87, 73210 Peisey-Nancroix
max. Womos: >5, maximale Länge 9 m
Ausstattung: Befestigter Platz, geöffnet von Jan. – Dez.
Lage: Am Ende der D87, nachts absolut ruhig.
Preise: Gebührenfrei.
Zufahrt: Von der N90 bei Landry in die D87 abbiegen und diese bis zum Ende durchfahren.

Wasserfall auf dem Weg zum Lac de la Plagne.

len, wenn man die ersten paar Hundert Meter auf Wirtschaftswegen hinter sich gebracht hat. Vorbei geht es an kleinen Wasserfällen einmal links am Gebirgsbach **Ponturin** vorbei und einmal rechts. Wer seinen vierbeinigen Begleiter dabei hat, kann diesen Weg (jedenfalls mit Hund) nicht gehen. **"Chiens interdits, même tenus en laisse"** ist überall in den Eingangsbereichen der Nationalparke zu lesen, so auch hier.

Dass wir 592 Kilometer von unserem Wohnort entfernt sind, lesen wir auf dem Schild in der Ortsmitte der rund 7000 Einwohner zählenden Gemeinde BOURG-SAINT-MAURICE, dem nächsten Etappenziel. Schon erstaunlich, wie unterschiedlich Partnerstädte sein können. In BOURG-SAINT-MAURICE werden vermutlich an einem Tag mehr Übernachtungsgäste gezählt, als in ALTENSTEIG im gesamten Jahr. Der touristische Erfolg stellte sich mit dem Bau der Skistationen LES ARCS ein. Gleich drei gibt es, die

Shopping mit einheitlicher Musikbegleitung in der Grande Rue.

Arc 2000, Skiort in Bourg-Saint-Maurice.

jeweilige Höhenlage ist gleich im Namen enthalten: ARC 1600, ARC 1800 und ARC 2000. Beim Bau hat man darauf geachtet die Gebäude harmonisch in die Berglandschaft einzupassen. Bei ARC 2000 scheint uns das besonders gut gelungen. Nicht nur Wintersportfreunde suchen diesen charmanten Ort auf, BOURG-SAINT-MAURICE zählt auch viele Sommergäste. Eine Standseilbahn bringt Gleitschirmflieger nach Arc 1600 die sich dann flugs vom Startplatz den Hang hinunterstürzen und nach etlichen Drehungen und Wendungen zum Landeplatz hinuntergleiten, der für die Flieger ideal, sehr nah an der Standseilbahnstation liegt. Da geht es dann gleich wieder hinauf. Da wird geflogen, was die Thermik hergibt und der Himmel über dem Ort ist voller bunter Schirme.

Partnerstadt Altensteig, unser Wohnort.

Gleitschirmflieger im Landeanflug.

Wer gern die Wanderschuhe schnürt, für den gibt es einige Wege vom Wanderparkplatz vor ARC 2000 (**GPS:** N45°34'54.7" E6°49'58.0"). Wenn Sie von dort den Hang hochgehen (rund 2,5 Kilometer, 300 Meter Höhenunterschied), dann haben Sie oben angekommen, die Qual der Wahl bei der Auswahl des weiteren Weges. Ein wenig störend sind die vielen Liftanlagen.

Wenn Sie noch höher hinaus möchten, fahren Sie mit der Seilbahn (13,50 € hin- und zurück) auf den 3227 Meter hohen **Aiguille Rouge**. Die Seilbahnstation haben Sie bereits im Blick, wenn Sie den Wanderweg vom Parkplatz hoch gekommen sind. Denken Sie dran eine Jacke mitzunehmen, der Berg trägt stets eine weiße Kappe, d.h. es ist frisch hier oben.

Wenn Sie wieder unten angekommen sind wäre es ja schön, man könnte auf dem Wanderparkplatz übernachten. Das wird leider nicht gestattet. Hier wird man zum örtlichen Campingplatz an der Rue des Arcs komplimentiert **[179: N45°37'21.1" E6°47'04.9"]**, schräg gegenüber vom Hypermarché SuperU.

Wem das nicht gefällt, der fährt gleich weiter zum nächsten Platz. Der liegt auch noch auf der Gemarkung von BOURG-SAINT-MAURICE, ist aber ganz schön weit weg. Auch wenn er im Sommer gut besucht ist, wirkt das nicht störend. Der Platz hat einen ganz besonderen Charme. Um dahin zu kommen muss man 15 Kilometer über die **Route des Grandes Alpes** weiterfahren. Es geht jetzt ganz schön hoch und streckenweise muss man am Lenkrad wieder kräftig arbeiten, um die 750 Meter Höhenunterschied zu bewältigen.

(180) Offizieller WOMO-Wanderparkplatz: Les Chapieux
GPS: N45°41'46.2" E6°44'04.9"; 73700 Bourg-Saint-Maurice.

max. Womos: >5, maximale Länge 10 m
Ausstattung: Befestigter Platz, geöffnet von Jan. – Dez.
Lage: Am Torrent des Glaciers, nachts absolut ruhig.
Preise: Gebührenfrei.
Zufahrt: Über eine Nebenstraße die von der D925 Bourg-St-Maurice – Beaufort abzweigt.

Es ist eine kunterbunte Mischung, die sich hier ein Stelldichein gibt. Da sind die Motorradfahrer, die sich ein Bier im schattigen Garten der **Auberge Refuge Nova** gönnen und in einem der Gästezimmer übernachten, um für den nächsten Tag wieder fit zu sein. Da sind die Radler, drahtige Kerle und Frauen, die sich auf eine Dusche in der Auberge freuen. Da sind die Kletterer und Bergsteiger, braungebrannt und durchtrainiert, die vor Ihren kleinen Zelten hocken und ihre Ausrüstung für die Tour des nächsten Tages überprüfen. Und da stehen verstreut auf dem sehr großen Gelände die WOMOs, vom Camper bis zum Luxusgefährt ist alles dabei.

Der **Mont Blanc** ist nicht mehr weit entfernt, nur 18 Kilometer Luftlinie. Sehen kann man ihn von hier aus allerdings

Der 2892 Meter hohe Têtes des Bellaval.

nicht. Andere hohe Berge wie der **Aiguille des Glaciers** versperren die Sicht.

Wandermöglichkeiten sind hier nahezu unbegrenzt. Die einen lassen sich mit der Navette, dem Shuttle-Bus tief ins Tal hineinfahren und gehen den Wanderweg entlang des **Torrent des Glaciers** zur Auberge zurück. Das ist die einfachste Variante. Für die 5 Kilometer bei 300 Meter Gefälle benötigt man nicht viel mehr als eine Stunde. Die schwerste Variante ist die **TMB**, die **Tour de Mont Blanc**. Eine Wanderung von Hutte zu Hütte, einmal um den **Mont Blanc** herum. Das sind ungefähr 170 Kilometer, für die man je nach Kondition 11 bis 14 Tage braucht. Zwischen der kleinen Tour und dieser Gewalttour gibt es zahllose andere Möglichkeiten, die man sich am Besten vor Ort aussuchen kann.

Auberge Refuge Nova in Les Chapieux.

Cormet de Roselend, eine große Alm.

Blick vom Roche Parstire auf den Lac de Roselend.

Über den **Cormet de Roselend**, der sich als eine große breite Bergweide präsentiert, geht es weiter zum 320 ha großen Stausee **Lac de Roselend**. Bis zur Abzweigung nach **Arêches/Barrage de Roselend** sind es rund 13 Kilometer.

(181) WOMO-Wanderparkplätze: Col du Pré/Roselend

GPS: N45°41'25.1" E6°35'52.8", **max. Womos:** 2 pro Platz, maximale Länge 7 m

Ausstattung: Befestigte Plätze, geöffnet von Mai. – Okt.

Lagen: 1. Nach 600 Metern scharf links abbiegen, ein Platz direkt am See. **2.** Vor der Staumauer auf dem Platz mit einer Aussichtsplattform und Orientierungstafeln. Vor der Staumauer gibt es dorthin eine Auffahrt. **3.** Hinter der Staumauer direkt am See. **4.** An der schmalen Straße die zum Pass hochführt (die Kurven nach oben sind eng!). **5.** Der Pass zwischen Arêches und dem Lac de Roselend. Alle sind des Nachts absolut ruhig. Die Pass-Straße wird bei Dunkelheit kaum befahren.

Preise: Gebührenfrei.

Zufahrt: Über eine Nebenstraße die von der D925 Bourg St-Maurice – Beaufort abzweigt.

Hier fahren wir von der D925 ab und fahren in Richtung Staumauer. Eine ganze Reihe von Parkmöglichkeiten stehen zu Wahl, an denen Sie vorbeikommen, wenn Sie die GPS-Koordinaten eingegeben haben (siehe Kasten links). Die Koordinaten markieren den letzten Platz in dieser Reihe.

Eine Wanderung auf den 2108 Meter hohen **Roche Parstire** bietet wunderbare Blicke auf den **Lac de Roselend** und den **Mont Blanc**. Je nachdem, wo Sie ihren Platz gefunden

Blick vom Roche Parstire auf den Mont Blanc.

haben, gehen Sie dazu zwischen 2,5 und 5 Kilometer bei Höhenunterschieden zwischen 350 und 500 Metern. Die Wege sind gut ausgeschildert, die Feldwege auch mit dem MTB befahrbar. Es ist ein beliebtes Wandergebiet. Bewirtschaftete und gut besuchte Hütten zwischen dem **Col du Pré** und dem **Lac de Roselend** weisen darauf hin.

Bis nach ARÊCHES unserem nächsten Ziel sind es nur 6 Kilometer, eigentlich. Nur die Beschilderung am **Col du Pré** weist eindeutig darauf hin, dass eine Abfahrt mit Wohnmobilen zu diesem Ort nicht gestattet ist! So bleibt uns nichts anderes übrig als über den Staudamm zurückzufahren und auf die D925 über BEAUFORT nach ARÊCHES zu gelangen. Das sind rund 20 Kilometer.

Nach so vielen Wanderungen und Aufenthalten ist es mal wieder an der Zeit Frischwasser zu bunkern und die Entsorgungsaufgaben zu erledigen. Da bietet sich dieser Platz an.

(182) Offizieller WOMO-Stellplatz: Arêches

GPS: N45°41'02.8" E6°33'46.5"; 73270 Beaufort-Arêches
max. Womos: >10, maximale Länge > 10 m
Ausstattung: Asphaltierter Platz mit Wasserver- und Abwasserentsorgung (mit Bodeneinlass), Kassettenentleerung, Behälter für die Müllentsorgung, geöffnet von Jan. – Dez. Die Versorgungseinrichtung befindet sich in einem Häuschen an der linken Seite gleich nach der Stellplatzeinfahrt.

Lage: Ortsrand, oberhalb des Flüsschens Le Bon Nant, nachts relativ ruhig.
Preise: Gebührenfrei, Frischwasser 2,00 €, Abwasserentsorgung kostenlos.
Zufahrt: Auf der D218A am Ortsausgang hinter den Tennisplätzen.

Für die Übernachtung ist der Platz am **Lac de Saint-Guérin** natürlich schöner. Hier haben Sie, wenn die Wandertouristen mit den PKW am Abend den Ort verlassen haben, den Blick

(183) WOMO-Wanderparkplatz: Lac de Saint-Guérin

GPS: N45°39'04.7" E6°34'53.7"; D218D 73270 Beaufort-Arêches

max. Womos: 2, maximale Länge 7 m
Ausstattung: Befestigter Platz, geöffnet von Jan. – Dez.
Lage: Oberhalb der Staumauer vom Lac de Saint-Guérin mit Panoramablick über den See und in die Bergwelt, nachts absolut ruhig.
Preise: Gebührenfrei.
Zufahrt: Über die D218D bis zum Lac de Saint-Guérin fahren.

Blick vom Wanderparkplatz auf den Lac de Saint-Guérin.

auf den Stausee und die Berglandschaft fast für sich allein. Da können Sie am nächsten Tag ausgeruht starten und die in den Sommermonaten bewirtschaftete **Refuge de la Coire** in einer 2-stündigen Wanderung erreichen. Der Weg ist etwas über 6 Kilometer lang. Höhenunterschied 490 Meter (Parkplatz 1562 m, Hütte 2052m).

Die Strecke ist auch mit dem MTB zu befahren (abweichend vom Wanderweg), sie ist etwas länger und folgt dem Wirtschaftsweg, der zur Hütte hinaufführt. Details zur Hütte finden Sie hier https://lacoire.weebly.com/.

Nach all den Wanderungen bietet der nächste Ort eine willkommene Abwechslung. Wir fahren nach BEAUFORT dem Zentrum des **Beaufortain,** wie dieser Landstrich zwischen dem **Cormet de Roselend** und ALBERTVILLE genannt wird. Wenn Sie den Ortsnamen mit Käse in Verbindung bringen, dann liegen Sie absolut richtig. Hier ist das Zentrum der Käseproduktion des **Beaufort**, der ein **AOC** (Appellation d'Origine Contrôlée) im Namen trägt, die geschützte Herkunftsbe-

Das Rathaus von Beaufort.

Schön herausgeputzt, der Käseort Beaufort.

zeichnung für ein Qualitätsprodukt made in France. Der Käse wird in einer Kooperative hergestellt, die Sie besichtigen können. Die **Coopérative Laitière du Beaufortain** finden Sie 350 Meter vom Stellplatz entfernt in Richtung Ortsmitte auf der linken Seite. Virtuell können Sie hier schauen, ob sich ein Besuch für Sie lohnt https://www.cooperative-de-beaufort.com/. In den Sommermonaten ist die Käserei durchgehend von 8.00 - 19.00 Uhr geöffnet.

Innenraum der Église Saint-Maxime.

Im alten Ortskern von BEAUFORT stehen die Häuser dicht gedrängt um die große **Église Saint-Maxime,** die typisch ist für die savoyische Architektur. Die verwinkelten Gassen laden zu einem kleinen Bummel ein, der nicht viel Zeit in Anspruch nimmt.

Mehr Zeit benötigen Sie, wenn Sie sich z.B. im Restaurant des Hotels Grand Mont mit Spezialitäten aus der Region verwöhnen lassen möchten. Natürlich geht es hier nicht ohne Käse. Bei einem **Fondue savoyarde**, einem **Tartiflette savoyarde** (Kartoffel-Käsegericht, deftig!) oder einem **Croziflette** (Nudel-Käsege-

(184) Offizieller WOMO-Stellplatz: Beaufort
GPS: N45°43'10.8" E6°34'09.1", 6174 Avenue des Sports, 73270 Beaufort.
max. Womos: > 10, maximale Länge > 10 m
Ausstattung: Befestigter Platz mit Wasserver- und Abwasserentsorgung (mit Bodeneinlass), Kassettenentleerung, Behälter für die Müllentsorgung, geöffnet von Juni – Sept.
Lage: Ortsrand, laut.
Preise: Taxe de Sejour (Kurtaxe), 0,22€ p.P. pro Tag.
Zufahrt: Direkt an der D925, Ortsausgang auf der linken Seite.

richt, ebenso deftig!) lässt sich das nächste Reiseziel doch genussvoll besprechen, wo doch die Reisekasse durch Stellplatzgebühren nicht belastet wird. Nur 22 Cent Kurtaxe pro Tag und pro Person fallen an, das ist sehr wenig.

Wir fahren die **Route des Grandes Alpes** weiter, weichen aber bald von der offiziellen Routenführung ab und verlassen die D925 an dieser Einmündung (**GPS:** N45°43'34.7" E6°31'52.4") und fahren das schmale Sträßchen nach VILLARD-SUR-DORON hoch. Die Ortsdurchfahrt ist auf einer Strecke von ca. 150 Metern sehr eng. Da kommen keine zwei Fahrzeuge aneinander vorbei. Das ist dann aber auch schon die einzige problematische Stelle auf dieser Strecke hoch zum **Signal de Bisanne**. Bisanne 1500 und les Saisies ist am Ortsausgang ausgeschildert und dieser Beschilderung folgen wir auf der D123 und schrauben uns Kurve um Kurve die Serpentinen hoch. An BISANNE 1500 fahren wir vorbei bis zu diesem Punkt (**GPS:** N45°44'46.1" E6°31'40.0") und stellen das WOMO vor der Abzweigung zum **Signal de Bisanne** ab. Theoretisch kann man weiterfahren. Weiter oben gibt es noch einen kleinen Parkplatz. Aber wenn der voll ist, wird es kompliziert, denn für ein Wendemanöver ist das alles zu eng. Wir empfehlen daher, die 2 Kilometer

Villard-sur-Doron.

Signal de Bisanne, Aussichtspunkt mit Panoramarestaurant.

bis zu dem Aussichtspunkt (1939m) zu gehen (Höhenunterschied 250 Meter).

Die Sicht ringsum ist bei gutem Wetter einfach grandios. Im Norden sieht man die **Chaîne des Aravis**, im Nordosten den oft umwölkten **Mont Blanc,** im Süden das **Beaufortain**, so wie auf dem Bild oben. Für Gleitschirmflie-

(185) Offizieller WOMO-Stellplatz: Le Grand Tetras

GPS: N45°44'51.6" E6°32'05.6";
1634 Route du Mont Bisanne, 73620 Villard-sur-Doron.
max. Womos: 50, maximale Länge > 10 m.
Ausstattung: Befestigter Platz mit Stromanschlüssen für alle Fahrzeuge, geöffnet von Jan. – Dez. Wasserversorgung und Abwasserentsorgung vor der Anlage frei zugänglich. System Flot Bleu mit Münzeinwurf.

Lage: Am Ende der D309A.
Preise: 16,00 € pro Tag, nur zahlbar mit EC-Karte und PIN.
Zufahrt: Von Villard-sur-Doron kommend der D123 folgen und an der Abzweigung zum Signal de Bisanne vorbeifahren. Nach 700 Metern scharf links abfahren.

Blick zurück vom Signal de Bisanne. Auf der rechten Seite ist das Tal mit Arêche erkennbar.Der Lac de Saint-Guérin versteckt sich hinter den Bergen. Das macht auch der Lac de Roselend im Tal auf der linken Seite. Hinter der hohen Gebirgskette befindet sich Bourg-Saint-Maurice.Das quer verlaufende Tal im Vordergrund ist Teil des Beaufortain.

ger ist das hier ein Paradies. Ein Schwarm bunter Schirme kreist den Hang hinunter und entschwindet irgendwann aus dem Blick je weiter er sich dem Tal nähert. Die bunten Almwiesen dienen den **Tarentaiserindern** als Futterquelle. Wenn das die auf Hochleistung getrimmten

Weideglück mit Blick auf den Mont Blanc.

(186) Offizieller WOMO-Stellplatz: Col des Saisies

GPS: N45°45'44.4" E6°32'01.4"; Route des Crêtes, 73620 Hauteluce.
max. Womos: >10, maximale Länge > 10 m.
Ausstattung: Asphaltierter Platz mit Wasserver- und Abwasserentsorgung (mit Bodeneinlass), Kassettenentleerung, Behälter für die Müllentsorgung, geöffnet von Jan. – Dez.
Lage: Ortsrand, am Col des Saisies 1650 m Höhe, nachts relativ ruhig.
Preise: 8,00 € pro Fahrzeug mit 2 Personen, Frischwasser 2,00 €, Abwasserentsorgung kostenlos, max. Aufenthaltsdauer 7 Tage.
Zufahrt: Über die D218B nach Ortsende von Les Saisies rechts.

Tourismus pur, Les Saisies.

entfernten Verwandten in den Ställen Norddeutschlands wüssten, würden sie vermutlich vor Neid ihre schwarzen Flecken verlieren.

Trotz der auf den ersten Blick romantisch anmutenden Weidewirtschaft wird spürbar, dass wir uns nunmehr in eine Region begeben haben, wo der Sommer- und der Wintertourismus ein entscheidender Wirtschaftsfaktor ist. Das wird in den Angeboten deutlich wenn Sie z.B. hier schauen, was für diese kleine Region zwischen LES SAISIES und dem **Signal de Bisanne** alles angeboten wird https://www.lessaisies.com/. Das ist schon alles stärker durchorganisiert, da stehen auch die WOMOs in Reih und Glied, wie auf dem Stellplatz auf dem **Col des Saisies** zu sehen ist.

An diesem Kreisverkehr geht es hoch zum Wanderparkplatz Côte 2000.

Wer sich sportlich austoben will, findet hier wie auch in MEGÈVE, den nächsten Ort den wir anfahren werden, mehr als genug Möglichkeiten. Sei es mit langen Wanderungen oder auf den VTT-Strecken. Bei den Wanderungen kann man fast sicher sein in dieser Region, eine oder auch mehrere Einkehrmöglichkeiten auf einer Strecke zu finden. Diese haben umfassendere Angebote auf der Speisekarte, als wir das von den Hütten bislang gewohnt waren. Das ist dann eher ein lukullisches Wandern, wenn wir es mal flapsig ausdrücken dürfen. Ein Angebot, das offensichtlich gern angenommen wird.

Hütte auf dem Weg nach Rochebrune.

Eine Wanderung dieser Art können Sie z.B. von diesem Wanderparkplatz aus starten.

(187) WOMO-Wanderparkplatz: Côte 2000

GPS: N45°49'05.6" E6°39'09.5", 3461 Route de la Côté 2000, 74120 Megève.
max. Womos: > 5, maximale Länge > 10 m.
Ausstattung: Asphaltierter Platz, geöffnet von Jan. – Dez.
Lage: Am Ende der D309A, nachts sehr ruhig.
Preise: Gebührenfrei.
Zufahrt: In Megève zunächst den Hinweisschildern zum Mont d'Arbois folgen. Nachdem die Seilbahnstation zum Mont d'Arbois erreicht ist, auf der D309A bis zum Ende weiterfahren.

Am Ende des Platzes führt ein geschotterter Wirtschaftsweg hinauf. Folgen Sie der Wegweisung nach **Rochebrune**. Auf den nächsten 7 Kilometern finden Sie 5 bewirtschaftete Hütten, unterschiedlicher Qualität. In alle können Sie gar nicht einkehren, soviel Kalorien verbrennen Sie nicht auf diesem Weg mit 300 Metern Höhenunterschied. Beim Kalorienverbrauch hilft die schöne Aussicht auch nicht, die man auf diesem Weg zweifellos hat. Sie haben immer ein wunderbares Panorama auf die Bergwelt von MEGÈVE vor Augen und auf das Bergmassiv mit dem 2480 Meter hohen **Grandes Plati-**

ères, den wir in der Tour 1 bereits besucht haben. Um den **Mont Blanc** zu sehen, werden Sie den Weg bis zum Ende nach **Rochebrune** gehen müssen.

Auf der Fahrt zu dem Stellplatz werden Sie den Flugplatz bemerkt haben, der sich hier oben befindet. Wenn es Sie reizt einen **Rundflug** um das **Mont Blanc-Massiv** zu machen, hier können Sie starten http://megeve.com/noesit/!/fiche/altiport-113748/.

Wir fahren weiter und besuchen nach langer Zeit mal wieder einen Stellplatz aus der Kategorie "nicht schön aber praktisch".

(188) Offizieller WOMO-Picknickplatz: Megève

GPS: N45°52'17.6" E6°37'50.5", 271 Route de Sallanches, 74120 Megève.
max. Womos: 2, maximale Länge > 10 m.
Ausstattung: Asphaltierter Platz mit Wasserver- und Abwasserentsorgung (mit Bodeneinlass), Kassettenentleerung, Stromversorgung, Behälter für die Müllentsorgung, geöffnet von Jan. – Dez.
Lage: Ortsrand, neben einer Tankstelle des Supermarktes "Casino". Zum übernachten nicht gut geeignet. Zum Ent- und Versorgen, Einkaufen und Tanken ist diese Station praktisch.

Preise: Gebührenfrei, Frischwasser 2,00 €, Stromanschluss 2,00 €, Abwasserentsorgung kostenlos, Bezahlung mit Euroscheckkarte.
Zufahrt: Am Ortsausgang von Megève (D1212) im Kreisverkehr die erste Ausfahrt nehmen.

Von MEGÈVE nach SAINT-GERVAIS-LES-BAINS sind es nur 9 Kilometer. Der Stellplatz ist leicht zu finden, wenn man im ersten Kreisverkehr des Ortes die erste Ausfahrt nimmt.

(189) WOMO-Stellplatz: Saint-Gervais-les-Bains

GPS: N45°53'16.9" E6°42'46.6";
162 Impasse de la Cascade, 74170 Saint-Gervais-les-Bains.
max. Womos: >10, maximale Länge > 10 m.
Ausstattung: Asphaltierter Platz mit Wasserver- und Abwasserentsorgung (mit Bodeneinlass), Kassettenentleerung, 2 Stromanschlüsse an der Versorgungssäule, Behälter für die Müllentsorgung, geöffnet von Jan. – Dez.
Lage: Ortsrand, oberhalb des Flüsschens Le Bon Nant, nachts relativ ruhig.

Preise: Gebührenfrei, Frischwasser 2,00 €, Stromanschluss 2,00 €, Abwasserentsorgung kostenlos, max. Aufenthaltsdauer 24 h. Bezahlt wird mit Jetons, die es im Office de Tourisme 500 Meter vom Stellplatz in der Ortsmitte zu kaufen gibt.
Zufahrt: Von der Avenue du Mont d'Arbois (D909) hinter der fahnengeschmückten Brücke über den Bon Nant rechts abbiegen.

Bäderarchitektur des 19. Jahrhunderts in Saint-Gervais-les-Bains.

Mit der Entdeckung einer Thermalquelle im Jahr 1806 begann die Geschichte des Thermalbads. Das Thermalwasser tritt unterhalb des Ortskerns in der Schlucht des **Bon Nant** mit einer konstanten Temperatur von 32°C aus. Die Kureinrichtungen befinden sich im Ortsteil LE FAYET, am Ende der Schlucht des **Bon Nant**. Ein kleiner Kurpark mit einem reizvollen Wasserfall umgibt das Kurzentrum. Behandelt werden hier in erster Linie Erkrankungen der Haut und der oberen Atemwege. Erst in 2011 wurde begonnen mit neuen Gebäuden die Anlage auch für Wellness-Angebote einzurichten. Eine Übersicht zu den Angeboten finden Sie hier http://www.thermes-saint-gervais.com/bains-du-mont-blanc.

Die meisten Gäste kommen allerdings nicht wegen den Kureinrichtungen nach SAINT-GERVAIS-LES-BAINS, son-

Im Zentrum von Saint-Gervais-les-Bains.

Tramway du Mont Blanc.

dern um mit der **Tramway du Montblanc** zum **Glacier de Bionassay** zu fahren. Das ist zweifellos eine attraktive Angelegenheit. Ist man oben angekommen, benötigt man von der Bergstation **le Nid d'Aigle** zu Fuß etwas mehr als eine halbe Stunde bis zum Gletscher.

Eine weitere Attraktion ist eine Fahrt mit der Seilbahn auf den 1833 Meter hohen **Mont d'Arbois**, von dem man einen wunderbaren Blick auf den **Mont Blanc** hat.

Den hat man auch von PLAINE-JOUX einer Bergstation auf der anderen Seite des Tales. Hier kann man den Blick auf das **Mont Blanc-Massiv** genießen ohne das WOMO verlassen zu müssen. Um dorthin zu kommen fahren wir 21 Kilometer über LE FAYET in das **Becken von Sallanches** hinunter und über PASSY wieder hinauf.

(190) Offizieller WOMO-Wanderparkplatz: Plaine Joux

GPS: N45°57'04.7" E6°44'20.0", 321 Chemin d. Parchets, 74480 Passy.
max. Womos: > 10, maximale Länge 10 m.
Ausstattung: Asphaltierter Platz mit Wasserver- und Abwasserentsorgung (mit Bodeneinlass), Kassettenentleerung, Stromversorgung, Behälter für die Müllentsorgung, Dusche, WC, geöffnet von Jan. – Dez.

Lage: Außerhalb am Waldrand, nachts absolut ruhig.
Preise: 11,00 € pro Fahrzeug mit 2 Personen, Frischwasser 2,00 €, Stromanschluss 2,00 €, Abwasserentsorgung kostenlos.
Zufahrt: Von Passy der D43 bis zum Ende folgen.

Nun hat man nicht immer das Glück den höchsten Berg Europas in seiner vollen Pracht zu sehen. An manchen Tagen wollen sich die Wolken um ihn herum einfach nicht auflösen.

Mont Blanc in Wolken verpackt.

So richtet sich der Blick auf das Naturschutzgebiet **Réserve naturelle de Passy**, an dem dieser Stellplatz grenzt. Vom Wald bis zu den alpinen Wiesen ist die Fauna hier sehr vielfältig. Auerhähne, Gämsen, Steinböcke, Murmeltiere, Felsenschneehühner, Birkhühner sind hier beheimatet. Mit etwas Glück kann man Bartgeier, Steinadler und Mauerläufer beobachten.

Wenn Sie von dem oberen Bild auf das untere schauen, so trennen diese beiden Bilder (vom selben Ort aufgenommen) ca. 16 Kilometer in der Luftlinie und mehr als 4000 Meter in der Höhe. In ein Bild kann man diesen gewaltigen Höhenunterschied nicht packen. Hier muss man einfach am Hang in PLAINE-JOUX stehen und den Blick schweifen lassen. Das

Blick in das Becken von Sallanches.

Becken von Sallanches liegt ungefähr auf 560-570 Metern Höhe, der **Mont Blanc** ist bekanntlich 4810 Meter hoch. Diesen gewaltigen Höhenunterschied haben die mit der Verkehrsinfrastruktur beauftragten Bauingenieure vor große Herausforderungen gestellt. Um dem wachsenden Verkehrsaufkommen gerecht zu werden, wurde Ende der 70er Jahre der **Viaduc des Égratz** gebaut, eine kühne Konstruktion auf hohen Pfeilern, über die der Verkehr nach CHAMONIX geleitet wird.

Weiter geht es. Wir fahren wieder hinunter in das **Becken von Sallanches**. In PASSY nehmen wir am ersten Kreisverkehr die Ausfahrt auf die D13 und folgen den Hinweisschildern nach CHAMONIX, bis wir auf die N205 treffen. Hier fahren wir auf die Schnellstraße in Richtung CHAMONIX und auf der nächsten Abfahrt nach dem Tunnel auch gleich wieder ab.

(191) Offizieller WOMO-Wanderparkplatz: Lac des Chavants

GPS: N45°53'45.0" E6°46'52.7", 124 Allée des Diligences, 74310 Les Houches.

max. Womos: >10, maximale Länge > 10 m.
Ausstattung: Befestigter Platz ohne Versorgungseinrichtungen, geöffnet von Jan. – Dez.
Lage: Ortsrand, an dem kleinen Lac des Chavants, Mont Blanc in Sichtweite, nachts ruhig.
Preise: Gebührenfrei.
Zufahrt: Nach der Abfahrt von der N205 bis zur Seilbahnstation vorfahren, rechts abbiegen und der Straße bis zu einem Kreisverkehr folgen. Hier die zweite Ausfahrt nehmen, dann ist der Platz schon sichtbar.

Der Spazierweg um den See herum ist nicht lang (rund 500 Meter). Baden können Sie hier nicht, der See ist ein reines Fischgewässer.

Die Seilbahnstation der **Télécabine de Bellevue** ist zu Fuß einen Kilometer entfernt. Sie sind auf der Fahrt zu diesem Platz bereits daran vorbei gefahren. Die Seilbahn führt hinauf zur Station Gare de Bellevue, hier haben Sie Anschluss an die Zahnradbahn **Tramway du Montblanc** und können damit zum **Glacier de Bionassay** gelangen. Für eine Wanderung zu dem Gletscher müssen Sie für einen Weg sicher mit mindestens zwei Stunden rechnen (5 km, Höhenunterschied 700 Meter), da ist die Zahnradbahn schon bequemer. Zum **Prarion**, der eine schöne Aussicht in das **Becken von Sallanches** und auf den **Mont Blanc** bietet, sind es drei Kilometer. Hier wandern Sie bis zur **Gare du Col de Voza** entlang der Zahnradbahn und haben von dort noch einen Anstieg von rund

Lac des Chavants in Les Houches, im Hintergrund der Mont Blanc.

300 Metern zu bewältigen. Mit der Seilbahn können Sie hier wieder hinunterfahren und kommen praktisch am Stellplatz wieder an. Auf der Karte der folgenden Seite können Sie diese Wege sicher gut nachvollziehen.

Wer einen Stellplatz mit eigenem Stromanschluss benötigt, der ist auf der folgenden, nicht gerade billigen Anlage gut aufgehoben. Die Wasserver- und Abwasserentsorgung befindet sich außerhalb des Platzes und kann angefahren werden, ohne die Stellplatzgebühren zahlen zu müssen. Sie ist allerdings kostenpflichtig.

(192) Offizieller WOMO-Stellplatz: Aire de Camping Car Mont Blanc

GPS: N45°53′27.2" E6°49′06.5", 788 Route du Pont, 74310 Les Houches.
max. Womos: 22, maximale Länge > 10 m
Ausstattung: Asphaltierter Platz mit Wasserver- und Abwasserentsorgung (mit Bodeneinlass), Kassettenentleerung, Stromversorgung, Behälter für die Müllentsorgung, Wifi, geöffnet von April – November.
Lage: Ortsrand, nachts absolut ruhig.
Preise: 15,00 € pro Fahrzeug mit 2 Personen, Frischwasser, Stromanschluss, und Abwasserentsorgung kostenlos. Bezahlung nur mit EC-Karte und PIN.
Zufahrt: Von der D432 (Ortsdurchfahrt Les Houches) kurz vor Ortsende rechts in die Route du Pont abbiegen und bis zum Ende durchfahren.

Kommen wir nun zum letzten Punkt unserer Reise. Er ist Abschluss und Höhepunkt zugleich, denn an keinem Punkt unserer langen Reise durch die französischen Alpen sind wir je so hoch hinausgelangt wie hier in CHAMONIX-MONT-BLANC.

Chamonix-Mont-Blanc

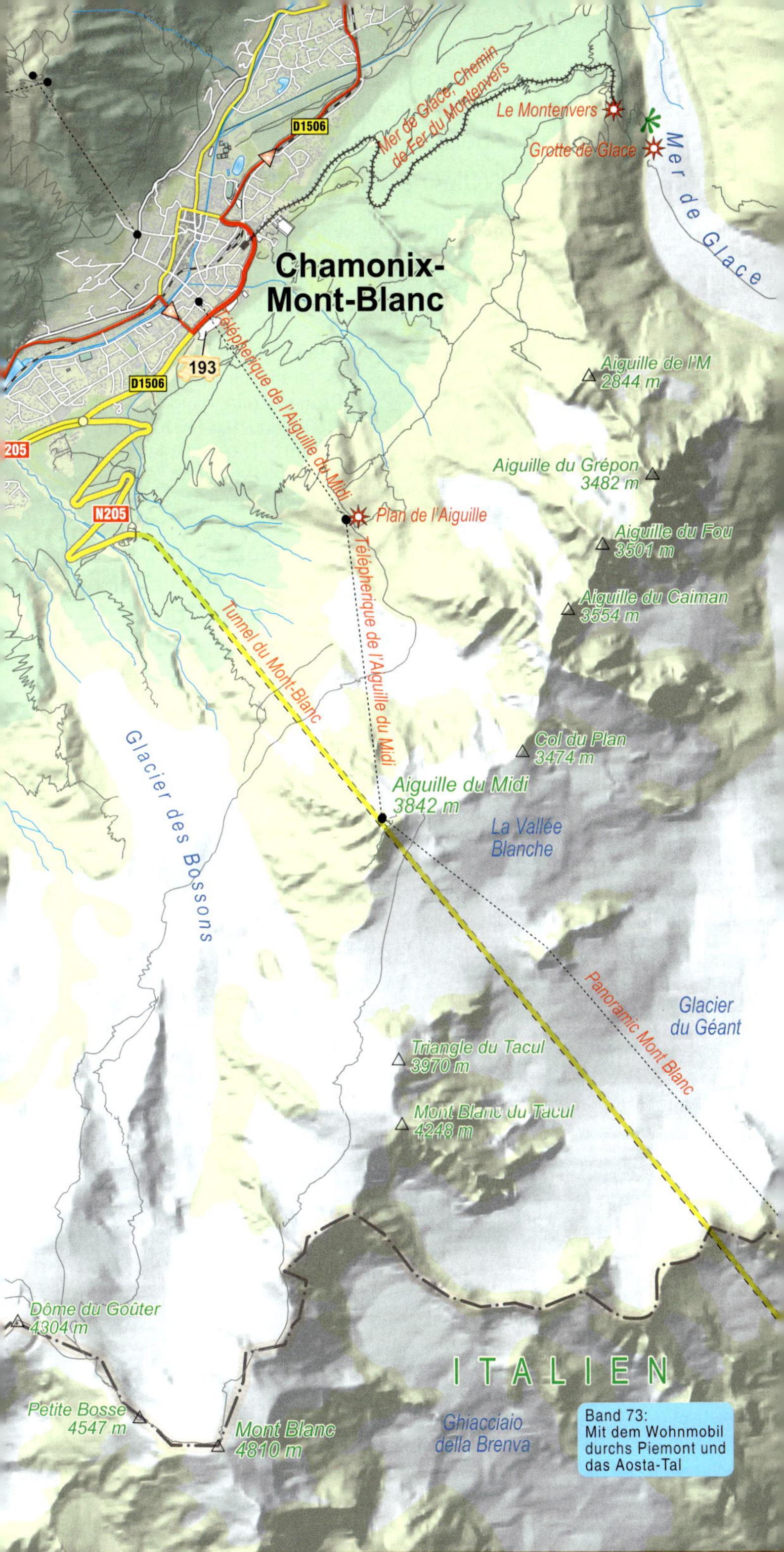
Le Montenvers
Grotte de Glace
Mer de Glace, Chemin de Fer du Montenvers
Mer de Glace
D1506
Chamonix-Mont-Blanc
193
D1506
205
N205
Téléphérique de l'Aiguille du Midi
Aiguille de l'M 2844 m
Aiguille du Grépon 3482 m
Plan de l'Aiguille
Aiguille du Fou 3501 m
Aiguille du Caiman 3554 m
Tunnel du Mont-Blanc
Téléphérique de l'Aiguille du Midi
Glacier des Bossons
Col du Plan 3474 m
Aiguille du Midi 3842 m
La Vallée Blanche
Panoramic Mont Blanc
Glacier du Géant
Triangle du Tacul 3970 m
Mont Blanc du Tacul 4248 m
Dôme du Goûter 4304 m
ITALIEN
Petite Bosse 4547 m
Mont Blanc 4810 m
Ghiacciaio della Brenva
Band 73: Mit dem Wohnmobil durchs Piemont und das Aosta-Tal

Den Stellplatz zu finden ist nicht schwer. Von LES HOUCHES sind es rund 6 Kilometer, bis der Parkplatz in unmittelbarer Nähe der Seilbahnstation erreicht ist.

(193) Offizieller WOMO-Stellplatz: Parking Grépon
GPS: N45°54′57.4" E6°52'11.2",
200 Chemin À Batioret, 74400 Chamonix-Mont-Blanc.

max. Womos: >10, maximale Länge > 10 m.
Ausstattung: Asphaltierter Platz, WC, geöffnet von Jan. – Dez.
Lage: Ortsrand, nicht ruhig, 400 Meter bis zur Seilbahnstation.
Preise: Zeitabhängig zwischen 8,50 € und 14,00 € für 24h.
Zufahrt: Der Parkplatz ist mit einem blauen P und "Aiguille du Midi" ausgeschildert.

Seilbahnstation und Innenstadt liegen sehr dicht beieinander, das ist alles bequem vom Parkplatz zu Fuß zu erreichen. Die Hauptachse der Fußgängerzone ist die **Rue du Dr. Paccard**. Hier finden Sie eine große Auswahl an Restaurants, Cafés und Souvenirshops. Es ist viel los in den Sommermonaten im größten und bekanntesten Skiort Frankreichs.

Straßenmusiker haben ihre Hüte vor sich hingelegt und zwischen Panflöte und Gitarrenmusik hört man die unterschiedlichsten Klänge. Die Besucher strömen durch die Gassen, das kann man gar nicht anders nennen. Außerhalb dieser relativ kleinen Innenstadt befinden sich die Hotels und große hotelartige Gebäude mit Ferienwohnungen, die hauptsäch-

Vom Café "La Terrasse" hat man einen schönen Blick auf den Glacier des Bossons und den Mont Blanc..

lich im Juli und August und natürlich zur Skisaison im Winter belegt sind.

Das beliebteste Café scheint das **"La Terrasse"** zu sein. Im Jugendstil-Ambiente hat man durch die großen Fenster einen schönen Blick auf den **Mont Blanc**, bei angenehmen Temperaturen auch von der Terrasse.

Statue d'Horace-Bénédict de Saussure mit Jacques Balmat

Man schaut dabei über die Köpfe von **Horace-Bénédict de Saussure** und **Jacques Balmat** hinweg. **Saussure** gilt als Vater der modernen Alpenforschung und ist einer der Wegbereiter des Alpinismus. **Balmat** bestieg zusammen mit dem Arzt **Michel-Gabriel Paccard** am 8. August 1786 als Erster den **Mont Blanc**.

Balmat zeigt uns den Weg auf den **Mont Blanc**, die Geste ist eindeutig. Nur werden wir nicht seinem Beispiel folgen und uns zu Fuß auf den Weg nach oben machen, wir nehmen die Seilbahn und fahren auch nur bis zum **Aiguille du Midi** auf 3842 Metern Höhe.

Kabine der Seilbahn auf den Aiguille du Midi. Im Hintergrund der Glacier des Bossons und der Mont Blanc.

Die Talstation der Seilbahn ist so groß wie ein Bahnhof. Vor den Ticketschaltern stehen die Fahrgäste in langen Schlangen und warten darauf die Fahrkarte zum Preis von 60,00 € lösen zu können. Wundern Sie sich nicht wenn Sie dazu auch noch eine Nummer in die Hand gedrückt bekommen. Die gilt für die Rückfahrt. Sie müssen oben solange warten, bis ihre Nummer auf einem Display eingeblendet wird, erst dann dürfen Sie wieder in eine Kabine und die Rückreise antreten. Das kann am späten Nachmittag dauern, wenn es oben sehr voll ist. Deshalb unser Tipp: Möglichst frühzeitig nach oben fahren. Noch ein Hinweis: Die Talstation befindet sich auf 1036 Metern Höhe, die Bergstation auf 3842 Metern Höhe. Das ist eine Differenz von 2806 Metern, die Sie innerhalb von 20 Minuten zurücklegen. Das macht nicht jeder Blutkreislauf mit, ohne eine Schwächereaktion zu zeigen. Wir haben oben ganz kräftige Kerle gesehen, die japsend und um Luft ringend auf den Ruhebänken lagen. Also Vorsicht bei Herz-Kreislaufschwäche! Kinder unter drei Jahren dürfen aus gesundheitlichen Gründen nicht hochfahren.

Von anderen Seilbahnen sind wir es gewohnt, vielleicht zwei oder drei Personen als Betreuungs- oder Bedienpersonal zu sehen. Hier hatten wir den Eindruck, es ist eine Hundertschaft am Werk. Man gelangt nach dem Ticketkauf sicher und schnell in den omnibusgroßen Kabinen nach oben auf die Zwischenstation **Plan de l'Aiguille** auf 2317 Metern Höhe

und nach einem Wechsel der Kabine geht es gleich weiter auf die Spitze in 3842 Metern Höhe. Wenn man oben nach draußen tritt, weiß man beim Schreiben nicht mehr, welchen Superlativ man denn noch verwenden könnte. Da reichen die sprachlichen Fertigkeiten einfach nicht mehr aus. Wir lassen die Bilder ein wenig sprechen. Über Treppen, Brücken und Aufzüge kann man die Spitze dieser Felsnadel erkunden. Mal fällt der Blick auf den **Mont Blanc**, mal ins Tal, mal sieht man wie sich langsamen Schrittes Bergsteiger den Gletscher hinaufbemühen und Schwupp kommt die nächste Wolke und man steht im Nebel. Mal steht man in der Wolke, mal ist die Wolke weiter unten, so wie auf dem Bild auf dieser Seite. Da ist vom Tal und von CHAMONIX plötzlich nichts mehr zu sehen.

In den Gebäuden wird in verschieden Räumen mit Schautafeln und Videos die Geschichte über den Bau der Seilbahn und die Geschichte rund um den Alpinismus und der Besteigung des **Mont Blancs** erzählt. Ein Restaurant versorgt die Gäste ganz unfranzösisch mit Burgern und anderem fastfood und wer ein Souvenir von diesem Berg mitbringen möchte, für den ist ein relativ großer Shop eingerichtet.

Die Spitze des Aiguille du Midi mit dem "Le Pas dans la Vide".

Im Glaskasten über dem Abgrund.

Da der Kick dieses Berges und die grandiose Aussicht von den Plattformen scheinbar nicht mehr ausreicht, um die gewünschten Besucherzahlen zu erreichen, hat man sich etwas Neues einfallen lassen. **Le Pas dans la Vide** heißt die neue Attraktion. Übersetzt heißt das soviel wie **Der Schritt in die Leere**.

Dahinter verbirgt sich ein Glaskasten, so groß wie eine Duschkabine, der an die Außenwand des Gebäudes der obersten Besucherplattform geschraubt wurde. Erstaunlich wie viele Besucher gern einmal auf dem Glasboden stehen möchten, um in die Tiefe zu blicken. Im Minutentakt geleitet höfliches Personal die Besucher zu dem Kasten, achtet darauf, dass die Filzschuhe angezogen und keine sperrigen Sachen wie ein Rucksack oder anderes mitgenommen werden. Alles was Kratzer verursachen könnte, muss draußen bleiben. Lange können Sie sich diesen Nervenkitzel nicht gönnen, denn der Besucherandrang ist groß (wir haben mehr als eine halbe Stunde gewartet). Sie werden schnell wieder hinaus gebeten und die nächsten sind an der Reihe. Maximal dürfen zwei Personen in den Glaskasten, der nicht zwangsläufig zum Nervenkitzel führt. Als wir uns entschlossen haben hochzugehen gab es strahlend blauen Himmel und als wir dann endlich dran waren, standen wir in einer Wolke wie die beiden Besucher vor uns.

Eine weitere Attraktion ist es mit der Seilbahn nach Italien hinüberzufahren. Vom **Aiguille du Midi** geht es über eine Distanz von 5 Kilometern freischwebend mit der

Bergsteiger auf dem Weg nach oben.

Die weiße Haube des Mont Blanc. Bei genauer Betrachtung ist eine Bergsteigergruppe oben auf der Höhe erkennbar.

Panoramic Mont Blanc in kleinen Gondeln zum 3462 Meter hohen **Pointe Helbronner** und von dort mit der **Funivie Monte Bianco** nach ENTREVES bei COURMAYEUR. Zum Cappuccino trinken nach Italien, warum nicht?

Wenn Sie wieder unten in CHAMONIX angekommen sind, werden Sie auf einer großen Tafel lesen **"Acces Montenvers**

Trainingsfelsen auf dem Aiguille du Midi.

10mn". Das ist der Hinweis auf die Zahnradbahn **Chemin de Fer du Montenvers**, die zum **Mer de Glace** führt.

Sie ist rund 5 Kilometer lang und führt auf den 1913 Meter hohen **Montenvers**. Sie überwindet dabei einen Höhenunterschied von 871 Metern. Mit der Bahn erreichen Sie einen Aussichtspunkt über dem **Mer de Glace**. An der Bergstation befinden sich ein Hotel und ein **Panoramarestaurant**. Eine kurze Seilbahn führt hinunter zur Gletscherzunge des **Mer de Glace**. Über Treppen geht es von der Talstation dieser Seilbahn weiter zum Gletscher. Dort befindet sich die **Grotte de Glace,** eine künstliche Grotte mit Eisskulpturen. Das **Panoramarestaurant** macht seinem Namen alle Ehre. Der Blick hinunter auf den Gletscher ist einmalig. Es gibt sicher günstigere Möglichkeiten Essen zu gehen, aber in dieser Form mit dieser Aussicht? Schwierig das zu Toppen. Dafür kosten die einfachsten Gerichte hier auch ein wenig mehr. Billig ist auch die Bahnfahrt nicht. Pro Person zahlen Sie (mit Seilbahnfahrt und Besuch der **Grotte de Glace**) 31,50€.

Wenn man alle Ausgaben für Seilbahnfahrten, Parkgebühren etc. addiert, kann man in CHAMONIX und Umgebung die Urlaubskasse um ein hübsches Sümmchen schmälern. Um es erträglicher zu machen, gibt es "Sparangebote" Kombitickets, die mehrere Bahnfahrten zu einem etwas günstigeren Preis anbieten. Informationen dazu bekommen Sie am Ticketschalter der Seilbahn zum **Aiguille du Midi**.

Erstaunlich, wie sich dieser Ort von einem Bergbauerndorf zu einem Touristenzentrum mit Weltruhm entwickelt hat. Im 18. Jahrhundert hatte man vor den Bergen und Gletschern noch Angst und sie wurden mystisch verklärt. Ein Begehen der Gletscher war mit der Furcht verbunden, nie wieder zurückkehren zu können. Die jüngere Geschichte und wagemutigen Menschen löste diese Furcht auf. Mit der Entwicklung des Tourismus durch wohlhabende Städter der Pariser Oberschicht wurden Anfang des 19. Jahrhunderts die ersten Luxushotels in CHAMONIX errichtet. War es zu Anfang noch sehr beschwerlich den Ort zu erreichen, brachte der Anschluss an das Eisenbahnnetz den Durchbruch für die weitere Entwicklung. Der Eisenbahnanschluss war ein entscheidendes Kriterium für die Vergabe der Olympischen Winterspiele nach CHAMONIX im Jahre 1924. Damit begann der Weltruhm dieses Wintersportortes, der auch heute noch sein touristisches Angebot stetig und beharrlich ausbaut. Mehr als wir hier beschreiben können, denn wir sind am Ende unserer Reise angelangt. Um die lange Heimfahrt gut ausgeruht antreten zu können, empfehlen wir Ihnen diesen Stellplatz zu nutzen.

(194) Offizieller WOMO-Wanderparkplatz: Les Grands Montets

GPS: N45°58'44.9" E6°55'32.0";
Chemin des Arberons, 74400 Chamonix-Mont-Blanc.
max. Womos: > 10, maximale Länge > 10 m
Ausstattung: Befestigter Platz ohne Versorgungseinrichtungen, geöffnet von Jan. – Dez.
Lage: Ortsrand, nachts absolut ruhig.
Preise: Gebührenfrei.
Zufahrt: Den Hinweisen zur Seilbahn "Les Grands Montets" folgen. Der Stellplatz liegt in unmittelbarer Nähe der Station.

Über den **Col de la Forclaz** (1527m), der bereits in der Schweiz liegt, geht es über MARTIGNY auf die Autobahn A9 in Richtung BERN. Von dort weiter zurück nach Deutschland.

Dem Abschiedsschmerz auf der Heimreise weicht die Vorfreude auf das traute Heim und nach ein paar Tagen Alltagstrott wächst die Vorfreude auf die nächste Reise.

Wir hoffen, dass Ihnen das Buch gefallen hat. Über eine Resonanz würden wir uns freuen. Kritik nehmen wir gern entgegen, Lob natürlich auch. In erster Linie legen wir aber auf eine ehrliche Reaktion wert. Schreiben Sie uns!

Baden/Wellness

Sich mit dem WOMO auf einen Stellplatz neben eine Therme zu stellen, wie wir dies in unserem Bayernbuch vielfach beschrieben haben, geht hier nicht. Es gibt nur wenige Wellnesstempel in dieser Region. Die meisten Kurbäder dienen in erster Linie der gesundheitlichen Vor- oder auch Nachsorge.

Die großen Badeseen in dieser Region sind in den Sommermonaten sehr stark frequentiert. Um hier einen Platz zu finden ist es gut, möglichst früh am See einzutreffen.

Es gibt darüber hinaus eine große Summe an Frei- und Hallenbädern auf die wir immer wieder hingewiesen haben, ohne jedoch dabei den Anspruch auf Vollständigkeit erheben zu wollen.

Campingplätze

Es gibt sehr viele Campingplätze in den Alpen. Wir haben nicht alle aufgenommen, sondern sehen sie als Alternative zu nicht vorhandenen Stellplätzen. Wir wählen einen Campingplatz aber auch dann, wenn er besonders schön an einem Fluss oder einem See liegt, während der ausgewiesene Stellplatz nur eine Ecke auf einem Großparkplatz an einer viel befahrenen Straße ist oder in der Nähe einer viel befahrenen Bahnstrecke liegt.

Freies Campen/Freies Übernachten

Nicht jeder traut sich auf einem Waldparkplatz oder an einem still verschwiegenen See ohne eine Menschenseele um sich herum sein Womo abzustellen und zu übernachten. Uns stört es nicht, wenn des Nachts der Waldkauz ruft oder es im Gebüsch auch einmal knackt. Unter Sicherheitsaspekten betrachtet, erscheint uns dies sogar besser, denn Spitzbuben, die auf Diebestour sind, gehen eher dort hin, wo sie nicht lange suchen müssen. Außerdem haben wir immer unsere treuen vierbeinigen Begleiter dabei, die schlagen jeden in die Flucht, wenn es denn sein muss. Die topographischen Verhältnisse in den Alpen lassen allerdings nicht so viel Raum, irgendwo abseits zu stehen, wie das in flacheren Landschaften möglich ist.

Wichtig ist natürlich – und darum bitten wir auch sie liebe Leser – nichts anderes zu hinterlassen als ein paar Reifenspuren. Wir hatten bislang mit dieser Vorgehensweise nirgendwo ein Problem, nicht im Jura, nicht in den Alpen und auch in keiner anderen Ecke Europas, in der wir uns bislang aufgehalten haben.

Gasversorgung

Mit zwei gefüllten 11 kg-Flaschen kommt man gut zurecht. Wir haben in Frankreich bislang noch nicht vor dem Problem gestanden, kein Gas mehr zu haben. Wir wissen, dass es Adapter im Campingfachhandel gibt, die es erlauben, deutsche Gasflaschen in Frankreich auffüllen zu lassen. Wir haben dergleichen nicht und bislang auch noch nicht vermisst.

Gaststätten und Spezialitäten

Sie finden in der Region zahlreiche Restaurants. Nicht jedes ist ein Gourmettempel und manchmal, so erscheint es uns jedenfalls, wird die französische Küche etwas zu sehr gelobt. Da heißt es schon wachen Auges auf die Speisekarte zu schauen und wenn draußen gegessen werden kann, im vorbeigehen mal einen Blick auf die Teller der Gäste zu werfen.

In den Brasserien gibt es wenn überhaupt, nur kleine Gerichte. Ähnlich verhält es sich in den Bistros und Cafes.

Regionale Spezialitäten können Sie auch im Supermarkt kaufen. In den Hypermarchés auf der grünen Wiese ist die Auswahl sehr groß.

Auf die Wurst- und Käsespezialitäten dieser Region sind wir in diesem Buch eingehend eingegangen.

GPS/Navigation

Ohne ein Navigationsgerät ist heute wohl niemand mehr unterwegs. Wir halten diese Geräte für äußerst nützlich, nur blind vertrauen sollte man ihnen nicht. Hinter jeder Programmierung und Datenerfassung steht ein Mensch und der macht nun einmal Fehler. Falsche Wegweisung ist deshalb nicht ausgeschlossen. Auch uns können Fehler bei der Eingabe der Daten unterlaufen, trotz aller Sorgfalt und Kontrolle. Navigationsgeräte führen zwar zielgenau zu den eingegebenen Koordinaten, eine Übersicht bieten sie jedoch nicht und eine räumliche Orientierung vermitteln sie auch nicht. Nehmen Sie ergänzend zu Ihrem Navi eine gute Landkarte zur Hand, damit Sie ein Gefühl dafür bekommen, in welcher Lage sich die einzelnen Städte oder Sehenswürdigkeiten zueinander befinden. Wundern Sie sich bitte auch nicht, wenn im Hochgebirge Ihr Navi gelegentlich durcheinander kommt. Es kann Ihren Standort immer nur dann genau wiedergeben und Sie leiten, wenn es das GPS-Signal vom Satelliten auch einwandfrei bekommt. Hier können die hohen Gebirgswände dem Gerät einen Streich spielen und es spielt scheinbar verrückt. Es ist ähnlich wie im Tunnel, da haben Sie auch kein Signal.

Grenzen

Wir befinden uns hier im Grenzgebiet zur Schweiz und Italien. Mit der Schweiz an einem Land, das nicht zur EU gehört. Heute kein Problem mehr, nach dem auch die Schweiz dem Schengener Abkommen beigetreten ist.

Kartenmaterial und LIteratur

Ergänzend zu Ihrem Navi sollten Sie gutes Kartenmaterial mit sich führen Wir waren mit Michelinkarten im Maßstab 1:200.000 unterwegs. Als Übersicht und Planungshilfe eignet sich sehr gut die Karte Frankreich 1:800.000 aus dem Kunth-Verlag.

Für Wanderungen gibt es nichts Besseres als die Top-Karten 1:25.000 von der IGN. Wir weisen bei den von uns durchgeführten Wanderungen immer wieder darauf hin. Sie können die Karten online über www.ign.fr/boutique bestellen. Der Versand nach Deutschland verläuft problemlos und dauert nur wenige Tage. Darüber hinaus haben wir uns auch mit den Produkten eingedeckt, die regional an den Kiosken oder Tourist-Infos angeboten werden.

Natürlich macht auch eine Internetrecherche zu den jeweiligen Zielgebieten Sinn. Auch wenn jede Tourist-Info ihre „Website“ anders aufbaut und man sich immer wieder neu in den Seiten zurechtfinden muss, lassen sich doch einige nützliche Informationen gewinnen. Man sollte nur immer daran denken, dass diese Informationen nicht uneigennützig ins Netz gestellt werden. Wir haben vielfach auf diese Seiten hingewiesen.

Kleingeld/Münzen

In unserem Bayernbuch haben wir darauf hingewiesen, dass die Parkautomaten, die Münzautomaten an den Stromsäulen und an den Sanitärstationen nach Kleingeld verlangen. Das ist in Frankreich anders. Unsere kleine Schachtel im Handschuhfach blieb weitgehend ungenutzt. Die Versorgungsstationen verlangen in den Alpen überwiegend nach der Kreditkarte und vielfach nach Jetons, die Sie in den Touristikämter bekommen. Wir haben jeweils dazugeschrieben, wo sich die Ämter befinden und wie weit sie vom Stellplatz entfernt sind.

Panne

Eine Panne unterwegs ist unangenehm. Besonders dann, wenn man irgendwo auf einem Pass steht oder irgendwo auf einem Wanderparkplatz am Ende eines Tales. Nun gibt es die Notrufnummern Ihres Automobilclubs oder die Notrufnummern Ihres Fahrzeugherstellers, die man anrufen kann, um sich die Hilfe organisieren zu lassen. Wir hatten das Problem, dass die Starterbatterien unseres Fahrzeugs von einem Moment auf den anderen Ihren Geist aufgegeben haben. Der Fahrzeughersteller gab uns eine Nummer in Frankreich, die wir anrufen sollten. Außer Warteschleife kam da aber nichts.

Da die Internetverbindungen fast überall in unserem Reisegebiet mit Tablet und Smartphone hervorragend funktionieren, haben wir uns online eine Werkstatt über Google maps und der darauf vermerkten links Autowerkstätten gesucht und nachgeschaut, welche Dienste sie jeweils anbieten. Dann haben wir ein kleines Video mit dem Tablet aufgenommen, von der Lichterschau und den Geräuschen, die das Fahrzeug beim Startversuch macht. Denn das ganz in französischer Sprache am Telefon so zu erklären, dass dies auch verstanden wird, dafür reichen unsere Sprachkenntnisse sicher nicht. Dann Fahrrad vom Heckträger runter und 20 Kilometer zu der gewählten Werkstatt geradelt und es dem Meister gezeigt. Der hat sofort verstanden um was es geht und seinen Gesellen mit großen "Akkunotfallkoffer" mit mir im Auto sofort losgeschickt, um Starthilfe zu geben. Das hat nicht geklappt, denn das Gerät war nicht kräftig genug. Dann wurden kurzerhand vor Ort unsere Batterien ausgebaut und wenig später durch neue ersetzt. Das ganze hat einen Vormittag gedauert. Wir sind uns sicher, die ADAC-Pannenhilfe wäre auch nicht schneller gewesen.

Sicherheit

Nach den diversen Terroranschlägen in Frankreich mag der eine oder andere um seine Sicherheit in diesem Land besorgt sein. In den großen Städten patrouillierten bei unseren Reisen immer schwer bewaffnete Sicherheitskräfte in einem Quartett durch die Straßen. Sicherheitskontrollen auf den Straßen haben wir nur einmal erlebt. Ein Gefühl der Unsicherheit hatten wir nicht und wir haben auch nicht den Eindruck gewonnen, dass sich die ortsansässige Bevölkerung anders verhalten hätte, als sie es vor Jahren gemacht hat, als es diese Terrorwarnungen noch nicht gab. Es sieht alles ganz normal aus, bis auf die Vierertrupps mit Schnellfeuergewehren in den großen Städten.

Toiletten/Toilettenentsorgung

Auf unseren Touren haben wir darauf geachtet eine Vielzahl von Plätzen zu finden, die sachgerechte Ver- und Entsorgungseinrichtungen haben. Die Entsorgung ist kein Kostenfaktor und es sind genügend Stationen in diesem Buch genannt. Es gibt also wirklich keinen Grund den Inhalt der Bordtoilette hinter irgendeinem Busch zu entleeren. Die Stationen sind in den Tourenkarten gut erkennbar. Vielleicht müssen Sie mal auf eine Station aus einer Nachbartour ausweichen, auch diese Möglichkeit ist in den Tourenkarten gut ablesbar.

Für den Notfall haben wir uns eine zweite Kassette zugelegt, die bei Bedarf gegen die volle getauscht wird. Ansonsten gilt: Vorausschauend Ver- und Entsorgen und nicht bis auf den letzten Drücker warten.

Trinkwasserversorgung/Grauwasserentsorgung

Hier gilt das gleiche wie für die Toilettenentsorgung. Erfahrungsgemäß ist die Toilette schneller voll als der Abwassertank. Wir arbeiten die Frischwasseraufnahme, Grauwasser- und Toilettenentsorgung immer an einer Service-Station nacheinander ab, egal wie dringend notwendig das eine oder andere gerade auch ist. Die Entsorgung des Grauwassers ist in unseren Reisegebieten in Frankreich überwiegend einfach. Fast ausnahmslos haben die Stationen eine Betonwanne mit einer Ablaufrinne in der Mitte. Da fährt man einfach drüber, macht den Abwasserhahn auf und wartet bis der Tank leer ist. Fertig! Den Abwasserschlauch den wir immer mitführen, haben wir in Frankreich bislang noch nie benutzt.

Unfall

Wenn es bei einem Unfall nur einen kleinen Blechschaden gibt, rückt die Gendarmerie nicht an, um den Unfall aufzunehmen. Hier wird erwartet, dass dies die Unfallgegner untereinander mit ihren Versicherungen regeln. Aus Erfahrung wissen wir, dass der Austausch von Versicherungsnummern allein oft nicht ausreicht und es hinterher zu Rechtsstreitigkeiten kommt. Deshalb unser Tipp: Dokumentieren Sie vor Ort nach dem ersten Schock alles, so gut es eben geht. Machen Sie Fotos von der Unfallstelle, vom gegnerischen Fahrzeug, vom eigenen Schaden und lassen Sie sich Namen, Adressen und Telefonnummern von Unfallzeugen geben. Wenn Sie sich unwohl bei der ganzen Angelegenheit fühlen, gehen Sie mit den gesammelten Daten gleich zur Gendarmerie und erstatten Anzeige oder lassen ein Protokoll aufnehmen. Anhand des dokumentierten Kennzeichens können Sie zumindest sicher sein, über die Gendarmerie den richtigen Halter des Fahrzeuges ermittelt zu bekommen und damit auch die richtige Versicherungsnummer. Uns ist jemand ins Heck gefahren und nach fünf Minuten wütendem Palaver einfach weggefahren. Pech für uns, aber auch Pech für ihn, weil wir gleich Fotos gemacht haben. So konnte er schnell ermittelt werden.

Wandern und Radwandern

Die gesamte Region ist zum Wandern und Radeln ideal. Wir haben uns bemüht, einige der interessantesten Routen im Buch zu berücksichtigen. Es gibt jedoch noch wesentlich mehr Wege, die entdeckt, durchschritten bzw. durchfahren werden wollen. Um diese zu erkunden, empfehlen wir wieder die IGN-Topkarten.

Nicht immer haben wir uns rechtzeitig mit Wanderkarten eingedeckt. Dann hat es uns geholfen die Wanderkarten, die fast immer auf einem Wanderparkplatz auf einer großen Tafel oder in einem Schaukasten vorzufinden sind abzufotografieren und das Bild dann bei Bedarf auf der Wanderung vom Speicher des Smartphones oder der Digitalkamera aufzurufen. Das hat in der Regel gut geklappt.

Wassersport

Dort wo auf den Seen und den Flüssen Wassersport möglich ist, haben wir darauf hingewiesen. Wer mit Kanu und/oder Surfbrett unterwegs ist, dem stehen einige Seen und Flüsse für seinen Sport zur Verfügung. Einschränkend muss man hinzufügen, dass viele Seen dem Angelsport vorbehalten sind.

Wintersport

Die französischen Alpen sind das Wintersportparadies schlechthin. Dafür wurden eine große Anzahl Hotelstädte in die Berge gebaut. Mit dem Wohnmobil zum Wintersport hierher zu fahren, ist eher die Ausnahme. Zwar sind viele Plätze das gesamte Jahr über in den Bergen zu erreichen, die Stromversorgung ist jedoch häufig nicht gewährleistet. Die wenigsten Mobile werden im Winter lange ohne eine dauerhafte Stromversorgung auskommen können. Dort wo ausreichend Stromanschlüsse vorhanden sind, haben wir das in den Stellplatzbeschreibungen vermerkt.

Zum Schluss: Die große Wohnmobilfahrerfamilie

Urlaub mit dem Wohnmobil ist etwas ganz besonderes. Man kann die Freiheit genießen, ist ungebunden, dennoch immer zu Hause und lebt mitten in der Natur. Seit mehr als 30 Jahren geben wir Ihnen mit unseren Reiseführern eine Anleitung für diese Art Urlaub mit auf den Weg. Außer den umfangreich recherchierten Touren haben wir viele Tipps allgemeiner Art zusammengetragen, unter ihnen auch solche, die für einen Womo-Urlauber eigentlich selbstverständlich sein sollten. Weil wir als Wohnmobiler die Natur in ihrer ganzen Schönheit und Vielfalt zu schätzen wissen, haben wir auch eine besondere Verantwortung ihr gegenüber, die wir nicht einfach auf Andere abwälzen dürfen.

Jährliche erhalten wir viele Zuschriften, Grüße von Lesern, die mit unseren Reiseführern einen schönen Urlaub verbracht haben und sich herzlich bei uns bedanken. Wir erhalten Hinweise über Veränderungen an den beschriebenen Touren, die uns bei der Aktualisierung der Reiseführer helfen.

Aber: Wir erhalten auch Zuschriften über das Verhalten von Wohnmobilfahrern, die sich egoistisch, rücksichts- und verantwortungslos der Natur und ihren Mitmenschen – Urlaubern und Einheimischen – gegenüber verhalten. In diesen Briefen geht es um die Themen Müllbeseitigung, Abwasser- und Toilettenentsorgung. Es soll immer noch Wohnmobilurlauber geben, die ihre Campingtoilette nicht benutzen, dafür lieber den nächsten Busch mit Häufchen und Toilettenpapier „dekorieren“, die den Abwassertank nicht als Tank nutzen, sondern das Abwasser einfach durchfließen lassen, die ihren Müll neben dem Wohnmobil „vergessen“ und sich davon machen.

Liebe Leser!

Wir möchten Sie im Namen der gesamten Womo-Familie bitten: Helfen Sie aktiv mit, das zu unterbinden! Jeder Wohnmobilurlauber trägt eine große Verantwortung und sein Verhalten muss dieser Verantwortung auch gerecht werden. Bestimmt hat mancher, dem Sie auf Ihrer Tour begegnen und sich unwürdig verhält, das gleiche Büchlein in der Hand wie Sie. Er weiß zumindest jetzt worum es geht. Sprechen Sie ihn an und weisen Sie ihn auf sein Fehlverhalten hin.

Der Nächste freut sich, wenn er den Stellplatz sauber vorfindet, denn auch er hat sich seinen Urlaub verdient!

Vor allem aber: Wir erhöhen damit die Chance, dass uns unsere über alles geliebte Wohnmobil-Freiheit noch lange erhalten bleibt.

Helfen Sie mit, den guten Ruf unserer Womo-Familie zu wahren! Tragen Sie dazu bei, dass Einzelne ihn nicht in den Schmutz ziehen!

Wir danken Ihnen im Namen aller Womo-Freunde –

Ihr WOMO-Verlag

Bildnachweis:

Alle Fotos stammen von den Autoren. Ausnahmen: Seite 93 unten rechts stammt von Pascal Gombert, Seite 99 unten rechts von Lionel Tassan, Seite 114/115 unten von Alain Gely, Seite 170 oben links von L'Oeil d'Édouard, Seite 187 oben rechts von Romaric Juvanon, Seite 330 oben links von Thierry llansades.

Karten:

Alle Karten wurde erstellt von Heiner Newe. Die Stadtpläne unter Verwendung der Daten von © **OpenStreetMap contributors**.

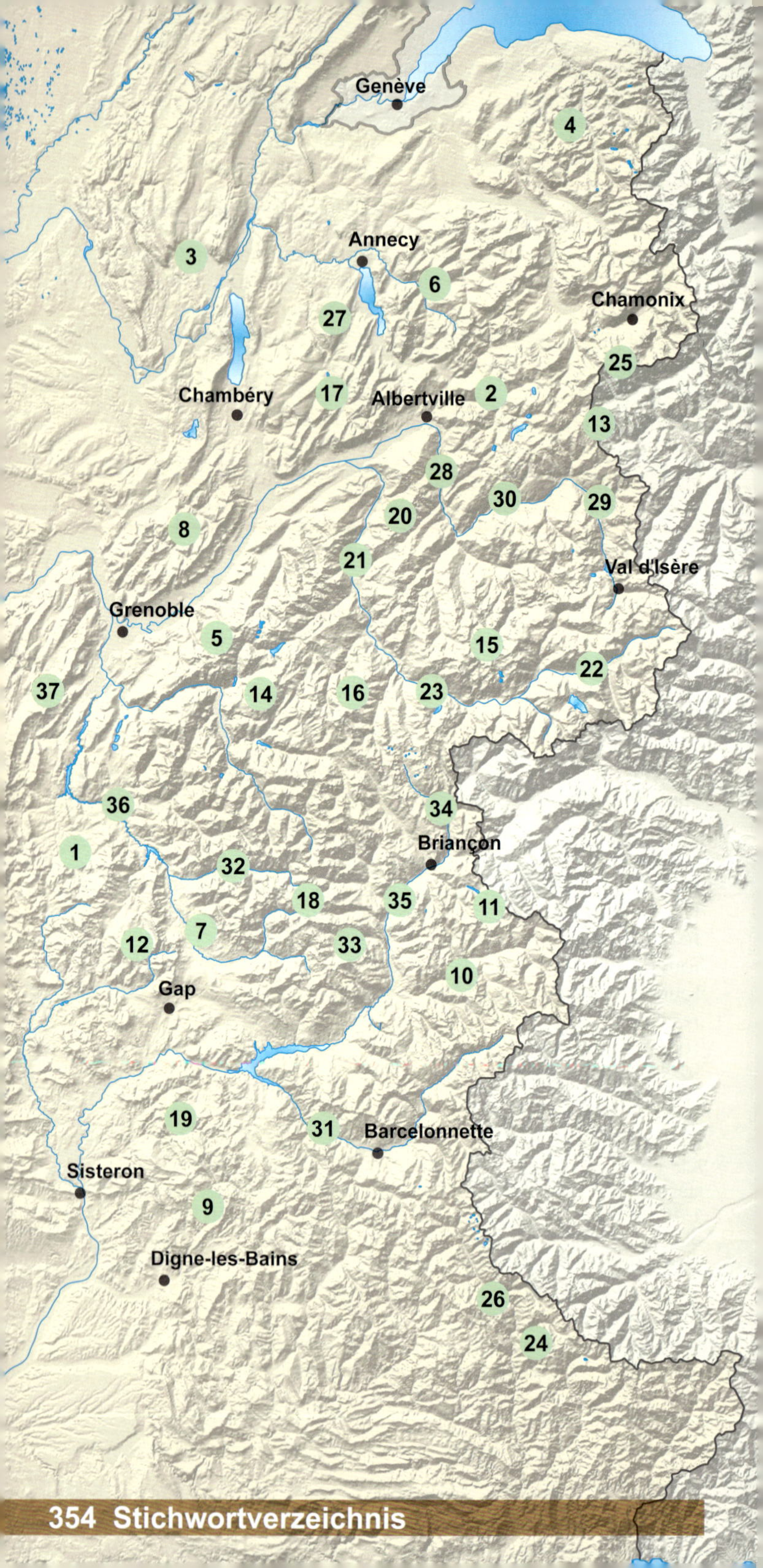
Genève
4
3
Annecy
6
27
Chamonix
25
Chambéry
17
Albertville
2
13
28
30
29
20
8
21
Val d'Isère
Grenoble
5
15
22
37
14
16
23
36
34
1
Briançon
32
18
35
11
7
12
33
10
Gap
19
31
Barcelonnette
Sisteron
9
Digne-les-Bains
26
24

Landschafts- und Gebirgsnamen

Nicht jedem sind die Landschafts- und Gebirgsnamen der französischen Alpen bekannt. Auch ist nicht immer klar, wo die jeweilige Landschaft oder der Gebirgszug zu suchen ist. Dieses grafische Stichwortverzeichnis soll dazu dienen, wenigstens annähernd die Namen der Täler und Gebirge, die in den Texten verwendet wurden zu verorten.

1 Bassin du Trièves
2 Beaufortain
3 Bugey
4 Chablais
5 Chaîne de Belledone
6 Chaîne des Aravis
7 Champsaur
8 Chartreuse
9 Clues de Barles
10 Combe du Queyras
11 Cottische Alpen
12 Dévoluy
13 Grajische Alpen
14 Grandes Rousses
15 Massif de la Vanoise
16 Massif des Arves
17 Massif des Bauges
18 Massif des Écrins
19 Massif des Monges
20 Massif Lauzière
Maurienne
21 Basse-Maurienne
22 Haute-Maurienne
23 Moyenne-Maurienne
24 Mercantour
25 Mont Blanc
26 Seealpen
27 Semnoz
Tarentaise
28 Basse Tarentaise
29 Haute Tarentaise
30 Moyenne Tarentaise
31 Ubaye
32 Valgaudemar
33 Vallée de Freissinières
34 Vallée de la Clarée
35 Vallée Haute Durance
36 Vallée du Drac
37 Vercors

Der WOMO-Knackerschreck

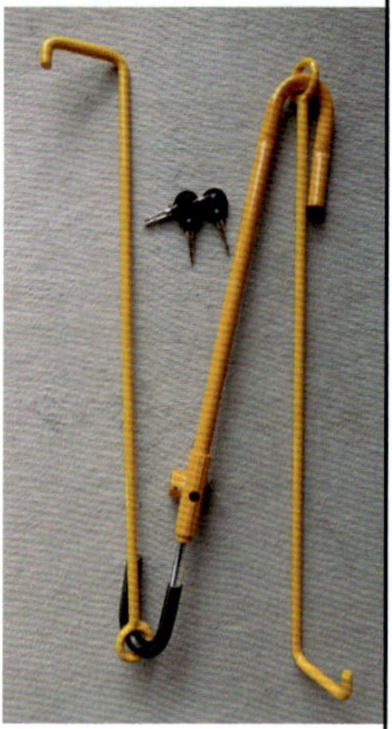

* ist die universelle und **sofort sichtbare Einbruchssperre**.
* Wird einfach in die beiden Türarmlehnen eingehängt, zusammengeschoben und abgeschlossen.
* Passend für Ducato, Peugeot, Renault Master, MB Sprinter und VW (alle Typen).
* Krallen aus 10 mm massivem, einbrennlackiertem Stahl, d. h. nahezu unverwüstlich.

Nur 59,90 € – und nur bei WOMO!

Der WOMO-Aufkleber

* passt mit 14 cm Breite auch auf Ihr Wohnmobil.
* ist das weit sichtbare Symbol für alle WOMO-Freunde.

0,00 € – und nur bei WOMO!

Der WOMO-Leserservice

Passend zu unseren Reiseführern bieten wir in unserem Online-Buchshop unter **www.womo.de** an:

* Die besten **Autokarten** von Michelin, Freytag & Berndt, Reise-know-how, die garantiert die komplette Reiseroute abdecken.
* Die Kauderwelsch-**Wörterbücher** für jede Sprache unserer Reiseländer.
* Von jedem Reiseland mindestens einen Rother-**Wanderführer** über die schönsten Wanderregionen.
* Eine **GPS-CD** für jeden Reiseführer mit allen Koordinaten zur schnellen Übertragung auf Ihr Navi (Garmin, TomTom, Falk).

Info-Blatt aus dem WOMO-Buch: Franz. Alpen '18

(komplett ausgefüllt erhalte ich 10% Info-Honorar auf Bestellungen direkt beim Verlag)

Lokalität: Seite: Datum:

(Stellplatz, Campingplatz, Wandertour, Gaststätte, usw.)

unverändert gesperrt/geschlossen folgende Änderungen:

Lokalität: Seite: Datum:

(Stellplatz, Campingplatz, Wandertour, Gaststätte, usw.)

unverändert gesperrt/geschlossen folgende Änderungen:

Lokalität: Seite: Datum:

(Stellplatz, Campingplatz, Wandertour, Gaststätte, usw.)

unverändert gesperrt/geschlossen folgende Änderungen:

Lokalität: Seite: Datum:

(Stellplatz, Campingplatz, Wandertour, Gaststätte, usw.)

unverändert gesperrt/geschlossen folgende Änderungen:

Lokalität: Seite: Datum:

(Stellplatz, Campingplatz, Wandertour, Gaststätte, usw.)

unverändert gesperrt/geschlossen folgende Änderungen:

Lokalität: Seite: Datum:

(Stellplatz, Campingplatz, Wandertour, Gaststätte, usw.)

unverändert gesperrt/geschlossen folgende Änderungen:

Meine Adresse und Tel.-Nummer:

(nur komplett ausgefüllte, zeitnah eingesandte Infoblätter können berücksichtigt werden)

Info-Blatt aus dem WOMO-Buch: Franz. Alpen '18

(komplett ausgefüllt erhalte ich 10% Info-Honorar auf Bestellungen direkt beim Verlag)

Lokalität: Seite: Datum:
(Stellplatz, Campingplatz, Wandertour, Gaststätte, usw.)

unverändert gesperrt/geschlossen folgende Änderungen:

Lokalität: Seite: Datum:
(Stellplatz, Campingplatz, Wandertour, Gaststätte, usw.)

unverändert gesperrt/geschlossen folgende Änderungen:

Lokalität: Seite: Datum:
(Stellplatz, Campingplatz, Wandertour, Gaststätte, usw.)

unverändert gesperrt/geschlossen folgende Änderungen:

Lokalität: Seite: Datum:
(Stellplatz, Campingplatz, Wandertour, Gaststätte, usw.)

unverändert gesperrt/geschlossen folgende Änderungen:

Lokalität: Seite: Datum:
(Stellplatz, Campingplatz, Wandertour, Gaststätte, usw.)

unverändert gesperrt/geschlossen folgende Änderungen:

Lokalität: Seite: Datum:
(Stellplatz, Campingplatz, Wandertour, Gaststätte, usw.)

unverändert gesperrt/geschlossen folgende Änderungen:

Meine sonstigen Tipps und Verbesserungswünsche:

Wir bestellen: (Preisänderungen vorbehalten)

❑ Wohnmobil Handbuch	19,90 €
❑ Wohnmobil Kochbuch	12,90 €
❑ Heitere Geschichten	6,90 €
❑ Albanien	19,90 €
❑ Allgäu	17,90 €
❑ Auvergne	19,90 €
❑ Baden-Württemberg	19,90 €
❑ Baltikum	20,90 €
❑ Bayern (Nordost)	19,90 €
❑ Bayern (Südost/Oberbayern)	19,90 €
❑ Belgien & Luxemburg	19,90 €
❑ Bretagne	18,90 €
❑ Burgund	17,90 €
❑ Dänemark	19,90 €
❑ Elsass	19,90 €
❑ England (Süd)	19,90 €
❑ Finnland	19,90 €
❑ Franz. Alpen	20,90 €
❑ Franz. Atlantikküste (Nord)	19,90 €
❑ Franz. Atlantikküste (Süd)	17,90 €
❑ Französisches Jura	19,90 €
❑ Griechenland	19,90 €
❑ Hessen (Norden + Osten)	19,90 €
❑ Hessen (Mitte + Süden)	19,90 €
❑ Hunsrück/Mosel/Eifel	20,90 €
❑ Irland	19,90 €
❑ Korsika	18,90 €
❑ Kroatien / Montenegro	19,90 €
❑ Languedoc/Roussillon	19,90 €
❑ Latium/Rom/Abruzzen	18,90 €
❑ Ligurien	17,90 €
❑ Loire-Tal/Paris	17,90 €
❑ Lothringen	17,90 €
❑ Marokko	19,90 €
❑ Meckl. Vorpommern (West)	18,90 €
❑ Meckl. Vorpommern (Ost)	18,90 €
❑ Namibia	20,90 €
❑ Neuseeland (Nord)	19,90 €
❑ Neuseeland (Süd)	19,90 €
❑ Niederlande	19,90 €
❑ Nord-Frankreich	18,90 €
❑ Normandie	19,90 €
❑ Norwegen (Nord)	19,90 €
❑ Norwegen (Süd)	19,90 €
❑ Österreich (Ost)	19,90 €
❑ Österreich (West)	18,90 €
❑ Ostfriesland	20,90 €
❑ Peloponnes	19,90 €
❑ Pfalz	19,90 €
❑ Piemont/Aosta-Tal	19,90 €
❑ Polen (Nord/Masuren)	18,90 €
❑ Polen (Süd/Schlesien)	17,90 €
❑ Portugal	19,90 €
❑ Provence & C. d'Azur (Ost)	19,90 €
❑ Provence & C. d'Azur (West)	19,90 €
❑ Pyrenäen	19,90 €
❑ Rumänien	19,90 €
❑ Sachsen	20,90 €
❑ Sardinien	19,90 €
❑ Schleswig-Holstein	19,90 €
❑ Schottland	18,90 €
❑ Schwarzwald	17,90 €
❑ Schweden (Nord)	19,90 €
❑ Schweden (Süd)	19,90 €
❑ Schweiz (Ost)	19,90 €
❑ Schweiz (West)	19,90 €
❑ Sizilien	18,90 €
❑ Slowenien	18,90 €
❑ Spanien (Nord/Atlantik)	19,90 €
❑ Spanien (Ost/Katalonien)	18,90 €
❑ Spanien (Süd/Andalusien)	18,90 €
❑ Südafrika (Krüger NP)	24,90 €
❑ Süditalien (Ost/Apulien)	19,90 €
❑ Süditalien (West/Kalabrien)	19,90 €
❑ Süd-Tirol	18,90 €
❑ Thüringen	19,90 €
❑ Toskana & Elba	20,90 €
❑ Trentino/Gardasee	18,90 €
❑ Tschechien	18,90 €
❑ Tunesien	17,90 €
❑ Türkei (West)	18,90 €
❑ Türkei (Mitte-Kappadokien)	17,90 €
❑ Umbrien & Marken mit Adria	18,90 €
❑ Ungarn	18,90 €
❑ Venetien/Friaul	19,90 €
❑ Wales	18,90 €

... und jährlich werden's mehr!

Absender:

Datum

Unterschrift

WOMO-VERLAG

Versandabteilung

Wiesenweg 4-6

98634 Mittelsdorf/Rhön

DIE REISE- UND ERLEBNISFÜHRER

* Bequeme Touren durchs ganze Urlaubsland.
* Viele Plätzchen für freie Übernachtungen mit GPS.
* Genaue Hinweise auf viele Trinkwasserstellen.
* Die schönsten Badeplätze, die nicht jeder kennt.
* Bergtouren und Spaziergänge für groß und klein.
* Die besten Anreiserouten, Fähren, usw.
* 300 Tipps und Tricks – für Ausrüstung, Reisevorbereitung und Urlaub.
* Ausgefeilte Profipackliste.
* Spezialkarten mit präzisen Einträgen der freien Stellplätze, Trinkwasser- und Entsorgungsstellen.

DAS KOCHBUCH

* Einrichtung der WOMO-Küche.
* Lebensmittel-Grundausstattung.
* Konserven selbst gemacht.
* Backen in der Bratpfanne – Kuchen, Pizza, Brote.
* Viele, viele WOMO-Rezepte für zwei Gasflammen – einfach, schnell und lecker!
* Einkochen im Urlaub.
* Spezialrezepte für den Dampftopf.
* Der WOMO-Pfannenknecht.

DAS HANDBUCH

* Beratung bei Kauf und Miete.
* Gas-, Wasser-, Elektroinstallation.
* Einrichten des Wohnmobils.
* Tipps & Tricks fürs Wochenende.
* 3200 freie deutsche Stellplätze.
* 700 deutsche Entsorgungsstationen.
* Urlaubsvorbereitung, Profipackliste.
* .Stellplatz-Infos für ganz Europa.
* Wohnmobil und Wintersport.
* Der WOMO-Urlaubspartner-Service.
* Gastankstellen in ganz Europa.

Unsere Bücher erhalten Sie in jeder Buchhandlung oder auf Rechnung direkt vom Verlag. Hier gibt's auch die aktuellen Infos über unsere ständigen Neuerscheinungen. (Versandkosten 1,20 €, ab 10 € portofrei / Ausland 4 €, Preisänderungen vorbehalten).

Bestell-Telefon: 036946-20691 * Fax: 036946-20692**
Internet: www.womo.de * eMail: verlag@womo.de**